일본어 구어역 마가복음의 언어학적 분석 I

A Linguistic Anlaysis of the Colloquial Japanese Version of the Gospel of Mark I

이성규

『이 저서는 인하대학교의 지원에 의하여 연구되었음』
『This work was supported by INHA UNIVERSITY Research Grant』

일본어 구어역 마가복음의 언어학적 분석 I
A Linguistic Anlaysis of the Colloquial Japanese Version of the Gospel of Mark I

이성규

머리말

일본어 성서에는 (1)日本聖書協会(1954)『聖書』日本聖書協会. (2)日本聖書協会(1978)『新約聖書』共同訳 日本聖書協会. (3)新改訳聖書刊行会(1970)『新改訳聖書』日本聖書刊行会. (4)日本聖書協会(1987)『聖書』(新共同訳) 日本聖書協会. (5)新約聖書翻訳委員会(1995)『岩波翻訳委員会訳』岩波書店. (6)回復訳編集部(2009)『オンライン聖書 回復訳』http://www.recoveryversion.jp/ 등의 소위 협회본(協会本) 및 (7)前田護郎(1983)『新約聖書』中央公論社. (8)柳生直行(1985)『新約聖書』新教出版社. (9)尾山令仁(2001)『現代訳聖書』現代訳聖書刊行会. (10)高橋照男・私家版(2003)『塚本虎二訳 新約聖書・電子版03版』. (11)高橋照男編(2004)『BbB - BIBLE by Bible 聖書で聖書を読む』http://bbbible.com/ 등의 개인번역본이 있다.

『구어역성서(口語訳聖書)』는 제2차 세계대전 이후 개신교 신자들이 결성한 일본성서협회(日本聖書協会)가 히브리어의 구약성서와 그리스어의 신약성서를 처음으로 일본어 구어체(口語体)로 발행한 성서이다.

메이지 이후 일본에서는 선교사 등의 크리스천 등이 성서를 문어체(文語体) 일본어로 번역한「문어역성서(文語訳聖書)」를 발행했지만, 제2차 세계대전 이후에는 구어체 즉 현대어에 의한 일본어 번역이 뒤를 이었다. 그 중에서도「구어성서(口語聖書)」「구어역성서(口語訳聖書)」혹은 성서에 관해 단순히「구어역(口語訳)」이라고 하면, 제일 먼저 가리키는 것이「구어역성서(口語訳聖書)」이다. 신약성서는 1954년에, 구약성서는 1955년에 완성되는데, 제이외전(第二外典)은 포함되어 있지 않다.[1]

　구어역 성서는 문어역 성서보다 알기 쉬워졌다고 하는 호평도 있지만, 한편으로 독자에 대한 호소력이나 논리적 명쾌함, 나아가 문장으로서의 기품 그리고 특히 문체(文体)에 관해서는 악평도 뒤를 이었다. 그밖에 인칭대명사를 부자연스럽게 통일시킨 점, 경어 통일에 있어서의 일관성도 지적되고 있다. 그러나 다른 한편으로 영어 성서 Revised Standard Version에 기초하여 번역했다는 점에서 성서 번역의 질적 향상에 크게 기여했다고 긍정적인 평가를 내리는 주장도 있다.

　본 저서에서는 일본어 구어역(口語訳) 신약성서(新約聖書)의 마가복음(マルコによる福音書)을 언어자료로 삼아, 성서학적인 입장에서가 아니라 일본어학적 입장에서 그곳에 사용된 다양한 언어 소재를 분석함으로써 통상 일본어학 연구서나 일본어 교재에서 주제로 삼지 않거나 지면이 제약되어 있는 어휘, 문형, 문법, 경어법까지 대상에 포함하여 검토하는 것을 목적으로 한다.

　구어역 마가복음에서는 일본어의 고유어와 한어가 다양하게 사용되고 있는데, 그 의미·용법에 있어서는 현대어와 일치하는 것도 있지만 그 중에는 고전어적인 어감을 살린 예도 존재한다.

　구어역은 현대어역이기 때문에 그곳에 사용된 문형이나 문법 사항은 대체적으로 현대어와 일치하지만, 구어역에서만 사용되고 있는 예도 산견된다. 특히 조사, 부사, 지시사, 접속사, 조동사, 추론을 나타내는 형식, 연어, 접사어류에 관해서는 졸자가 기 집필한 도서나 관련 서적 그리고 인터넷 검색 등을 통해 다양한 용례를 인용하여 이를 일본어교육에 적극 활용하고자 한다.

---

1) 出典: フリー百科事典『ウィキペディア(Wikipedia)』https://ja.wikipedia.org/wiki/%E5%8F%A3%E8%AA%9E%E8%A8%B3%E8%81%96%E6%9B%B8에서 인용하여 일부 번역함.

특히 성서에서는 구어역(口語訳)에 국한되지 않고 높여야 할, 경의 주체 [하나님・예수]가 존재하고 있기 때문에 존경어 형식이 다용되고 있다.

구어역 신약성서에 있어서의 경어의 사용실태에 관해서는 [1] [특정형(特定形)]의 존경어, [2] 일반형 [ナル형]의 존경표현, [3] 일반형 [レル형]의 존경표현, [4] [특정형]의 존경어와 일반형 [レル형]의 존경표현의 혼용, [5] 일반형 [ナル형]의 존경표현과 [レル형]의 존경표현의 혼용, 으로 구분하여 이를 [부록1]로 제시한다.

그리고 구어역 성서에서는 동작이나 작용을 극명하게 표현하기 위해 일반 사전에 탑재되지 않는 복합동사를 포함하여 다양한 유형의 복합동사가 등장하고 있다. 일본어 성서를 적확히 이해하기 위해서는 일본어 복합동사의 의미・용법과 역동성을 음미할 필요가 있다고 판단되어 복합동사의 개요 및 분류에 관해 정리한 내용을 [부록2]로 제공한다.

연구의 최종 결과물은 한국어 번역이란 모습으로 제시되겠지만, 일본어 성서의 한국어 번역이란 점에서 기존의 한국어 성서와는 입장과 서술 내용이 다르기 때문에 색다른 언어 경관이 전개될 것으로 사려된다. 일본어 자료에 기초한 언어학적 관점에서의 결과이기에 접속사나 부사 등에 있어서 동어 반복이나 용장감 등으로 인하여 다소 어색하거나 부자연스러운 면이 있더라도 가능한 한 의역을 피하고 축어역(逐語訳)하는 방식으로 진행했다.

일본과 한국에서는 여러 유형의 성서가 발간되어 있는데, 이들 성서를 대조언어학적 관점에서 조감하여 양자 간의 유사성과 차이점을 살펴보고 의미 있는 내용에 관해서는 번역 단계에서 적극 반영했다.

2018년 10월 20일

李成圭

[범례(凡例)]

1. 본 저서는 日本聖書協会(1954)에서 간행한 『聖書』(口語訳)[pp. (新)1-(新)409]을 저본(底本)을 하되, 표기에 있어서는 일본어학 및 일본어교육의 편익을 도모하고자 본문 비판을 행하고 「平仮名」로 되어 있는 부분을 다수 「漢字」로 바꾸었다.

2. 저본에서 장절(章節)로 구성되어 있는 본문을 フランシスコ会聖書研究所(1984)에서 간행한 『新約聖書』에 따라 단락 구분을 해 두었다.

3. 인명과 지명 등의 고유명사의 한글 표기에 관해서는 대한성서공회(2001)에서 간행한 『표준새번역 성경』에 따른다.

Co✝ents

I

マルコによる福音書(ふくいんしょ)
第1章

- (0) [マルコによる福音書 1:1] ……………… 10
- (1) [マルコによる福音書 1:2 – 1:5] ………… 10
- (2) [マルコによる福音書 1:6 – 1:8] ………… 12
- (3) [マルコによる福音書 1:9 – 1:13] ………… 17
- (4) [マルコによる福音書 1:14 – 1:20] ……… 23
- (5) [マルコによる福音書 1:21 – 1:28] ……… 32
- (6) [マルコによる福音書 1:29 – 1:31] ……… 42
- (7) [マルコによる福音書 1:32 – 1:39] ……… 44
- (8) [マルコによる福音書 1:40 – 1:45] ……… 55

II

マルコによる福音書(ふくいんしょ)
第2章

- (9) [マルコによる福音書 2:1 – 2:12] ………… 69
- (10) [マルコによる福音書 2:13 – 2:17] ……… 85
- (11) [マルコによる福音書 2:18 – 2:22] ……… 92
- (12) [マルコによる福音書 2:23 – 2:26] ……… 102
- (13) [マルコによる福音書 2:27 – 2:28] ……… 108

III
マルコによる福音書(ふくいんしょ) 第3章

- (14) [マルコによる福音書 3:1 – 3:6] ………… 111
- (15) [マルコによる福音書 3:7 – 3:12] ………… 120
- (16) [マルコによる福音書 3:13 – 3:18] ………… 128
- (17) [マルコによる福音書 3:19 – 3:30] ………… 131
- (18) [マルコによる福音書 3:31 – 3:35] ………… 146

IV
マルコによる福音書(ふくいんしょ) 第4章

- (19) [マルコによる福音書 4:1 - 4:9] ………… 155
- (20) [マルコによる福音書 4:10 – 4:12] ………… 161
- (21) [マルコによる福音書 4:13 – 4:20] ………… 163
- (22) [マルコによる福音書 4:21 – 4:25] ………… 170
- (23) [マルコによる福音書 4:26 – 4:32] ………… 173
- (24) [マルコによる福音書 4:33 – 4:34] ………… 181
- (25) [マルコによる福音書 4:35 – 4:41] ………… 182

V
マルコによる福音書(ふくいんしょ) 第5章

- (26) [マルコによる福音書 5:1 – 5:13] ………… 188
- (27) [マルコによる福音書 5:14 – 5:20] ………… 199
- (28) [マルコによる福音書 5:21 – 5:24] ………… 206
- (29) [マルコによる福音書 5:24 – 5:34] ………… 209
- (30) [マルコによる福음書 5:35 – 5:43] ………… 224

■ 부록
- I. 구어역 신약성서에 있어서의 경어의 사용실태 ………… 234
- II. 복합동사 ………… 252

색인 ………… 268
참고문헌 일람 ………… 280

I. マルコによる福音書(ふくいんしょ) 第1章

《0》[マルコによる福音書 1:1]

> 神(かみ)の子(こ)イエス・キリストの福音(ふくいん)のはじめ。[マルコによる福音書 1:1]
>
> (하나님의 아들 예수 그리스도의 복음의 시작. [1:1])

《1》[マルコによる福音書 1:2 - 1:5]

> 預言者(よげんしゃ)イザヤの書(しょ)に、
> (예언자 이사야의 책에,
>
> [1]見(み)よ、[2]わたしは使(つかい)を[3]あなたの先(さき)に遣(つか)わし、あなたの道(みち)を[4]整(ととの)えさせるであろう。[マルコによる福音書 1:2]
> "보아라. 나는 심부름꾼을 너보다 먼저 보내, 네 길을 가지런히 정돈하게 할 것이다. [1:2])

[1]見(み)よ:「見(み)る」의 명령형에는「見(み)ろ」(구어체)「見(み)よ」(문어체)가 있는데 신약성서에서는 장중함을 나타내기 위해 문어체인「見(み)よ」가 쓰이고 있다.

[2]わたし: 여기에서는 하나님 자신을 지칭하고 있다.

[3]あなた: 현대어의「あなた」는 통상 경어적 동위자나 하위자에게 쓰는 것이 일

반대인데, 신약성서에서는 경어적 하위자, 동의자, 상위자에게 두루 사용된다.
[4]整(ととの)えさせるであろう: 가지런히 정돈하게 할 것이다. 「整(ととの)える+させる(사역)+であろう(추측)」. 「～であろう」는 「～だろう」의 문어체.

---

[1]荒野(あらの)で[2]呼(よ)ばわる者(もの)の声(こえ)がする、
『主(しゅ)の道(みち)を[3]備(そな)えよ、その道(みち)筋(すじ)をまっすぐに[4]せよ』」
と書(か)いてあるように、[マルコによる福音書 1:3]
(광야에서 외치는 이의 소리가 난다.
'주의 길을 예비하라. 그의 길을 곧게 하거라'
라고 쓰여 있는 것처럼. [1:3])

---

[1]あらの[荒野・曠野] : 황야. 광야. 거친 들. 인적도 없고 황막한 들판. →「荒(あ)れ野(の)」
[2]呼(よ)ばわる: 큰 소리로 부르다. 외치다.
[3]備(そな)えよ: 「備(そな)える;준비하다. 예비하다」의 문어체 명령형.
[4]せよ: 「する;하다」의 문어체 명령형.

---

[1]バプテスマのヨハネが荒野(あらの)に現(あらわ)れて、[2]罪(つみ)の赦(ゆる)しを得(え)させる[3]悔改(くいあらた)めのバプテスマを[4]宣(の)べ伝(つた)えていた。[マルコによる福音書 1:4]
(세례 요한이 광야에 나타나서 죄의 사함을 얻게 하는 회개의 세례를 전파하고 있었다. [1:4])

---

[1]バプテスマ[(그리스어)baptisma]세례. →「洗礼(せんれい)」
[2]罪(つみ)の赦(ゆる)し: 죄의 사함. 죄를 용서받는 것.

[3]悔(く)い改(あらた)め : 회개. 복합동사「悔(く)い改(あらた)める ; 회개하다. 뉘우쳐 고치다」의 연용형이 전성명사화된 것.

[4]宣(の)べ伝(つた)える : 선포하다. 공포하다. 전파하다. 널리 알리다. 복합동사「宣(の)べ＋伝(つた)える」

> [1]そこで、ユダヤ全土(ぜんど)とエルサレムの全住民(ぜんじゅうみん)とが、彼(かれ)のもとに[2]ぞくぞくと出(で)て行(い)って、自分(じぶん)の罪(つみ)を[3]告白(こくはく)し、ヨルダン川(がわ)でヨハネから[4]バプテスマを受(う)けた。[マルコによる福音書 1:5]
> (그러자 유대 전 지방과 예루살렘의 모든 주민이 그가 있는 곳으로 속속 나아가, 자기들의 죄를 고백하고 요단강에서 요한에게서 세례를 받았다. [1:5])

[1]そこで : (바로 앞의 문의 내용을 받아) 그러자. 그래서.

[2]ぞくぞく[続々](と) : 속속. 잇따라.

[3]告白(こくはく)する : 고백하다. 자백하다.

[4]バプテスマを受(う)ける : 세례를 받다.

⑵ [マルコによる福音書 1:6 - 1:8]

> [1]このヨハネは、[2]らくだの[3]毛(け)ごろもを身(み)に[4]まとい、腰(こし)に皮(かわ)の[5]帯(おび)を締(し)め、[6]いなごと[7]野蜜(のみつ)とを食物(しょくもつ)としていた。[マルコによる福音書 1:6]
> (바로 이 요한은 낙타털로 짠 옷을 몸에 입고 허리에 가죽 띠를 매고 메뚜기와 들 꿀을 음식으로 삼았다. [1:6])

[1]この[ヨハネ] : (위에서 언급한 바로) 이 요한 ; 문맥지시의 용법

[2]らくだ[駱駝] : 낙타

[3]毛(け)ごろも : 털로 짠 옷. 떨 옷. 복합명사「毛(け)＋衣(ころも) → 毛(け)ごろも」.

[4]まとう[纏う] : 감다. (몸에) 걸치다. 입다.

[5]帯(おび)を締(し)める : 띠를 매다.「ネクタイを締(し)める ; 넥타이를 매다」

　본문의「毛(け)ごろもをまとう」「帯(おび)を締(し)める」는 착용(着用)을 나타내는 동사이다. 착용에 관계하는 동사는 한일 양 언어 사이에 대응관계가 어느 정도 인정되지만, 착용 부위나 대상물에 따라서는 일치하지 않는 경우도 존재한다.

「착용(着用) 동사」

[被(かぶ)る ; 쓰다 ; 머리]

[例] {帽子(ぼうし)・ヘルメット・スカーフ}を被(かぶ)る.

　　　({모자・헬멧・스카프}를 쓰다.)

[着(き)る① ; 입다 ; 상반신]

[例] {上着(うわぎ)・セータ・シャツ}を着(き)る.

　　　({겉옷・스웨터・셔츠}를 입다.)

[着(き)る② ; 입다 ; 몸 전체]

[例]{着物(きもの)・服(ふく)・洋服(ようふく)・スーツ・ワンピース・オーバー}を着(き)る.

　　　({옷 / 기모노・옷・옷・양복・원피스・외투}를 입다.)

[履(は)く① ; 입다 ; 하반신]

[例]{ズボン・ジーパン・スカート}を履(は)く.

　　　({바지・진 바지・스커트}를 입다.)

[履(は)く②; 신다; 발]
[例] {靴(くつ)・下駄(げた)・スリッパ・靴下(くつした)}を履(は)く。
　　　({신 / 구두・나막신・슬리퍼・양말}을 신다.)

[つける①; 입다 / 걸치다; 몸 전체]
[例] {制服(せいふく)・衣装(いしょう)・袴(はかま)}をつける。
　　　({제복・의상・하카마}를 입다.)
[つける②; 달다; 신체 일부]
[例] {イヤリング・バッジ・名札(なふだ)・花(はな)}をつける。
　　　({귀고리・배지・명찰・꽃}을 달다.)

[纏(まと)う; 감다 / 걸치다 / 입다; 신체 일부 / 몸 전체]
[例] {ドレス・晴(は)れ着(ぎ)・ボロ}を纏(まと)う。
　　　({드레스・나들이옷・누더기}를 감다 / 걸치다 / 입다.)
[締(し)める; 매다; 신체 일부]
[例] {ネクタイ・鉢巻(はちま)き・シートベルト}を締(し)める。
　　　({넥타이・머리띠・안전벨트}를 매다.)
[はめる; 끼다; 손 / 손가락]
[例] {手袋(てぶくろ)・指輪(ゆびわ)}をはめる。
　　　({장갑・반지}를 끼다.)

[かける; 쓰다; 눈]
[例] 眼鏡(めがね)をかける。
　　　(안경을 쓰다.)

[する[대용동사] ; 하다/ 차다/ 끼다 ; 신체 일부]
[例]{イヤリング・ネックレス・ネクタイ・時計(とけい)・指輪(ゆびわ)}をする。
　　({귀고리를 하다・목걸이를 하다・넥타이를 하다・시계를 차다・
　　반지를 끼다}.)

　탈모(脱帽)나 탈의(脱衣) 등을 나타낼 경우에도 신체 부위나 대상물에 따라 쓰이는 동사가 각각 다르다.

[脱(ぬ)ぐ① ; 머리 ; 벗다]
[例]帽子(ぼうし)を脱(ぬ)ぐ[모자를 벗다] ↔ 帽子(ぼうし)を被(かぶ)る[모자를 쓰다]
[脱(ぬ)ぐ② ; 상반신 ; 벗다]
[例]上着(うわぎ)を脱(ぬ)ぐ[겉옷을 벗다] ↔ 上着(うわぎ)を着(き)る[겉옷을 입다]
[脱(ぬ)ぐ③ ; 몸 전체 ; 벗다]
[例]着物(きもの)を脱(ぬ)ぐ[옷을 벗다] ↔ 着物(きもの)を着(き)る[옷을 입다]
[脱(ぬ)ぐ④ ; 하반신 ; 벗다]
[例]ズボンを脱(ぬ)ぐ[바지를 벗다] ↔ ズボンを履(は)く[바지를 입다]
[脱(ぬ)ぐ⑤ ; 하반신 ; 벗다]
[例]靴(くつ)を脱(ぬ)ぐ[신을 벗다] ↔ 靴(くつ)を履(は)く[신을 신다]

[取(と)る① ; 머리 ; 벗다]
[例] 帽子(ぼうし)を取(と)る[모자를 벗다] ↔ 帽子(ぼうし)を被(かぶ)る[모자를 쓰다]
[取(と)る② ; 상반신 ; 벗다]
[例] 上着(うわぎ)を取(と)る[겉옷을 벗다] ↔ 上着(うわぎ)を着(き)る[겉옷을 입다]
[取(と)る③ ; 눈 ; 벗다]
[例] 眼鏡(めがね)を取(と)る[안경을 벗다] ↔ 眼鏡(めがね)をかける[안경을 쓰다]
[取(と)る④ ; 목 ; 벗다]
[例] ネクタイを取(と)る[넥타이를 풀다] ↔ ネクタイを締(し)める[넥타이를 매다]

[外(はず)す①;손;빼다]
[例] 指輪(ゆびわ)を外(はず)す[반지를 빼다] ↔ 指輪(ゆびわ)をはめる[반지를 끼다]
[外(はず)す②;눈;벗다]
[例] 眼鏡(めがね)を外(はず)す[안경을 벗다] ↔ 眼鏡(めがね)をかける[안경을 쓰다]
[外(はず)す③;옷;풀다]
[例] ボタンを外(はず)す[단추를 풀다] ↔ ボタンをかける[단추를 채우다][2)]

[6]いなご[蝗] : 메뚜기.
[7]野蜜(のみつ) : 들 꿀. 복합명사 「野(の)＋密(みつ)」.

> 彼(かれ)は宣(の)べ伝(つた)えて言(い)った、「わたしよりも[1]力(ちから)のある方(かた)が、後(あと)から[2]おいでになる。わたしは[3]かがんで、その[4]くつのひもを解(と)く[5]値(ね)うちもない。[マルコによる福音書 1:7]
> (그는 선포하며 말했다. "나보다도 능력이 있는 분께서 나중에 오신다. 나는 몸을 굽혀 신발 끈을 풀 자격도 없다. [1:7])

[1]力(ちから)のある方(かた) : 힘이 있는 분. 능력이 있는 분.
[2]おいでになる : 오시다. 「来(く)る」의 특정형 경어로 レル형 경어인 「来(こ)られる」보다 경의도가 높다. 구어역 신약성서에서는 「いらっしゃる」 등은 쓰이지 않는다.
[3]かがむ[屈む] : 몸을 구부리다. 몸을 굽히다.
[4]くつのひもを解(と)く : 신발 끈을 풀다.
[5]値(ね)うち : 가치. 값어치. 자격.

---

2) 李成圭等著(1996)『홍익나가누마 일본어2 해설서』홍익미디어. pp. 59-60에서 인용하여 일부 수정함.

> わたしは水(みず)で[1]バプテスマを授(さず)けたが、この方(かた)は、[2]聖霊(せいれい)[4]によってバプテスマを[3]お授(さず)けになる(1)であろう」。[マルコによる福音書 1:8]
> (나는 물로 세례를 주었지만, 이 분께서는 성령에 의해 세례를 주실 것이다." [1:8])

[1]バプテスマを授(さず)ける : 세례를 주다.「授(さず)ける」는 경어적 상위자가 하위자에게 주는 것을 말한다.「王(おう)が臣下(しんか)に刀(かたな)を授(さず)ける ; 왕이 신하에게 칼을 하사하다」「学位(がくい)を授(さず)ける ; 학위를 수여하다」「勲章(くんしょう)を授(さず)ける ; 훈장을 수여하다」

[2]聖霊(せいれい)によって : 성령에 의해.

[3]お授(さず)けになる :「授(さず)ける」의 ナル형 경어.

[4]「水(みず)で授(さず)ける」「聖霊(せいれい)によってお授(さず)けになる」에서 알 수 있듯이 수단・방법을「水(みず)で ; 물로」「聖霊(せいれい)によって ; 성령으로」와 같이 동어 반복을 피하고 있다.

《3》 [マルコによる福音書 1:9 - 1:13]

> そのころ、イエスはガリラヤの[1]ナザレから出(で)て来(き)て、ヨルダン川(がわ)で、[2]ヨハネから[3]バプテスマをお受(う)けになった。[マルコによる福音書 1:9]
> (그때 예수께서는 갈릴리 나사렛에서 나와서 요단강에서 요한에게서 세례를 받으셨다. [1:9])

[1]ナザレから出(で)て来(く)る : 나사렛에서 나오다.「~から」는 동작의 기점을 나타낸다.

[2]ヨハネからバプテスマをお受(う)けになった : 요한에게서 세례를 받으셨다. 「～から」는 동작의 기점을 나타낸다.

[3]バプテスマをお受(う)けになる : 세례를 받으시다. 「お受(う)けになる」는 「受(う)ける」의 ナル형 경어.

> そして、[1]水(みず)の中(なか)から上(あ)がられるとすぐ、[2]天(てん)が裂(さ)けて、聖霊(せいれい)が鳩(はと)のように自分(じぶん)に下(くだ)って来(く)るのを、[3]ごらんになった。[マルコによる福音書 1:10]
> (그리고 물속에서 올라 오시자마자, 하늘이 갈라지고, 성령이 비둘기처럼 자기에게 내려오는 것을 보셨다. [1:10])

[1]水(みず)の中(なか)から上(あ)がられるとすぐ : 물속에서 올라 오시자마자. 「上(あ)がられる」는 「上(あ)がる」의 レル형 경어. 「～とすぐ」는 접속조사 「～と」에 부사 「すぐ」가 결합된 것으로 한국어의 「～하자마자・～하자 곧」에 해당한다.

[2]天(てん)が裂(さ)ける : 하늘이 갈라지다.

[3]ごらんになる : 보시다. 「見(み)る」의 특정형 경어로 レル형 경어인 「見(み)られる」보다 경의도가 높다.

> [1]すると、天(てん)から声(こえ)があった、「あなたは[2]わたしの愛(あい)する子(こ)、わたしの[3]心(こころ)にかなう者(もの)である」。[マルコによる福音書 1:11]
> (그러자 하늘에서 소리가 있었다. "너는 내가 사랑하는 아들, 내 마음에 맞는 자이다." [1:11])

[1]すると : 그러자. 그러면. [동사 「する」의 종지형 + 접속조사 「と」]에서 접속사로 전성된 것. ①계기하는 사항을 나타낸다. 그러자. 「すると、突然(とつぜん)真(ま)

っ暗(くら)になった;그러자 갑자기 날이 아주 어두워졌다.」→「そうすると」
②전건에서 판단한 결과를 이끈다. 그러면. 「すると、君(きみ)は知(し)っていたのか;그러면, 자네는 알고 있었나?」→「それでは」
[2]わたしの愛(あい)する子(こ):내가 사랑하는 아들.

【참고】

「～の」:주격

「わたしの愛(あい)する子(こ);내가 사랑하는 아들」에서 「わたしの」의 「～の」는 「～が」와 마찬가지로 연체수식절에서 주격 역할을 한다.

[例] {ぼくの好(す)きな·ぼくが好きな}季節(きせつ)は秋(あき)です。

　　(내가 좋아하는 계절은 가을입니다.)

　　{声(こえ)の美(うつく)しい·声が美しい}女性(じょせい)は大体(だいたい)顔(かお)もきれいだ。

　　(목소리가 예쁜 여성은 대개 얼굴도 아름답다.)

　　{わたしの住(す)んでいる·わたしが住んでいる}町(まち)は、八百屋(やおや)·果物屋(くだものや)·魚屋(さかなや)·肉屋(にくや)·パン屋(や)·スーパーなどがあります。

　　(제가 살고 있는 동네에는 채소 가게·과일 가게·생선 가게·정육점·빵집·슈퍼 등이 있습니다.)

　　{風(かぜ)の吹(ふ)かない·風が吹かない}日(ひ)は暑(あつ)くてたまらない。

　　(바람이 불지 않는 날은 더워서 견딜 수 없다.)

　　{彼(かれ)のしゃべっている·彼がしゃべっている}日本語(にほんご)はちょっとおかしい。

　　(그가 말하는 일본어는 좀 이상하다.)[3]

---

3) 李成圭等著(1996)『홍익나가누마 일본어2 해설서』홍익미디어. pp. 251-252에서 인용하여 일부 수정.

> *주의
>
> 그러나 연체수식절의 술어 구조가 복잡한 경우에는 주격의 「〜が」를 「〜の」로 치환하면 어색하거나 부자연스럽다.
>
> [例] 食(た)べ物(もの)は{量(りょう)が多(おお)く・×量の多く}、安(やす)いほうがいい。
>
> (음식은 양이 많고 싼 것이 좋다.)
>
> 登山(とざん)は{お天気(てんき)がよく・×お天気のよく}、暖(あたた)かい日(ひ)がいい。
>
> (등산은 날씨가 좋고 따뜻한 날이 좋다.)

[3]かなう : 희망대로 되다. 이루어지다. 「心(こころ)にかなう ; 마음에 맞다. 좋아하다.」

> それからすぐに、[1]御霊(みたま)がイエスを荒野(あらの)に[2]追(お)いやった。[マルコによる福音書 1:12]
>
> (그리고 곧 성령이 예수를 광야로 쫓아냈다. [1:12])

[1]御霊(みたま) : 성령. 「御(み)〜」는 존경의 접두사로, 주로 고유어 명사에 붙어 그것이 신불(神仏)・천황(天皇)・귀인(貴人)과 같이 존경해야 할 사람에 속한 것이라는 뜻을 나타낸다. 구어역 신약성서에서는 「御使(みつかい) ; 천사」「御言(みことば) ; (하나님의) 말씀」「主(しゅ)の御名(みな) ; 주의 이름」「御許(みもと) ; (예수님) 곁」「御心(みこころ) ; (예수님의) 마음」「主(しゅ)のみ手(て) ; 주의 손」과 같이 사용되고 있다.

[2]追(お)い遣(や)る : 쫓아내다. 쫓아 보내다. 복합동사 「追(お)い+遣(や)る」

[참고]

「お・ご」; 존경어. 겸양어. 미화어.

「お(おん・おおん)」는 고유어이기 때문에 「お父(とう)さん ; 아버님」「お早(はやく) ; 빨리」와 같이 고유어에 붙고, 「ご(ぎょ)」는 「御」의 한자음에서 온 접두사이기 때문에 「ご父君(ふくん) ; 춘부장」「ご無沙汰(ぶさた) ; 오랫동안 격조한 것」과 같이 한어(漢語)・한자음어(漢字音語)에 붙는 것이 일반적이다.

◇구어체 경어 표현에 다용되고, 한어 의식이 희박해진 말에서는 「お+한어(漢語)・한자음어(漢字音語)」도 적지 않다. 「お客(きゃく) ; 손님. 「客(きゃく)」의 존경어」・「お札(さつ) ; 지폐. 「札(さつ)」의 미화어」・「お産(さん) ; 출산. 미화어」「お酌(しゃく) ; 술을 따르는 것. 酌(しゃく)」의 겸양어Ⅰ」・「お膳(ぜん) ; 밥상. 「膳(ぜん)」의 겸양어Ⅰ」「お宅(たく) ; 댁. 「宅(たく)」의 존경어」「お茶(ちゃ) ; 차. 「茶(ちゃ)」의 미화어」「お得(とく)です ; 이익입니다. 「得(とく)」의 미화어」「どうぞお楽(らく)に ; 자 편히 앉으세요. 「楽(らく)」의 존경어」・「お礼(れい) ; 사례. 사례의 선물. 「礼(れい)」의 존경어」・「お椀(わん) ; 음식물을 담는 나무로 만든 공기. 「椀(わん)」의 미화어」「お菓子(かし) ; 과자. 「菓子(かし)」의 미화어」「お勘定(かんじょう) ; 계산. 「勘定(かんじょう)」의 미화어」「お行儀(ぎょうぎ) ; 예의범절. 「行儀(ぎょうぎ)」의 미화어」「お稽古(けいこ) ; (학문・기술・예능 등을) 배우는 것. 또는 연습하는 것. 「稽古(けいこ)」의 미화어」・「お化粧(けしょう) ; 화장. 「化粧(けしょう)」의 미화어」「お元気(げんき) ; 건강. 「元気(げんき)」의 존경어」「お時間(じかん) ; 시간. 「時間(じかん)」의 존경어」「お七夜(しちや) ; 출생 후 첫 이렛날 밤. 또는 그 축하 잔치. 미화어」「お邪魔(じゃま) ; 방문하는 것. 「邪魔(じゃま)」의 겸양어Ⅰ」「お食事(しょくじ) ; 식사. 존경어」「お歳暮(せいぼ) ; 신세진 사람에게 세밑 선물을 보내는 것. 또는 그 선물. 미화어」「お知恵(ちえ) ; 지혜. 「知恵(ちえ)」의 존경어」「お役所(やくしょ) ; 관청. 관공서. 役所(やくしょ)의 미화어」「お歴々(れきれき) ; 신분이나 지위 등이 높은 사람들. 명사들. 「歴々(れきれき)」의 존경어」등.

◇「ご+고유어」는 수가 적지만, 「ごもっとも ; 당연하신 것. 존경어」「ごゆっくり

; 천천히. 존경어」「ごゆるり; 천천히. 편안이. 존경어」 등 다소 격식을 차리는 말씨에서 등장한다.

◇「—返事(へんじ); 대답」「—相伴(しょうばん); 주빈의 상대가 되어 함께 대접을 받는 것. 또는 그 사람」 등과 같이 「お」「ご」 양쪽 가능한 것도 있는데, 「ご」는 다소 격식을 차리는 표현으로 문장체적 표현이다.

◇「おビール; 맥주의 존경어」와 같은 예외는 있지만, 「お」「ご」 모두 일반적으로 외래어에는 붙지 않는다.[4]

イエスは四十日(よんじゅうにち)の間(あいだ)、荒野(あらの)にいて、サタンの[1]試(こころ)みにあわれた。そして獣(けもの)もそこにいたが、[2]御使(みつかい)たちはイエスに[3]仕(つか)えていた。[マルコによる福音書 1:13]
(예수께서 40일 동안 광야에 있으면서 사탄의 시험을 받으셨다. 그리고 짐승들도 거기에 있었는데, 천사들은 예수를 모시고 있었다. [1:13])

---

[1]試(こころ)みにあわれる : 시험을 받으시다. 「試(こころ)みに会(あ)う; 시험을 받다」의 レル형 경어.

[2]御使(みつかい) : 천사. 「使(つか)い; 사자. 심부름꾼」에 존경의 접두사 「御(み)」가 접속된 것.

[3]仕(つか)える : ①손윗사람 곁에 있으면서 봉사하다. 「師(し)に仕(つか)える; 스승을 잘 모시다」「父母(ふぼ)に仕(つか)える; 부모에게 시중들다」②관청 등의 공적인 기관에 근무하다. 관직에 취임하다. 「宮中(きゅうちゅう)に仕(つか)える; 궁중에 출사하다」③신불(神仏)에게 봉사하다. 「神(かみ)に仕(つか)える身(み); 신을 모시는 몸」

---

4) [デジタル大辞泉の解説] https://kotobank.jp/word/%E5%BE%A1-448357#E3.83.87.E3.82.B8.E3.82.BF.E3.83.AB.E5.A4.A7.E8.BE.9E.E6.B3.89에서 인용하여 변역함.

⑷ [マルコによる福音書 1:14 - 1:20]

> ヨハネが[1]捕(とら)えられた[2]後(のち)、イエスはガリラヤに行(い)き、神(かみ)の福音(ふくいん)を宣(の)べ伝(つた)えて[3]言(い)われた、[マルコによる福音書 1:14]
>
> (요한이 붙잡힌 뒤에, 예수께서는 갈릴리에 가서 하나님의 복음을 전파하면서 말씀하셨다. [1:14])

[1]捕(と)らえられる : 붙잡히다. 「捕(と)らえる ; 잡다. 붙잡다.」의 수동.

[2]後(のち) : ① 일의 실현 순서가 어떤 것보다 늦은 것. 뒤. 후. ↔「先(さき)」「前(まえ)」「二十年(にじゅうねん)後(のち) ; 20년 후」「晴(は)れ後(のち)曇(くも)り ; 개었다가 흐림」「討論(とうろん)の後(のち)採決(さいけつ)を行(おこな)う ; 토론 뒤에 채결을 행하다」「夕食(ゆうしょく)の後(のち)出発(しゅっぱつ)する ; 저녁 식사 후에 출발하다」「後(のち)に説明(せつめい)する ; 나중에 설명하다」「特急(とっきゅう)が発車(はっしゃ)した後(のち)に急行(きゅうこう)が発車(はっしゃ)する ; 특급이 발차한 후, 급행이 발차한다」② 상당한 시간이 경과한 시점. 미래. 장래. 「彼(かれ)は後(のち)に医者(いしゃ)になった ; 그는 나중에 의사가 되었다」

[3]言(い)われる : 말씀하시다. 「言(い)う ; 말하다」의 レル형 경어로 특정형의 「仰(おお)せになる」「仰(おお)せられる」「おっしゃる」에 비해 경의도는 낮다.

> 「時(とき)は[1]満(み)ちた、神(かみ)の国(くに)は[2]近(ちか)づいた。[3]悔(く)い改(あらた)めて福音(ふくいん)を[4]信(しん)ぜよ」。[マルコによる福音書 1:15]
>
> ("때가 찼다. 하나님의 나라가 가까이 왔다. 회개하고 복음을 믿어라." [1:15])

[1]満(み)ちる : 차다. ①「月(つき)が満(み)ちる ; 달이 차다. 만월이 되다」②「条件(じょうけん)が満(み)ちる ; 조건이 충족되다」③일정 기간이 끝나다. 기한에 달하다. 「刑期(けいき)が満(み)ちて出所(しゅっしょ)する ; 형기가 끝나서 출소하다」④「潮(しお)が満(み)ちてくる ; 만조가 되다」

[2]近(ちか)づく : ①가까이 가다. 접근하다.「目的地(もくてきち)に近(ちか)づく ; 목적지에 가까이 가다」「台風(たいふう)が本土(ほんど)に近(ちか)づく ; 태풍이 본토에 접근하다」②다가오다.「開会式(かいかいしき)が近(ちか)づく ; 개회식이 다가오다」「終(お)わりに近(ちか)づく ; 끝나가다. 임종이 다가오다」③친해지다. 가까이 사귀다.「財産(ざいさん)目当(めあ)てに社長(しゃちょう)令嬢(れいじょう)に近(ちか)づく ; 재산을 목적으로 사장 따님에게 접근하다」④닮아가다. 비슷해[가까워]지다.「だいぶ本物(ほんもの)に近(ちか)づいてきた ; 상당히 진짜와 비슷해졌다」

[3]悔(く)い改(あらた)める : 회개하다. 뉘우쳐 고치다. 복합동사「悔(く)い+改(あらた)める」

[4]信(しん)ぜよ :「信(しん)ずる ; 믿다」의 문어체 명령형.

さて、イエスはガリラヤの[1]海(うみ)べを[2]歩(ある)いて行(い)かれ、シモンとシモンの兄弟(きょうだい)アンデレとが、海(うみ)で[3]網(あみ)を打(う)っているのをごらんになった。[4]彼(かれ)らは[5]漁師(りょうし)であった。[マルコによる福音書 1:16]
(그런데 예수께서 갈릴리 바닷가를 걸어가시다가, 시몬과 시몬의 형제 안드레가 바다에서 그물을 치고 있는 것을 보셨다. 그들은 어부였다. [1:16])

---

[1]海(うみ)べ : 바닷가.

[2]歩(ある)いて行(い)かれる : 걸어가시다.「行(い)かれる」는「行(い)く」의 レル형 경어.

[3]網(あみ)を打(う)つ : 그물을 치다. 그물을 던지다. 투망하다.

[4]彼(かれ)ら : 그들. 「~ら」는 복수의 접미사.

[5]漁師(りょうし) : 어부.

> イエスは彼(かれ)らに言(い)われた、「わたしに[1]ついて来(き)なさい。[2]あなたがたを、人間(にんげん)をとる[3]漁師(りょうし)にしてあげよう」。[マルコによる福音書 1:17]
> (예수께서 그들에게 말씀하셨다. "나를 따라오너라. 너희를 사람을 낚는 어부로 만들어 주겠다." [1:17])

[1]ついて来(き)なさい : 따라오너라. 「~なさい」는 〈경어동사 「なさる」의 명령형〉으로 「する」의 명령형인 「しろ」「せよ」의 부드러운 말씨. 「自分(じぶん)の事(こと)は自分(じぶん)でなさい ; 자기 일은 스스로 해라」「ほら、御覧(ごらん)なさい ; 저기 봐요」. 「なさい」는 「なさる」의 본래의 명령형인 「なされ」의 음변화(音変化)라기도 하고 또는 「なさいませ」의 생략형이라기도 한다.

[2]あなたがた : 너희. 2인칭 복수. 현대어에서는 「あなたたち」의 경칭(敬称)인데, 구어역 신약성서에서는 경어적 상위자가 동위자나 하위자에게도 이 표현을 사용한다.

[3]漁師(りょうし)にしてあげよう : 어부로 만들어 주겠다. 「~てあげる」는 수수표현. 「~よう」는 의지를 나타낸다.

> すると、彼(かれ)らは[1]すぐに[2]網(あみ)を捨(す)てて、イエスに従(したが)った。[マルコによる福音書 1:18]
> (그러자 그들은 금방 그물을 버리고 예수를 따랐다. [1:18])

[1]すぐに : 곧. 금방. 「すぐ ; 곧」에 부사적 조어인 「~に」가 접속된 것. 곧.
　[例]もうすぐ春(はる)が来(く)る。

(이제 곧 봄이 온다.)
　　電話(でんわ)があったらすぐに行(い)きます。
　　(전화가 오면 곧 가겠습니다.)
그리고「すぐと」와 같이「すぐ」에 부사적 조어인「～と」가 접속된 것도 쓰인다.
[例]芝居(しばい)をやっている最中(さいちゅう)はだめですけれども、ニューヨークに着(つ)いたら、すぐと芝居(しばい)が終(お)わってから、聴(き)きに行(い)くんです。
　　(한창 연극을 하고 있는 때는 어쩔 수 없지만, 뉴욕에 도착하면 곧 연극이 끝나고 나서 들으러 갑니다.)
[2]網(あみ)を捨(す)てる : 그물을 버리다.

また少(すこ)し[1]進(すす)んで行(い)かれると、ゼベダイの子(こ)ヤコブとその兄弟(きょうだい)ヨハネとが、舟(ふね)の中(なか)で網(あみ)を[2]繕(つくろ)っているのをごらんになった。[マルコによる福音書 1:19]
(그리고 조금 앞으로 나아가시자, 세베대의 아들 야고보와 그 형제 요한이 배 안에서 그물을 고치고 있는 것을 보셨다. [1:19])

---

[1]進(すす)んで行(い)かれる : 나아가시다.「行(い)かれる」는「行(い)く」의 레루형 경어.「進(すす)んで行(い)かれると」의「～と」는 발견의 용법으로 쓰이고 있다.
[2]繕(つくろ)う : 고치다. 수선하다. 수리하다. 깁다. 〈동사「作(つく)る」의 미연형에 반복・계속의 조동사「ふ」가 접속된「つくらふ」의 음변화(音変化)〉「ほころびを繕(つくろ)う ; 옷의 터진 데를 깁다」「くつしたを繕(つくろ)わせる ; 양말을 깁게 하다」「垣根(かきね)を繕(つくろ)う ; 울타리를 수선하다」

そこで、すぐ彼(かれ)らを[1][2][3]お招(まね)きになると、[5]父(ちち)ゼベダイを[4]雇人(やといにん)たちと一緒(いっしょ)に舟(ふね)に置(お)いて、イエスのあとについて行(い)った。[マルコによる福音書 1:20]

> (그래서 곧 그들을 손짓하여 부르시자, 아버지 세베대를 일꾼들과 함께 배에 남겨 두고, 예수 뒤를 따라갔다. [1:20])

[1] 招(まね)く: 손짓으로 부르다. 초대하다.
[2] お招(まね)きになる: 손짓하여 부르시다. 「招(まね)く」의 ナル형 경어.
[3] [お招(まね)きになる]と: 손짓하여 부르시자. 이때의 「～と」는 이유・계기를 나타낸다. 그리고 접속조사 「～と」에는 전건과 후건 사이의 의미관계에 따라 ① 가정조건, ②항상조건(항시조건), ③습관・반복, ④기정조건, ⑤이유・계기, ⑥발견 등의 다양한 의미・용법이 있다.

「～と」: 접속조사

1 「～と」가 「가정조건(仮定条件 ; かていじょうけん)」을 나타내는 경우에는 「(만일) ～(라)면 / ～(하)면, (자연히 ～하게 되다)」와 같은 뜻을 나타낸다. 즉, 어떤 조건 하에서는 그와 같은 결과 이외에 다른 결과는 있을 수 없다는 당연한 귀결을 나타낸다.

[例] いま行(い)くと、時間(じかん)に間(ま)に合(あ)います。

　　(지금 가면 시간에 댈 수 있습니다.)

　　うるさいと、勉強(べんきょう)できません。

　　(시끄러우면 공부가 안 됩니다.)

　　人間(にんげん)は暇(ひま)だと、だめになります。

　　(사람은 한가하면 못쓰게 됩니다.)

2 「항상조건(恒常条件 ; こうじょうじょうけん)」, 항시조건(恒時条件) 또는 일반조건(一般条件)은 앞 문장(前件 ; 条件節)이 성립하면, 언제나 반드시 뒤 문장(後件 ; 主節)이 성립하는 것을 의미한다. 항상조건은 특정 개인이나 사건이 아니라, 인간이나 사건 일반에 관한 조건 관계를 서술하는 표현이기 때문에 앞의 사건이 발

생하면 그것에 연이어 자동적으로 자연발생적으로 뒤의 사건이 생긴다고 하는 것을 나타내는 경우가 많다. 따라서 주로 자연현상이나 진리, 습관 등을 나타내는 데에 많이 쓰인다. 항상조건은 시간과 관계없이 성립하는 것이기 때문에 뒤 문장의 술어는 항상 현재형(超時의 用法)이 쓰인다.

[例] 水(みず)は100度(ひゃくど)になると、沸騰(ふっとう)する。

(물은 100도가 되면 끓는다.)

暑(あつ)いと、汗(あせ)をよくかく。

(더우면 땀을 많이 흘린다.)

あまり生活(せいかつ)が便利(べんり)だと、人(ひと)は不精(ぶしょう)になる。

(생활이 너무 편하면 사람은 게을러진다.)

그리고 항상조건은 다음과 같이 「〜ば」에 의해서도 가능하다.

[例] 二(に)に二(に)を{足(た)すと / 足(た)せば}、四(よん)になる。

(2에 2를 더하면 4가 된다.)

{水(みず)の中(なか)だと / 水の中であれば}、体(からだ)が軽(かる)くなる。

(물속에서는 몸이 가벼워진다.)

3 「〜と」는 특정인의 습관(習慣)이나 특정 사건의 반복(反復)을 나타내는 경우가 있다. 항상조건과 달리 이 용법은 특정 주어에 대해 서술하는 것으로 문말 술어에는 현재형과 과거형이 다 올 수 있다.

먼저 문말에 현재형이 쓰이는 예를 들면 다음과 같다.

[例] 父(ちち)は、天気(てんき)がいいと、近(ちか)くの公園(こうえん)へ散歩(さんぽ)に出(で)かける。

(아버지는 날씨가 좋으면, 근처 공원에 산책하러 나간다.)

다음과 같이 문말 술어에 과거형이 사용되면 특정인의 습관이나 특정 사건의 반복을 의미하는데, 이때는 과거 회상을 나타내는 「〜ものだ」와 같이 쓰이는 경우가 많다.

[例] 子供(こども)のころ、天気(てんき)がいいと、この辺(へん)を祖母(そぼ)とよく散歩(さんぽ)をしたものだ。

(어릴 때 날씨가 좋으면, 이 부근을 할머니와 자주 산책하곤 했다.)

4 「〜と」에는 소위 「기정조건(既定条件 ; きていじょうけん)」, 또는 연속(連続)을 의미하는 용법이 있다. 기정조건이란 앞문장의 동작이 끝나고 나서 뒷문장의 동작이 시작되는 것을 의미하는데, 대개 「その時(그때)」 또는 「〜してすぐ(〜하고 나서)」에 상당하는 뜻을 나타낸다.

[例] 男(おとこ)は目覚(めざ)まし時計(どけい)を止(と)めると、またベッドへ戻(もど)った。

(남자는 자명종 시계를 끄고 다시 침대로 돌아갔다.)

わたしは、東京駅(とうきょうえき)へ着(つ)くと、その足(あし)で会社(かいしゃ)へ向(む)かった。

(나는 도쿄역에 도착한 다음 그 발로 회사를 향했다.)

문말의 술어는 보통 과거형이 일반적이지만, 시나리오의 경우에는 현재형도 쓰인다.

[例] 義男(よしお)は、手(て)を拭(ふ)くと、ギターを手(て)に取(と)る。

(요시오는 손을 닦고 기타를 손에 쥔다.)

이때 전건(前件)과 후건(後件)의 주어가 동일할 경우에는 접속조사 「〜て」로, 주어가 다를 때는 「〜たら」로의 치환이 가능하다.

[例] 彼女(かのじょ)は部屋(へや)に{入(はい)ると / 入(はい)って}、窓(まど)を開(あ)けた。

(그녀는 방에 들어가자 창문을 열었다.)

食事(しょくじ)を{していると / していたら}、急(きゅう)にぐらっと揺(ゆ)れた。

(식사를 하고 있을 때 갑자기 확 하고 집이 흔들렸다.)

5 「～と」에는 전건(前件)과 후건(後件)이 모두 실현된 상태임을 나타내는 용법이 있다. 그 중에 이유(理由)나 계기(契機)라고 불리는 용법이 있는데, 뒤에 오는 문장(後件)의 술어에는 과거형이 쓰인다. 대개 앞뒤 문장의 술어에는 동사가 사용되고, 한국어로는 「～(했)더니／～(하)니 (～했다)」와 같이 번역된다.
[例] ベルを鳴(な)らすと、女(おんな)の子(こ)が出(で)て来(き)た.

　　(벨을 눌렀더니, 여자아이가 나왔다.)

　　仕事(しごと)をやめると、たちまちお金(かね)がなくなった.

　　(일을 그만두자, 금새 돈이 없어졌다.)

　한편,「～たら」에도 이유나 계기를 나타내는 용법이 있다.
[例] 一杯(いっぱい){飲(の)むと／飲(の)んだら}、元気(げんき)になった.

　　(한 잔 마셨더니 기운이 났다.)

　　窓(まど)を{開(あ)けると／開けたら}、寒(さむ)い風(かぜ)が入(はい)ってきた.

　　(창문을 열었더니 찬바람이 들어왔다.)

　「～と」는 이야기나 소설에, 그리고 회화체에서는「～たら」가 많이 사용된다고 하는 문체상의 차이점이 지적된다.

6 「발견(発見;はっけん)」이란 어떤 행동의 결과 다음과 같은 사실을 알게 되었다는 것을 의미하는데, 한국어로는「～(했)더니／～(하)니 (～하다／～했다)」에 해당한다.

　발견의 경우, 뒤의 문장(後件;主節)의 문말 술어에는 일반적으로 과거형이 많이 쓰인다. 소설 등에서 역사적 현재를 나타내는 현재형이 사용되는 경우가 있다. 그리고 발견을 나타내는 용법은「～たら」에도 있는데,「～と」는「～たら」에 비해 의외성(意外性)이 약한 경우에 쓴다.
[例] トンネルを抜(ぬ)けると、雪国(ゆきぐに)であった.

　　(터널을 빠져나가자 세상은 온통 눈으로 덮여 있었다.)

やってみると、思(おも)ったより大変(たいへん)だった。

(해 보니까 생각했던 것보다 힘들었다.)

「〜と」에 의한 발견의 경우에도 뒤 문장의 술어에 현재형으로 쓰이는 경우가 있다.

[例]実際(じっさい)やってみると、思(おも)っていたより易(やさ)しいです。

(실제로 해 보니 생각하고 있었던 것보다 쉽습니다.)

李(イー)さん、広(ひろ)げてみると、自分(じぶん)の似顔絵(にがおえ)がある。

(이경민 씨, 펼쳐보자 자기 초상화가 (그려져) 있다.)[5]

[4] 雇人(やといにん) : 고용인. 일꾼.
[5] 父(ちち)ゼベダイを〜舟(ふね)に置(お)いて : 아버지 세베대를 〜배에 남겨 두고.
 본문의「置(お)く」는「남겨 두다・남겨 놓다」의 뜻을 나타낸다.

[例]家族(かぞく)を郷里(きょうり)に置(お)いて働(はたら)く。

(가족을 고향에 남겨두고 일하다.)

留守番(るすばん)を置(お)いて出(で)かける。

(집 볼 사람을 두고 외출하다.)

---

5) 李成圭・権善和(2006d)『현대일본어 문법연구Ⅲ』시간의물레. pp. 182-201을 참조 및 인용.

⑸ [マルコによる福音書 1:21 - 1:28]

> それから、彼(かれ)らはカペナウムに行(い)った。そして[1]安息日(あんそくにち)にすぐ、イエスは[2]会堂(かいどう)に入(はい)って[3]教(おし)えられた。[マルコによる福音書 1:21]
> (그리고 나서 그들은 가버나움에 갔다. 그리고 안식일에 곧바로 예수께서는 회당에 들어가서 가르치셨다. [1:21])

[1]安息日(あんそくにち) : 「あんそくじつ」「あんそくび」라고도 한다.
　①유대교에서는 한 주의 7번째 성일(聖日)을 의미하는데 지금의 금요일 일몰에서 토요일 일몰까지를 가리킨다. 일체의 업무와 노동을 중지하고 휴식을 취한다. ②기독교에서는 일요일을 의미하며, 일을 쉬고 의식을 행한다. 예수가 일요일 아침에 부활했다고 하는 전승에 기인한다.
[2]会堂(かいどう) : 회당. 기독교의 교회당.
[3]教(おし)えられる : 가르치시다. 「教(おし)える」의 レル형 경어.

> [1]人々(ひとびと)は、その[2]教(おしえ)に驚(おどろ)いた。律法(りっぽう)学者(がくしゃ)たちのようにではなく、[3]権威(けんい)ある者(もの)のように、教(おし)えられたからである。[マルコによる福音書 1:22]
> (사람들은 그 가르침에 놀랐다. 율법학자들처럼이 아니라, 권위 있는 사람처럼 가르치셨기 때문이다. [1:22])

[1]人々(ひとびと) : 사람들. 많은 사람들. 일반 사람들. 「人(ひと) + 人(ひと) → 人々(ひとびと)」 동어 반복에 의한 복수 표시. 「人々(ひとびと)の意見(いけん)を聞(き)く ; 많은 사람들의 의견을 듣다」
　[例]木々(きぎ) : 나무들. 많은 나무들.

　　　　山々(やまやま) : 산들. 많은 산.

　　　　国々(くにぐに) : 나라들. 여러 나라. 많은 나라.

[2] 教(おし)え : 가르침. 「教(おし)える」의 연용형이 전성명사화한 것.

[참고]

「동사의 연용형」: 전성명사

일본어 동사는 대부분의 단어의 연용형이 명사 즉 전성명사(転成名詞)가 되거나 또는 명사의 자격으로 쓰일 수 있다.

[例] 願(ねが)う　　　　(부탁하다)　→　願(ねが)い　　(부탁)
　　 泳(およ)ぐ　　　　(수영하다)　→　泳(およ)ぎ　　(수영)
　　 話(はな)す　　　　(말하다)　　→　話(はなし)　　(이야기)
　　 休(やす)む　　　　(쉬다)　　　→　休(やす)み　　(쉼, 휴가, 휴일)
　　 帰(かえ)る　　　　(돌아가다)　→　帰(かえ)り　　(귀가)
　　 光(ひか)る　　　　(빛나다)　　→　光(ひかり)　　(빛)
　　 考(かんが)える　　(생각하다)　→　考(かんが)え　(생각)
　　 見送(みおく)る　　(배웅하다)　→　見送(みおく)り　(배웅)
　　 出迎(でむか)える　(마중하다)　→　出迎(でむか)え　(마중)
　　 受(う)け付(つ)ける (접수하다) →　受(う)け付(つ)け (접수)
　　 取(と)り替(か)える (교환하다) →　取(と)り替(か)え (교환)
　　 取(と)り消(け)す　(취소하다)　→　取(と)り消(け)し (취소)
　　 受(う)け取(と)る　(받다)　　　→　受取(うけと)り　(수령, 영수)

이상은 완전히 명사화된 예이다. 그러나 그 중에는 명사화의 정도가 다소 낮은 어휘도 물론 존재한다.

[例] 読(よ)みが浅(あさ)い。

　　　(수를 읽는 것이 약하다. 통찰력이 부족하다.)

ブレーキの効(き)きが悪(わる)い。

(브레이크가 잘 안 듣다.)

呑(の)み込(こ)みが速(はや)い。

(이해가 빠르다.)

또한 명사화하기 어려운 단어도 있다. 예를 들어, 「言(い)う; 말하다」의 연용형 「言(い)い」는 단독으로 명사로서는 사용하기 힘들다. (「物言(ものい)う; 말하다」에서 전성된 「物言(ものい)い; 말씨. 말투.」는 명사로서 자주 사용된다.)

그리고 다음과 같이 동사의 연용형은 복합명사의 구성요소가 될 수 있다.

[例] 買(か)い + もの   →   買(か)い物(もの)   (쇼핑)
　　 飲(の)み + もの   →   飲(の)み物(もの)   (음료)
　　 食(た)べ + もの   →   食(た)べ物(もの)   (음식)
　　 履(は)き + もの   →   履物(はきもの)   (신발)
　　 編(あ)み + もの   →   編物(あみもの)   (편물)
　　 早(はや) + 起(お)き →   早起(はやおき)   (일찍 일어나는 것)[6]

그리고 형용사의 연용형도 제한적이지만 전성명사로 사용된다.

[例] 家(いえ)の近(ちか)くにお寺(てら)がある。

　　(집 근처에 절이 있다.)

　　もっと近(ちか)くに来(き)なさい。

　　(더 가까이 와요.)

　　遠(とお)くまで歩(ある)いて行(い)く。

　　(먼데까지 걸어서 가다.)

　　近(ちか)くばかりではなく、時々(ときどき)遠(とお)くを見(み)てください。

　　(가까운 곳만 아니라 때때로 먼 곳을 보세요.)

---

[6] 李成圭・権善和(2006c)『현대일본어 문법연구Ⅱ』시간의물레. pp. 239-230에서 인용하여 일부 수정함.

ここは古(ふる)くから栄(さか)えた町(まち)です。

(이곳은 옛날부터 번성한 도시입니다.)

こんな早(はや)くにどうしたの。

(이렇게 일찍 도대체 무슨 일이야?)

朝(あさ)早(はや)くから夜(よる)遅(おそ)くまで働(はたら)いている。

(아침 일찍부터 밤늦게까지 일하고 있다.)

그러나 형용동사의 연용형은 전성명사화하지 않는다.

[3]権威(けんい)ある者(もの) : 권위 있는 사람.

---

[1]ちょうどその時(とき)、[2][3][4]汚(けが)れた霊(れい)につかれた者(もの)が会堂(かいどう)にいて、[5]叫(さけ)んで言(い)った、[マルコによる福音書 1:23]

(마침 그때 악령이 들린 사람이 회당에 있었는데 그가 외치며 말했다. [1:23])

---

[1]ちょうどその時(とき) : 마침 그때.

[2]汚(けが)れた霊(れい) : 더러운 귀신. 악령.

[3]汚(けが)れた霊(れい)につかれる : 더러운 귀신이 들다. 악령이 들다.

[4]汚(けが)れる : 더러워지다. 더럽혀지다.

　①깨끗함, 순수함, 신성한 것 등이 손상되어 더러운 상태가 되다.「耳(みみ)が汚(けが)れる ; 귀가 더러워지다. 쓸데없는 말을 들어 언짢은 기분이 들다」「神殿(しんでん)が汚(けが)れる ; 신전이 더럽혀지다」

　②명예나 긍지에 손상을 입다.「履歴(りれき)が汚(けが)れる ; 이력이 더럽혀지다」

③여성이 정조를 잃다.
④죽음·출산·월경 등에 관련되어 몸이 부정을 타다.

[참고]

汚(よご)れる : 더러워지다. 더럽혀지다.
①더러워지다. 불결해지다. 「手(て)が汚(よご)れる ; 손이 더러워지다」 「都会(とかい)の汚(よご)れた空気(くうき) ; 도시의 더러운 공기」
②나쁜 것에 관계해서 깨끗한 것을 잃다. 「そんな汚(よご)れたお金(かね)は受(う)け取(と)れない ; 그런 더러운 돈은 받을 수 없다」

용법

■ 「よごれる · けがれる」

「よごれる」는 오물이 묻어 더러워지는 것을 말하고, 「けがれる」는 범죄를 범하다, 도덕에 반하다, 종교 등에서 금지되어 있는 것을 하는 등, 정신적으로 더러워지는 것을 말한다. 예를 들어 「よごれた手(て)」는 진흙이나 기름 등이 묻어 더러운 상태를 의미하고, 「けがれた手(て)」는 부정한 금전을 받거나 사람을 살상하거나 만지거나 해서는 안 되는 것을 만진 것을 의미한다. 특히 「けがれる」는 「名(な)がけがれる ; 이름이 더럽혀지다」 「名誉(めいよ)がけがれる ; 명예가 더럽혀지다」 「思(おも)い出(で)がけがれる ; 추억이 훼손되다」 등과 같이 추상적인 것에 많이 쓰인다.[7]

[5] 叫(さけ)ぶ : 외치다. 부르짖다.

---

7) [小学館 / デジタル大辞泉]
https://kotobank.jp/word 에서 인용하여 적의 번역함.

> 「[1]ナザレのイエスよ、[2]あなたはわたしたちと[3]何(なん)の係(かか)わりがあるのです。わたしたちを[4]滅(ほろ)ぼしに来(こ)られたのですか。あなたがどなたであるか、わかっています。[5]神(かみ)の聖者(せいじゃ)です」。[マルコによる福音書 1:24]
> ("나사렛의 예수여, 당신은 저희들과 무슨 상관이 있습니까? 저희를 없애기 위해 오신 것입니까? 당신이 누구신지, 알고 있습니다. 하나님께서 보내신 성자입니다." [1:24])

[1] [ナザレのイエス]よ : [나사렛의 예수]여 「~よ」는 호격조사.

[참고]

「~よ」: 호격조사

「~よ」에는 체언에 접속되어 영탄의 기분을 담아 남을 부를 때 쓰는 용법(間投助詞 ; 호격조사)가 있는데, 한국어로는 「~(이)여」「~야」「~아」에 해당한다. 이러한 용법은 현대어의 구어체에서는 별로 사용되지 않고, 옛날이야기나 동화, 그리고 시적 표현과 같은 문장체에서 남아 있다.

[例] 木村君(きむらくん)よ、早(はや)く行(い)こう。

    (기무라 군, 빨리 가자.)

    わが友(とも)よ、大志(たいし)をいだけ。

    (친구여, 큰 뜻을 품어라.)

    もしもし、亀(かめ)よ、亀(かめ)さんよ。

    (여보세요, 거북아, 거북님이여.)

    ふるさとよ、わが愛(あい)するふるさとよ。

    (고향이여, 나의 사랑하는 고향이여.)

    山(やま)に散(ち)った若(わか)い命(いのち)よ、安(やす)らかに眠(ねむ)れ。

    (산이 진 젊은 생명이여, 편안히 잠드소서.)

舞(ま)え舞(ま)え、蝶(ちょう)よ。
(춤추어라, 춤추어라, 나비여.)
風(かぜ)よ、吹(ふ)け。もっと吹(ふ)け。
(바람아, 불어라. 더 불어.)[8]

[2]あなた : 당신. 그대. 현대어에서 2인칭대명사「あなた」는 경어가치가 하락되어 경어적 동위자 상호간에 쓰거나 아니면 경어적 하위자에게 거리감을 둘 때 사용하는데, 여기에서는 경어적 하위자가 상위자에게 사용하고 있다.

[3]何(なん)の係(かか)わりがあるのです : 무슨 상관이 있습니까?「係(かか)わり」는「係(かか)わる ; 상관이 있다」의 연용형이 전성명사화된 것.

[4]滅(ほろ)ぼしに来(こ)られる : 없애기[멸망시키다] 위해 오시다.「동사의 연용형＋に来(く)る」동작의 목적을 나타내는 구문.「来(こ)られる」는「来(く)る ; 오다」의 レル형 경어.

[5]神(かみ)の聖者(せいじゃ) : 하나님의 성자. 하나님께서 보내신 성자. 즉 예수 그리스도를 가리킨다.

イエスは[1]これを叱(しか)って、「[2]黙(だま)れ、[3]この人(ひと)から[4]出(で)て行(い)け」と言(い)われた。[マルコによる福音書 1:25]
(예수께서 이를 꾸짖어, "입을 다물어. 이 사람에게서 나가라"라고 말씀하셨다. [1:25])

---

[1]これを叱(しか)る : 이를 꾸짖다.「これ」는 사물을 나타내는 지시대명사가 인칭대명사로 전용된 것으로 여기에서는 악령을 의미함.

[2]黙(だま)れ : 입을 다물어. 잠자코 있어.「黙(だま)る」의 명령형.

[3]この人(ひと) : 이 사람. 여기에서는 악령이 든 사람을 의미함.

---

8) 李成圭等著(1997)『홍익일본어독해2 해설서』홍익미디어. pp. 194-195에서 인용.

[4]出(で)て行(い)く : 나가다. 「出(で)[본동사]＋て＋行(い)く[보조동사]」가 한 단어가 된 것.

> すると、汚(けが)れた霊(れい)は彼(かれ)を[1][2]ひきつけさせ、[3]大声(おおごえ)をあげて、その人(ひと)から出(で)て行(い)った。[マルコによる福音書 1:26]
> (그러자, 악령은 그에게 경련을 일으키게 만들고, 큰소리를 내며 그 사람에게서 나갔다. [1:26])

[1]ひきつける[引き付ける] : 어린아이가 경련을[경기를] 일으키다. 복합동사「ひき＋つける」

[2]ひきつけさせる : 경련을 일으키게 만들다. 「ひきつける」의 사역.

[3]大声(おおごえ)をあげる : 큰 소리를 내다[지르다].

> 人々(ひとびと)は[1]皆(みな)[2]驚(おどろ)きのあまり、[3]互(たがい)に論(ろん)じて言(い)った、「これは、[4]いったい[5]何事(なにごと)か。権威(けんい)ある新(あたら)しい教(おしえ)だ。[6]汚(けが)れた霊(れい)にさえ[7]命(めい)じられると、彼(かれ)らは従(したが)うのだ」。[マルコによる福音書 1:27]
> (사람들은 모두 너무 놀란 나머지, 서로 논의하며 말했다. "이것은 대관절 무슨 일이냐? 권위 있는 새로운 가르침이다. 악령조차 명하시니, 그들이 따르는구나." [1:27])

[1]皆(みな) : ①다들. 모두.「皆(みな)が集(あつ)まって相談(そうだん)する ; 다들 모여 의논하다」「皆(みな)が偽札(にせさつ)だったわけではない ; 전부가 위조지폐였던 것은 아니다」「皆(みな)、こっち見(み)て ; 다들 이쪽을 봐」→「みんな」②(부사적

으로 사용되어)남김없이. 전부.「今回(こんかい)の不始末(ふしまつ)は皆(みな)わたしの責任(せきにん)です ; 이번 불미스러운 일은 전부 제 책임입니다」→「みんな」

[참고]

みんな(皆) :「みな」에 발음(撥音)가 첨가된 강조형.「一人(ひとり)で皆(みんな)食(た)べてしまう ; 혼자서 전부 먹어 버리다」「皆(みんな)、集(あつ)まれ ; 다들 모여」→「みな(皆)」

[2] 驚(おどろ)きのあまり : 너무 놀란 나머지.「~のあまり」와 같이 부사적으로 사용되어「너무 ~한 나머지」에 상당하는 뜻을 나타낸다.

[예] 驚(おどろ)きのあまり口(くち)もきけない。

(너무 놀란 나머지 말도 못한다.)

感激(かんげき)のあまり泣(な)き出(だ)した。

(너무 감격한 나머지 울음을 터뜨렸다.)

合格(ごうかく)発表(はっぴょう)の会場(かいじょう)で自分(じぶん)の番号(ばんごう)を見(み)たとたんに、嬉(うれ)しさのあまりそこらかまわず、周囲(しゅうい)の人(ひと)たちと握手(あくしゅ)してしまった。

(합격발표장에서 자기 번호를 본 순간, 너무 기쁜 나머지 주변을 의식하지 않고 주위 사람들과 악수를 하고 말았다.)

[3] 互(たが)いに論(ろん)じて言(い)った : 서로 논의하며 말했다.
[4] いったい[一体] : 도대체. 대관절.
[5] 何事(なにごと) : 어떤 일. 무슨 일.
[6] 汚(けが)れた霊(れい)にさえ命(めい)じられると ; 악령조차 명하시니.

「~さえ」는 구두어에서는「自分(じぶん)の名前(なまえ)さえ書(か)けない ; 자기 이름조차 쓰지 못한다」「夫婦(ふうふ)喧嘩(げんか)は犬(いぬ)さえ食(く)わぬ 부부

싸움은 개도 안 먹는다」와 같이 일반적으로 뒤에 부정을 수반하여「~까지도. ~조차. ~마저」의 뜻을 나타내는데, 여기에서는 뒤에 긍정이 쓰이고 있다.
[7]「命(めい)じられる」는「命(めい)じる」의 レル형 경어.「命(めい)じられると」의「~と」는 발견의 용법으로 쓰이고 있다.

> こうしてイエスのうわさは、[1]たちまちガリラヤの[2]全地方(ぜんちほう)、[3]至(いた)る所(ところ)に[4]広(ひろ)まった。[マルコによる福音書 1:28]
> (이리하여 예수의 소문은 순식간에 갈릴리 전 지역 가는 곳마다 퍼졌다. [1:28])

[1]たちまち[忽ち] : [부사]①곧. 즉각. 순식간에.「うわさが忽(たちま)ち広(ひろ)がる ; 소문은 순식간에 퍼지다」「飲(の)めば忽(たちま)ち効(き)く薬(くすり) ; 마시면 금방 듣는 약」「忽(たちま)ちのうちに売(う)りつくす ; 순식간에 다 팔다」②갑자기. 급히.「空(そら)が忽(たちま)ち曇(くも)って雨(あめ)が降(ふ)り出(だ)した ; 하늘이 갑자기 어두워지더니 비가 내리기 시작했다」
[2]全地方(ぜんちほう) : 전 지방. 온 지역.
[3]至(いた)る所(ところ) : 도처에. 가는 곳마다.
[4]広(ひろ)まる : ①넓어지다.「範囲(はんい)が広(ひろ)まる ; 범위가 넓어지다」②널리 행해지게 되다. 널리 알려지게 되다.「仏教(ぶっきょう)が広(ひろ)まる ; 불교가 퍼지다」「うわさが広(ひろ)まる ; 소문이 퍼지다」

⑥ [マルコによる福音書 1:29 - 1:31]

> それから、[1]会堂(かいどう)を出(で)るとすぐ、ヤコブとヨハネとを連(つ)れて、シモンとアンデレとの家(いえ)に[2]入(はい)って行(い)かれた。[マルコによる福音書 1:29]
> (그리고 회당을 나오자마자 곧바로 야고보와 요한을 데리고 시몬과 안드레의 집에 들어가셨다. [1:29])

[1] [会堂(かいどう)を出(で)る]とすぐ : [회당을 나오자]마자. 「～とすぐ」는 가정조건을 나타내는 접속조사 「～と」에 부사 「すぐ」가 접속된 것으로 한국어의 「～하자마자」, 「～하기가 무섭게」에 해당하는데, 주로 계기적(継起的) 사항, 즉 어떤 동작이 끝난 다음에 즉시 다음 동작으로 옮기는 것을 나타낼 때 쓴다.

[例] 会議(かいぎ)が終(お)わるとすぐ、みんなそそくさと部屋(へや)を出(で)て行(い)った。
(회의가 끝나자마자 다들 허둥지둥 방을 나갔다.)
家(いえ)に帰(かえ)るとすぐ、たたみにごろっと横(よこ)になった。
(집에 돌아오자마자 다타미에 아무렇게나 드러누웠다.)
彼(かれ)は電車(でんしゃ)に乗(の)って、いすに座(すわ)るとすぐ、寝(ね)てしまうんです。
(그는 전철을 타고 자리에 앉기가 무섭게 잠들어 버립니다.)

[2] 入(はい)って行(い)かれる : 들어가시다. 「入(はい)って行(い)く」의 レル형 경어.

> ところが、シモンの[1]しゅうとめが熱病(ねつびょう)で[2]床(とこ)についていたので、人々(ひとびと)はさっそく、その事(こと)をイエスに[3]知(し)らせた。[マルコによる福音書 1:30]
> (그런데 시몬의 장모가 열병으로 누워 있었기 때문에 사람들은 즉시 그 일을 예수에게 알렸다. [1:30])

[1]しゅうとめ[姑]：시어머니. 장모.

[2]床(とこ)につく：잠자리에 들다. 병들어 눕다.

[3]知(し)らせる：알리다.

   [例]彼(かれ)らがその事(こと)をイエスに知(し)らせる。

      (그들이 그 일을 예수에게 알리다.)

      電話(でんわ)で事故(じこ)を知(し)らせる。

      (전화로 사고를 알리다.)

      心配(しんぱい)して家族(かぞく)に無事(ぶじ)を知(し)らせた。

      (걱정해서 가족에서 무사함을 알렸다.)

      近況(きんきょう)を知(し)らせてください。

      (근황을 알려 주세요.)

イエスは[1]近寄(ちかよ)り、その手(て)をとって[2][3]起(お)こされると、[4]熱(ねつ)が引(ひ)き、女(おんな)は彼(かれ)らを[5]もてなした。[マルコによる福音書 1:31]

(예수께서 다가가서 그 손을 잡고 일으키시자 열이 가시고 여자는 그들을 대접했다. [1:31])

---

[1]近寄(ちかよ)る：가까이 가다. 다가가다.

[2]起(お)こされる：일으키시다.「起(お)こす」의 レル형 경어.

[3][起(お)こされる]と：이때의「～と」는 이유・계기의 용법.

[4]熱(ねつ)が引(ひ)く：열이 가시다.

[5]もてなす[持て成す]：대접하다. 환대하다.

⑺ [マルコによる福音書 1:32 - 1:39]

> [1]夕暮(ゆうぐれ)になり[2][3]日(ひ)が沈(しず)むと、人々(ひとびと)は病人(びょうにん)や悪霊(あくれい)につかれた者(もの)をみな、[4]イエスのところに連(つ)れてきた。[マルコによる福音書 1:32]
> (해질녘이 되어 날이 저물자, 사람들은 병자와 악령에 사로잡힌 자를 모두 예수에게 데려왔다. [1:32])

[1]夕暮(ゆうぐれ) : 황혼. 해질녘.

[2]日(ひ)が沈(しず)む : 해가 지다. 날이 저물다. ↔「日(ひ)が昇(のぼ)る ; 해가 뜨다」

[3][日(ひ)が沈(しず)む]と : 이때의 「〜と」는 기정조건의 용법.

[4][イエス]のところに : [예수]가 있는 곳에. [예수]에게. 「〜のところ」는 사람을 장소 명사화하는 용법으로 한국어로는 굳이 번역할 필요는 없다.

> こうして、[1]町中(まちじゅう)の者(もの)が[2]戸口(とぐち)に[3]集(あつ)まった。[マルコによる福音書 1:33]
> (이리하여 온 동네 사람들이 문 앞에 모였다. [1:33])

[1]町中(まちじゅう) : 온 동네.「〜中(じゅう)」는「온 〜」「전〜」에 상당하는 접미사.「学校中(がっこうじゅう) ; 학교 전체」「家(いえ)じゅう ; 온 집안」「国中(くにじゅう) ; 온 나라」「世界中(せかいじゅう) ; 전세계」

[참고]

「一中(ちゅう・じゅう)」

1.「一ちゅう」

(1) 「〜の中(なか) ; 〜의 중」의 뜻으로 쓰이는 경우는 「―中(ちゅう)」라로 읽는다.

[例] 出席者(しゅっせきしゃ)六人(ろくにん)中(ちゅう)、二人(ふたり)は女性(じょせい)だった。
(출석자 6명 중 2명은 여성이었다.)

空気中(くうきちゅう)の水分(すいぶん)が少(すく)ないと、喉(のど)が痛(いた)くなる。
(공기 중의 수분이 적으면, 목이 아파진다.)

(2) 「〜の間(あいだ) ; 〜의 사이」, 「〜のうち ; 〜의 중」의 뜻으로 어떤 일정 기간을 나타내거나 어떤 동작이나 상태가 계속되고 있는 시간을 나타내는 경우에는 「―中(ちゅう)」라고 읽는다.

[例] 来月中(らいげつちゅう)に上京(じょうきょう)する予定(よてい)です。
(내달 달 중에 상경할 예정입니다.)

休暇中(きゅうかちゅう)はアルバイトをするつもりです。
(휴가 중에는 아르바이트를 할 생각입니다.)

今週中(こんしゅうちゅう)にレポートを書(か)かなければならない。
(금주 중에 리포트를 써야 한다.)

> ***주의**
>
> 단, 「今日中(きょうじゅう)」와 같이 「今日(きょう) ; 오늘」「明日(あした) ; 내일」「今年(ことし) ; 올해」 등에 접속될 때는 「中(じゅう)」로 발음된다.

(3) 어떤 일을 하고 있는 때를 나타내는 경우에도 「―中(ちゅう)」로 읽는다.

[例] 今(いま)、{試験中(しけんちゅう)・仕事中(しごとちゅう)・会議中(かいぎちゅう)}です。
(지금 {시험 보는 중・일하는 중・회의 중}입니다.)

授業中(じゅぎょうちゅう)ですから、静(しず)かに歩(ある)いてください。
(수업중이니, 조용히 걸으세요.)
只今(ただいま)食事中(しょくじちゅう)ですから、しばらくお待(ま)ちください。
(지금 식사중이니 잠시만 기다리십시오.)

2.「―じゅう」

(1) 어떤 일정한 기간을 나타내는 말에 붙어 그 기간 동안 죽 어떤 동작이나 상태가 계속되는 것을 나타내는데, 이때는 한자「中」를 쓰지 않는 것이 좋다.

[例] きのうは風邪(かぜ)を引(ひ)いて、一日中(いちにちじゅう)寝(ね)ていた。
(어제는 감기에 걸려서 하루 종일 누워 있었다.)
夏休(なつやす)みじゅう旅行(りょこう)に出(で)かけて、家(いえ)には一日(いちにち)もいなかった。
(여름방학 내내 여행을 해서 집에는 하루도 없었다.)
近頃(ちかごろ)は、温室(おんしつ)栽培(さいばい)で一年(いちねん)じゅうトマトやみかんなどが食(た)べられる。
(요즘은 온실재배로 1년 내내 토마토나 귤 등을 먹을 수 있다.)

(2) 장소를 나타내는 말에 붙어「그 전체」의 뜻을 나타낸다. 이때는 한자「中」를 쓰지 않는다.

[例] あの人(ひと)は学校(がっこう)じゅうでいちばんできる。
(그 사람은 전교에서 가장 잘 한다.)
この食堂(しょくどう)では世界(せかい)じゅうの料理(りょうり)が食(た)べられる。
(이 식당에서는 전 세계의 요리를 먹을 수 있다.)
大雪(おおゆき)で、東京(とうきょう)じゅうの電車(でんしゃ)やバスが止(と)まってしまった。

(눈이 많이 와서 도쿄 전체의 전철이랑 버스가 멈춰 버렸다.)[9]

[2]戸口(とぐち) : 건물의 출입구.
[3]集(あつ)まる : 모이다.

> イエスは、[1]さまざまの[2]病(やまい)を患(わずら)っている[3]多(おお)くの人々(ひとびと)をいやし、また多(おお)くの悪霊(あくれい)を[4]追(お)い出(だ)された。また、[5]悪霊(あくれい)どもに、[6]物言(ものい)うことを[7]お許(ゆる)しにならなかった。彼(かれ)らがイエスを知(し)っていたからである。[マルコによる福音書 1:34]
> (예수께서는 온갖 병을 앓고 있는 많은 사람들은 고치고 또한 많은 악령들을 내쫓으셨다. 그리고 악령들에게 말하는 것을 허락하지 않으셨다. 그들이 예수를 알고 있었기 때문이다. [1:34])

[1]さまざまの[病(やまい)] : 온갖 [병]. 「さまざま(様様)」는 「各人(かくじん)が様々(さまざま)の感想(かんそう)を述(の)べる ; 각자가 여러 가지 감상을 말하다」와 같이 명사술어로도, 「様々(さまざま)な思(おも)い出(で) ; 여러 가지 추억」과 같이 형용동사로도 쓰인다.

그리고 동의어인 「いろいろ」가 주로 일상회화에서 사용되고 있는 것에 대해, 「さまざま」는 문장체적 말씨이다. 특히 비즈니스 문서와 같이 딱딱한 표현이 요구되는 문장에서는 「さまざま」를 사용하는 것이 무난하다.

먼저 「さまざま」가 「さまざまの」와 같이 명사로 쓰이는 예를 추가로 들면 다음과 같다.

[例] 人間(にんげん)の魂(たましい)はその生存中(せいぞんちゅう)の行為(こうい)によって生(しょう)じるさまざまの運命(うんめい)にしばられており、これは死(し)によっても断(た)ち切(き)られることはない。

---

9) 李成圭等著(1996)『홍익나가누마 일본어2 해설서』홍익미디어. pp. 243-244에서 인용하여 일부 수정.

(인간의 혼은 그 생존 중의 행위에 의해 생기는 갖가지 운명에 매어져 있고, 이것은 죽음에 의해 단절되지는 않는다.)

これによって、有権者(ゆうけんしゃ)は後援会(こうえんかい)やさまざまの団体(だんたい)に加(くわ)わらなくても政治家(せいじか)たちと政治(せいじ)のあり方(かた)や政策(せいさく)を論(ろん)じることができるようになり……。

(이것에 의해 유권자는 후원회나 여러 유형의 단체에 가입하지 않아도 정치가들과 정치의 바람직한 방향이나 정책을 논할 수 있게 되고…….)

この際(さい)に博物館(はくぶつかん)などへ行(い)って、さまざまの文献(ぶんけん)・写真(しゃしん)・絵(え)・実物(じつぶつ)資料(しりょう)などを調査(ちょうさ)し、なぜそうなったのかを考(かんが)えてみたい。

(이 참에 박물관 등에 가서 갖가지 문헌·사진·그림·실물 자료 등을 조사해서 왜 그렇게 되었는지를 생각해 보고 싶다.)

다음은 「さまざま」가 「さまざまな」와 같이 형용동사로 쓰인 예를 들어 둔다.
[예]ここにはさまざまな福岡(ふくおか)の伝統(でんとう)工芸品(こうげいひん)が展示(てんじ)されている。

(여기에는 후쿠오카의 전통 공예품이 전시되어 있다.)

様々(さまざま)な国(くに)と文化交流(ぶんかこうりゅう)が進(すす)んでくると、価値観(かちかん)はますます複雑化(ふくざつか)していく。

(여러 나라와 문화교류가 진행되면, 가치관은 점점 복잡해진다.)

高度成長(こうどせいちょう)に伴(ともな)って、日本人(にほんじん)の生活水準(せいかつすいじゅん)が驚(おどろ)くほど高(たか)まった一方(いっぽう)、さまざまなひずみも生(しょう)じた。

(고도성장에 수반해서 일본인의 생활수준이 놀라울 정도로 높아진 반면 여러 가지 나쁜 여파도 생겼다.)

[2]病(やまい)を患(わずら)う : 병을 앓다. 병이 나다. 「病(やまい)をいやす(癒す) : 병

을 고치다」

[3] 多(おお)くの人々(ひとびと) : 많은 사람들.

「多(おお)い ; 많다」라는 형용사는 직접 명사를 수식할 수 있는 연체수식 기능이 없기 때문에 「多(おお)い」의 연용형 「多(おお)く」를 명사로 전성시키고 「多(おお)く+の」의 형태로 뒤에 오는 체언을 수식・한정한다. 그리고 「多(おお)くの」는 「たくさんの」에 비해 문장체적 표현이다.

[例] 図書館(としょかん)には{多(おお)くの・たくさんの}本(ほん)がある。
　　(도서관에는 많은 책이 있다.)
　　戦争(せんそう)で{多(おお)くの・たくさんの}人(ひと)が死(し)んだ。
　　(전쟁으로 많은 사람들이 죽었다.)
　　この辺(へん)は{多(おお)くの・たくさんの}外国人(がいこくじん)が住(す)んでいる。
　　(이 근처에는 많은 외국인이 살고 있다.)

[4] 追(お)い出(だ)される : 내쫓으시다. 「追(お)い出(だ)す」의 레루형 경어.

[5] [悪霊(あくれい)]ども : [악령]들. 복수의 접미사.

「～ども」는 ①사람을 나타내는 명사에 접속되어 쓰이면 복수를 나타내는데 「～たち」에 비해 경의도(敬意度)가 낮아 경멸하거나 얕잡아 보는 뜻을 수반한다.

[例] 者(もの)ども、早(はや)く行(い)く。
　　(너희들(이놈들) 빨리 가!)
　　女(おんな)どもうるせーから、静(しず)かにしろ。
　　(여자들 시끄러우니까 조용히 해!)
　　野郎(やろう)ども、早(はや)くあいつを捕(つか)まえて来(こ)い。
　　(너희들(이놈들) 빨리 저 놈을 잡아와!)
　　みなども、わしの話(はなし)がようく分(わ)かったな。
　　(다들 내 말을 잘 알았지.)

② 「～ども」는 「わたくしども(저희들)」, 「手前(てまえ)ども(저희들[가게・회사])」와 같이 1인칭 대명사에 붙어 쓰이면 겸양의 뜻을 나타낸다.

[例]わたくしどもでは、どこの店(みせ)よりもお安(やす)い値段(ねだん)でお売(う)りしております。
(저희 가게에서는 다른 어느 가게보다도 싼 가격으로 팔고 있습니다.)
手前(てまえ)どもでは、コピー商品(しょうひん)は一切(いっさい)取(と)り扱(あつか)っておりませんので、ご心配(しんぱい)なく。
(저희 가게에서는 복제품은 일절 취급하고 있지 않사오니 걱정하지 마십시오.)[10]

[6]物言(ものい)う : 말하다. 증명하다. 힘·효과를 발하다. 「物言(ものい)いたげな素振(そぶ)り」; 무엇인가 말하고 싶은 듯한 기색 「事実(じじつ)が物言(ものい)う」; 사실이 증명하다 「金(かね)が物言(ものい)う世(よ)の中(なか)」; 돈이 판치는 세상

[7]お許(ゆる)しにならなかった : 용서하지 않으셨다. 허락하지 않으셨다. 「お許(ゆる)しになる」는 「許(ゆる)す」의 ナル형 경어.

朝(あさ)早(はや)く、[1]夜(よ)の明(あ)けるよほど前(まえ)に、イエスは起(お)きて[2]寂(さび)しい所(ところ)へ出(で)て行(い)き、そこで[3]祈(いの)っておられた。[マルコによる福音書 1:35]
(아침 일찍 밤이 밝아오기 훨씬 전에 예수께서는 일어나서 한적한 곳에 나가서 거기에서 기도하고 계셨다. [1:35])

[1]夜(よ)が明(あ)ける : 밤이 밝아오다.
[2]寂(さび)しい所(ところ)へ出(で)て行(い)く : 한적한 곳에 나가다.
[3]祈(いの)っておられた : 기도하고 계셨다. 「祈(いの)っていた」의 レル형 경어.

すると、シモンとその[1]仲間(なかま)とが、あとを[2]追(お)って来(き)た。[マルコによる福音書 1:36]

---

10) 李成圭(1998a)『東京現場日本語1』不二文化社. pp. 201-202에서 인용.

(그러자 시몬과 그 일행이 뒤를 쫓아왔다. [1:36])

[1]仲間(なかま) : 한패. 동아리. 동료.
[2]追(お)って来(く)る : 쫓아오다.

そして[1]イエスを見(み)つけて、「みんなが、[2]あなたを捜(さが)しています」と言(い)った。[マルコによる福音書 1:37]
(그리고 예수를 찾자 "다들 선생님을 찾고 있습니다."라고 말했다. [1:37])

[1][イエスを]見(み)つける : [예수를] 찾다. [예수를] 만나다.
[2]あなたを捜(さが)しています : 선생님을 찾고 있습니다. 경어적 하위자인 제자들이 상위자인「イエス」에게「あなた」를 사용하고 있다.

イエスは彼(かれ)らに[1]言(い)われた、「ほかの、[2]附近(ふきん)の町々(まちまち)に[3]みんなで行(い)って、そこでも[4]教(おしえ)を宣(の)べ伝(つた)えよう。わたしは[5]このために出(で)て来(き)たのだから」。[マルコによる福音書 1:38]
(예수께서는 그들에게 말씀하셨다. "다른 부근 마을에 다 같이 가서 거기에서도 가르침을 전파하자. 나는 이를 위해 나온 것이니."[1:38])

[1]言(い)われる : 말씀하시다.「言(い)う」의 레루형 경어.
[2]附近(ふきん)の町々(まちまち) : 부근 마을들.
[3]みんなで : 다 같이. 모두 함께.
[4]教(おし)えを宣(の)べ伝(つた)えよう : 가르침을 전파하자.「宣(の)べ伝(つた)えよう」는「宣(の)べ伝(つた)える」의 미연형에 의지・권유의「~よう」가 접속된 것.

[5]このために : 이를 위해.

[참고]

「～ため」의 의미 · 용법

형식명사「～ため」의 의미 · 용법을 살펴보면 다음과 같다.

1. 「ため」는「명사＋の＋ため(に)」또는「용언(연체형)＋ため(に)」의 형태로 동작의 목적을 나타낸다.

   [例] 李(イー)さんは、日本語(にほんご)の勉強(べんきょう)のために、来(き)ました。

   (이승민 씨는 일본어 공부를 위해 왔습니다.)

   李(イー)さんは、日本語(にほんご)を勉強するために、来(き)ました。

   (이승민 씨는 일본어를 공부하기 위해 왔습니다.)

   安部(あべ)さんは、工場(こうじょう)の見学(けんがく)のために、東京(とうきょう)へ行(い)った。

   (아베 씨는 공장 견학을 위해 도쿄에 갔다.)

   安部(あべ)さんは、工場(こうじょう)を見学(けんがく)するために、東京(とうきょう)へ行(い)った。

   (아베 씨는 공장을 견학하기 위해 도쿄에 갔다.)

   小林(こばやし)さんは、クレームの解決(かいけつ)のために、アメリカへ向(む)かった。

   (고바야 씨는 클레임 해결을 위해 미국을 향해 떠났다.)

   小林(こばやし)さんは、クレームを解決(かいけつ)するために、アメリカへ向かった。

   (고바야 씨는 클레임을 해결하기 위해 미국을 향해 떠났다.)

   小泉(こいずみ)さんは、製品(せいひん)の修理(しゅうり)のために、出(で)かけている。

(고이즈미 씨는 제품 수리를 위해 나가 있다.)

小泉(こいずみ)さんは、製品(せいひん)を修理(しゅうり)するために、出(で)かけている。

(고이즈미 씨는 제품을 수리하기 위해 나가 있다.)

2. 「〜ため」는 원인・이유를 나타내기도 하는데, 문맥에 따라서는 「동작의 목적」이나 「원인・이유」 어느 쪽의 해석도 가능한 경우가 있다.

 [例] 今朝(けさ)は電車(でんしゃ)の故障(こしょう)のために、会議(かいぎ)に遅刻(ちこく)した。

(오늘 아침에는 전철이 고장 나서 회의에 지각했다.)

この喫茶店(きっさてん)はコーヒーがおいしいために、いつも混(こ)んでいる。

(이 다방은 커피가 맛있어서 언제나 붐빈다.)

コンピューターは使(つか)い方(かた)が複雑(ふくざつ)なため、嫌(きら)いな人(ひと)が多(おお)い。

(컴퓨터는 사용법이 복잡해서 싫어하는 사람이 많다.)

最近(さいきん)はお客様(きゃくさま)を接待(せったい)するために、帰(かえ)りが遅(おそ)い。

(요즘은 손님을 {접대하기 위해서・접대하기 때문에} 귀가가 늦다.)

3. 다음과 같이 「이익(利益)」을 나타내는 경우도 있는데, 이때는 주로 「명사+の+ため(に)」의 형태로 많이 쓰인다.

 [例] あなたのために、この命(いのち)を捧(ささ)げます。

(당신을 위해 이 목숨 바치겠습니다.)

将来(しょうらい)、社会(しゃかい)のために、役立(やくだ)つ仕事(しごと)がしたい。

(장차, 사회를 위해 도움이 되는 일을 하고 싶다.)

母(はは)はわたしのために、20年間(にじゅうねんかん)、働(はたら)いてきた。

(어머니는 저를 위해 20년간 일해 왔다.)[11]

> そして、[1]ガリラヤ全地(ぜんち)を[2]巡(めぐ)り歩(ある)いて、[3]諸会堂(しょかいどう)で教(おしえ)を宣(の)べ伝(つた)え、また悪霊(あくれい)を追(お)い出(だ)された。[マルコによる福音書 1:39]
> (그리고 갈릴리의 전 지역을 두루 돌아다니며 여러 회당에서 가르침을 전파하고 또 악령을 내쫓으셨다. [1:39])

[1]ガリラヤ全地(ぜんち) : 갈릴리 전 지역.
[2]巡(めぐ)り歩(ある)く : 두루 돌아다니다.

「歩(ある)く」는 「~歩(ある)く」와 같이 복합동사의 후항동사(後項動詞)로도 쓰인다. 복합동사는 전항동사(前項動詞)와 뒤에 오는 동사 즉 후항동사의 의미관계에 따라 여러 가지 유형으로 분류할 수 있는데,「巡(めぐ)り歩(ある)く」는 앞뒤 동사가 대등한 관계로 본래의 의미를 유지하고 있는 경우의 예이다.
[例]食(た)べ歩(ある)くことが、わたしの趣味(しゅみ)になりました。
　　(음식을 먹으면서 여행하는 것이 제 취미가 되었습니다.)
　　夜(よる)は危(あぶ)ないから、一人(ひとり)で出歩(である)かないほうがいいです。
　　(밤에는 위험하니까 혼자서 나돌아 다니지 않는 게 좋습니다.)
　　彼(かれ)は職(しょく)を探(さが)して毎日(まいにち)毎日(まいにち)飛(と)び歩(ある)いています
　　(그는 직업을 찾아 매일 이리저리 뛰어다니고 있습니다.)

---

11) 李成圭等著(1996)「홍익나가누마 일본어2 해설서」홍익미디어. pp. 55-56에서 인용하여 일부 수정.

彼(かれ)はどういうわけか、最近(さいきん)毎日(まいにち)飲(の)み歩(ある)いています。
(그는 무슨 까닭인지 요즘 매일 이 집 저 집 술 마시며 다니고 있습니다.)
彼女(かのじょ)は絵(え)を描(か)くために、全国(ぜんこく)を転々(てんてん)と渡(わた)り歩(ある)いています。
(그녀는 그림을 그리기 위해 전국을 전전하며 떠돌아다니고 있습니다.)
私も若(わか)い時(とき)は、あっちこっち雇(やと)われて流(なが)れ歩(ある)いていました。
(저도 젊을 때는 이곳저곳에서 고용살이를 하면서 떠돌아다니곤 했습니다.)
最近(さいきん)の新聞記者(しんぶんきしゃ)はみんなコンピューターを持(も)ち歩(ある)いています。
(요즘 신문기자는 다들 컴퓨터를 들고 다니고 있습니다.)[12]

[3]諸会堂(しょかいどう) : 여러 회당.

⑻ [マルコによる福音書 1:40 - 1:45]

一人(ひとり)の[1]重(おも)い皮膚病(ひふびょう)にかかった人(ひと)が、イエスのところに[2]願(ねが)いに来(き)て、[3]跪(ひざまず)いて言(い)った、「[4][5]みこころでしたら、[6]きよめていただけるのですが」。[マルコによる福音書 1:40]

---

12) 李成圭・権善和(2006c)『현대일본어 문법연구Ⅱ』시간의물레. pp. 238-239에서 인용.

> (중한 피부병(나병)에 걸린 한 사람이 예수에게 간청하러 와서 무릎을 꿇고 말했다. "선생님께서 그럴 생각이시면 저를 깨끗하게 해 주실 수 있습니다만." [1:40])

[1]重(おも)い皮膚病(ひふびょう) : 중한 피부병. 나병을 지칭함.

[2]願(ねが)いに来(く)る : 부탁하러 오다. 간청하러 오다.

[3]跪(ひざまず)く : 무릎을 꿇다.

[4]みこころ[御心] : 「心(こころ)」에 신불(神佛)・귀인(貴人)에게 쓰는 존경 접두사 「み(御)」가 붙은 것으로 예수의 마음을 높인 것.

[5]みこころでしたら : 선생님께서 그럴 생각이시면. ←「みこころです＋たら」

[6]きよめていただける : 깨끗하게 해 주실 수 있다. 「きよめてもらう」의 겸양어 I 인 「きよめていただく」의 가능 형태.

> イエスは[1]深(ふか)く哀(あわ)れみ、[2]手(て)を伸(の)ばして[3]彼(かれ)にさわり、「[4]そうしてあげよう、[5]清(きよ)くなれ」と言(い)われた。[マルコによる福音書 1:41]
> (예수께서는 몹시 불쌍히 여겨 손을 내밀어 그에게 대고 "그렇게 해 주마. 깨끗해져라"라고 말씀하셨다. [1:41])

[1]深(ふか)く哀(あわ)れみ : 몹시 불쌍히 여기고. 「哀(あわ)れむ」의 연용 중지법.

[2]手(て)を伸(の)ばして : 손을 내밀어. 「伸(の)ばす」의 テ형.

[3]彼(かれ)に触(さわ)り : 그에게 손을 대고 「触(さわ)る」의 연용 중지법.

　본문에서는 「哀(あわ)れみ」「手(て)を伸(の)ばして」「彼(かれ)に触(さわ)り」와 같이 연용중지법과 접속법 テ형을 고루 사용함으로써 표현의 다양성을 꾀하고 있는 것으로 해석된다.

「동사의 연용형」: 연용중지법

1 동사의 연용형은 앞뒤 두 문을 대등한 관계로 연결할 때 즉, 앞문의 서술을 일단 중지하고 다시 뒤의 문을 전개시켜 가는 용법이 있는데 이를 「연용중지법(連用中止法;れんようちゅうしほう)」이라고 한다. 이 용법은 주로 문장체에서 많이 사용된다.

[例] 子供(こども)はよく食(た)べ、よく遊(あそ)ぶ。
　　(아이는 잘 먹고 잘 논다.)
　　昼(ひる)は工場(こうじょう)で働(はたら)き、夜(よる)は学校(がっこう)で勉強(べんきょう)する。
　　(낮에는 공장에서 일하고, 밤에는 학교에서 공부한다.)
　　家(いえ)を出(で)る時(とき)は、ガスを止(と)め、電気(でんき)を消(け)し、鍵(かぎ)をかける。
　　(집을 나올 때는 가스를 잠그고 전기를 끄고 열쇠를 잠근다.)
　　この道(みち)を100メートルぐらい行(い)き、右(みぎ)に曲(ま)がってください。
　　(이 길을 100미터쯤 가서 오른쪽으로 돌아 주세요.)
　　こうして私(わたし)は知(し)らず知(し)らずのうちに、父(ちち)に「女(おんな)の色(いろ)」を教(おし)えられ、いつの間(ま)にか私の描(か)く女(おんな)の子(こ)は、赤(あか)い服(ふく)を着(き)、ピンクのリボンをするようになった。
　　(이렇게 나는 나도 모르는 사이에 아버지로부터「여자의 색깔」을 배워, 어느 사이에 내가 그리는 여자 아이는 빨간 옷을 입고, 핑크 색 리본을 하게 되었다.)
　　世界(せかい)は広(ひろ)いのだから、トマトの皮(かわ)をむく人(ひと)もむかない人もいる。トマトの皮がついているかいないかは問題(もんだい)ではなく、それよりも、同(おな)じテーブルに座(すわ)り、飲(の)み、食(た)べ、一緒(いっしょ)に笑(わら)うことが大切(たいせつ)だ。

(세계는 넓으니까, 토마토 껍질을 벗기는 사람도 있고 벗기지 않는 사람도 있다. 토마토 껍질이 붙어 있는지 붙어 있지 않는가는 문제가 아니고, 그것보다도 같은 테이블에 앉아 마시고 먹고 함께 웃는 것이 중요하다.)

2 동사의 경우, 앞뒤 두 문을 대등한 관계로 연결시킬 때는 「テ形」을 이용하는 방법, 즉 접속법(接続法)과 연용형을 이용하는 방법이 있는데, 문장체에서는 일반적으로 연용중지법이 많이 쓰인다. 접속법과 연용중지법은 용법 면에서 서로 겹치는 경우가 많은데, 중지법은 사항의 단순한 열거에 그치는 느낌이 강하다. 따라서 회화체에서도 사항을 단순히 열거하는 성격의 문일 경우에는 연용중지법이 사용된다.

[例] 日本(にほん)の国会(こっかい)は衆議院(しゅうぎいん)と参議院(さんぎいん)とから成(な)り、両院(りょういん)とも議員(ぎいん)は普通選挙(ふつうせんきょ)で選出(せんしゅつ)される。
(일본의 국회는 중의원과 참의원으로 구성되어 있고, 양원 모두 의원은 보통 선거로 선출된다.)
日本(にほん)では当選回数(とうせんかいすう)によって、ほぼ役割(やくわり)が決(き)まり、当選回数が 二回(にかい)、三回(さんかい)になれば、政務次官(せいむじかん)として各省(かくしょう)の行政(ぎょうせい)を担当(たんとう)し、四回(よんかい)、五回(ごかい)で国会(こっかい)の常任委員長(じょうにんいいんちょう)として議会(ぎかい)運営(うんえい)を担当(たんとう)する。
(일본에서는 당선 회수에 따라 거의 역할이 정해져 있어, 당선 회수가 2회, 3회가 되면 정무차관으로서 각 성(부)의 행정을 담당하고, 4회, 5회가 되면 국회 상임위원장으로서 의회 운영을 담당한다.)
首脳会談(しゅのうかいだん)の場(ば)では、大(おお)まかな原則(げんそく)だけが話(はな)し合(あ)わされ、事務(じむ)レベルの会談(かいだん)で内容(ないよう)を詰

(つ)めることになるだろう。

(수뇌회담 자리에서는 대략적인 원칙만이 논의되고, 사무 레벨 회담에서 내용에 대해 구체적으로 논의하게 될 것이다.)

1958年代(ねんだい)後半(こうはん)になると、製鉄(せいてつ)、機械(きかい)などの日本(にほん)の基幹産業(きかんさんぎょう)は好景気(こうけいき)の波(なみ)に乗(の)り、設備投資(せつびとうし)、技術革新(ぎじゅつかくしん)を相次(あいつ)いで行(おこな)い、経済成長(けいざいせいちょう)の基盤(きばん)を作(つく)った。

(1958년대 후반이 되면, 제철, 기계 등 일본의 기간산업은 호경기 흐름을 타고, 설비투자, 기술혁신을 잇달아 행해, 경제성장의 기반을 구축했다.)

11日(じゅういちにち)午後(ごご)2時半(にじはん)ごろ、城北(じょうほく)信用金庫(しんようきんこ)池袋支店(いけぶくろしてん)に毛糸(けいと)のタイツを被(かぶ)って覆面(ふくめん)した男(おとこ)が押(お)し入(い)り、客(きゃく)にナイフを突(つ)きつけ、行員(こういん)に「金(かね)を出(だ)せ」と迫(せま)った。

(11일 오후 2시 반 경, 조호쿠신용금고 이케부쿠로지점에 털실로 짠 '타이츠'를 쓰고 복면한 남자가 침입해서, 손님에게 칼을 들이대고, 행원에게 '돈을 내 놓아라'고 강요했다.)

その結果(けっか)、質(しつ)の高(たか)い労働者(ろうどうしゃ)は新(あたら)しい技術(ぎじゅつ)を使(つか)いこなして生産性(せいさんせい)を上(あ)げ、日本の産業(さんぎょう)は瞬(またた)く間(ま)に西欧(せいおう)の技術(ぎじゅつ)先進国(せんしんこく)に追(お)いつき、さらにそれを追(お)い越(こ)して行(い)った。

(그 결과, 양질의 노동자는 새로운 기술을 익혀 생산성을 높이고, 일본 산업은 눈 깜짝할 사이에 서구 기술 선진국을 따라잡고, 나아가 선진국을 앞질러 갔다.)

週末(しゅうまつ)の海外旅行(かいがいりょこう)の需要(じゅよう)は、日本ではまだ取(と)るに足(た)らないほどしかない。しかし、週休(しゅうきゅう)二日制(ふつかせい)、円高(えんだか)が定着(ていちゃく)すれば、金曜日(きんようび)の夜(よる)、仕

事(しごと)を終(お)わってから日本を発(た)ち、3〜4(さん・よん)時間(じかん)の飛行(ひこう)で目的地(もくてきち)に着(つ)き、土曜日(どようび)、日曜日(にちようび)をのんびり過(す)ごし、月曜日(げつようび)の早朝便(そうちょうびん)で帰国(きこく)してそのままオフィスへという楽(たの)しみ方(かた)も悪(わる)くはない。
(주말 해외여행의 수요는 일본에서는 아직 하잘 것 없다. 그러나 주2일 휴무제, 엔고 현상이 정착되면, 금요일 밤에 일을 끝내고 나서 일본을 출발하여 3〜4시간 비행으로 목적지에 도착하여, 토요일, 일요일을 느긋하게 보내고, **월요일 아침 이른 비행기로** 귀국해서 그대로 사무실에 직행한다고 하는 그런 즐기는 방법도 나쁘지는 않다.)

A : うちの部長(ぶちょう)の、下請企業(したうけきぎょう)に対(たい)する態度(たいど)にはちょっと問題(もんだい)があると思(お)いませんか。
(우리 부장님의 하청기업에 대한 태도에는 좀 문제가 있다고 생각하지 않습니까?)
B : そうですね。威張(いば)らずもっと誠意(せいい)を尽(つく)し、取引先(とりひきさき)に「さすが○○部長(ぶちょう)は違(ちが)う」と評価(ひょうか)されるようにしないと、我々(われわれ)の首(くび)も危(あぶ)ないね。
(그래요. 거들먹거리지 말고 더욱 성의를 다해 거래처로부터 '역시 ○○부장님은 달라'라는 평가를 받도록 하지 않으면, 우리들 목도 위험해.)

A : 鈴木(すずき)さんが今朝(けさ)辞表(じひょう)を机(つくえ)にたたきつけ、出(で)て行(い)きましたけど。
(스즈키 씨가 오늘 아침에 사표를 책상에 내동댕이치고 나갔습니다만.)
B : ああ、なんでも、昨晩(さくばん)飲(の)み屋(や)で上司(じょうし)と口論(こうろん)をして、「こんな会社(かいしゃ)、やめてやる」と言(い)っちゃったそうですよ。
(아, 잘은 모르지만, 뭐 어젯밤에 술집에서 상사와 말싸움을 하다가 '이런 회

사, 그만두면 될 거 아냐' 라고 말했다고 해요.)

3 「한어동사의 연용중지법」

「東京(とうきょう)渋谷(しぶや)に『アセアン文化(ぶんか)センター』が完成(かんせい)、この十日(とおか)開所式(かいしょしき)が行(おこな)われた」는 「도쿄 시부야에 『아세안문화센터』가 완성되어, 이번 10일에 개소식이 열렸다」의 뜻으로 「~が完成(かんせい)、」는 「~が完成(かんせい)し；~가 완성되어[이때 「完成(かんせい)する」는 자동사 용법으로 쓰인 것이다]」에 상당하는 뜻으로 쓰이고 있다. 한어동사는 그 성격상 어간인 한어(漢語)어기(語基)가 동작·작용의 의미를 함의하고 있어, 그 자체로 용언 상당의 기능을 한다.

따라서 특히 신문과 같이 간결한 문체를 필요로 하는 문장체에서는, 한어(어간)만으로 문의 서술을 도중에서 맺는 중지법이 선호된다. 물론 이 경우 한어동사의 연용중지법도 가능한데, 한어 어간으로 문을 중지하는 용법은 한국어에서는 신문의 표제어를 제외하고는 발견되지 않는다.

[例]本日(ほんじつ){開店(かいてん)・開店し}、お客様(きゃくさま)サービス期間(きかん)は来週(らいしゅう)までです。

(금일 개점해서, 고객 서비스 기간은 다음 주까지입니다.)

昨日(さくじつ)待望(たいぼう)のビルが{落成(らくせい)・落成し}、関係者(かんけいしゃ)らによるテープカットが行(おこな)われた。

(어제 대망의 건물이 준공되어, 관계자들에 의한 테이프커트가 행해졌다.)

警視庁(けいしちょう)は覚醒剤(かくせいざい)の結晶(けっしょう)5キロを{押収(おうしゅう)・押収し}、おろし元(もと)とみられる在日(ざいにち)外国人(がいこくじん)を指名手配(しめいてはい)した。

(경시청은 각성제 결정 5킬로를 압수하고, 도매원으로 보이는 외국인을 지명 수배했다.)

警視庁(けいしちょう)捜査(そうさ)三課(さんか)は、都内(とない)で2年間(にねんか

61

ん)に女子大生(じょしだいせい)らから500件(ごひゃくけん)ものスリを働(はたら)いていた男(おとこ)を{逮捕(たいほ)・逮捕し}、27日(にじゅうしちにち)東京(とうきょう)地検(ちけん)に身柄(みがら)を送検(そうけん)した。

(경시청 수사3과는, 도쿄 도내에서 2년간 여자대학생들을 대상으로 500건이나 되는 소매치기를 하고 있었던 남자를 체포해서, 27일 도쿄지검에 신병을 송치했다.)

ドラゴンクエストが本日(ほんじつ){発売(はつばい)・発売し}、店頭(てんとう)には発売(はつばい)前夜(ぜんや)から高校生(こうこうせい)らが学校(がっこう)を休(やす)み、列(れつ)をなしていました。

(드라곤퀘스트[패밀리컴퓨터소프트]가 금일 발매되어, 가게 앞에는 발매 전날 밤부터 고등학생들이 학교를 쉬고, 줄을 서고 있었습니다.)

13日(じゅうさんにち)の東京(とうきょう)、欧米(おうべい)の外国(がいこく)為替(かわせ)市場(しじょう)ではドルが{急騰(きゅうとう)・急騰(きゅうとう)し}、1年(いちねん)ぶりに1ドル130円台(えんだい)に迫(せま)る水準(すいじゅん)になった。米国(べいこく)の卸売(おろしうり)物価(ぶっか)が予想外(よそうがい)に{上昇(じょうしょう)・上昇し}、米金利(べいきんり)の目先(めさき)の先安感(さきやすかん)が後退(こうたい)したのがきっかけ。

(13일 도쿄, 구미의 외환시장에서는 달러가 급등해서, 1년 만에 1달러 130엔대에 육박하는 수준이 되었다. 미국 도매물가가 예상외로 상승해서, 미국 금리가 당장 내려갈 조짐이 후퇴한 것이 계기가 되었다.)

4 그런데 연용중지법과 접속법은 용법 면에서 겹치는 부분이 적지 않다.

[例](1a) 学校(がっこう)へ行(い)き、先生(せんせい)に会(あ)う。
  (1b) 学校へ行(い)って、先生に会う。
    (학교에 가서 선생님을 만나다.)

(2a) 兄(あに)は背(せ)が高(たか)く、弟(おとうと)は低(ひく)い。
(2b) 兄は背が高(たか)くて、弟は低い。

　　(형은 신장이 크고 동생은 작다.)

　(1a)(2a)와 같이 연용형으로 문장을 연결시키는 것을 중지법(中止法)이라고 하고, (1b)(2b)와 같이 접속조사 「～て」를 이용해서 문장을 연결시키는 것을 접속법(接續法)이라고 한다. 그런데, 접속법은 중지법에 비해 앞의 동작이나 상태를 종결하고 나서 다음 동작이나 상태로 이행한다고 하는 성격이 강하다. 그래서 중지법에서는 사항의 단순한 열거에 그치는 문장도 접속법으로 바꾸면 사상(事象)의 시간적 순서를 나타내고, 거기에서 앞의 사건이 끝나고 다음 사건으로 옮긴다, 또는 앞의 사건이 성립한 결과 다음 사건이 발생한다고 하는 인과관계(因果關係)도 나타낸다.

5 한편, 접속법은 다음과 같이 여러 가지 의미를 나타낼 수 있다.

[例]① 本(ほん)が{あって・あり}、ノートがあって、鉛筆(えんぴつ)もある。[병렬]
　　　(책이 있고 노트가 있고 연필도 있다.)
　　② 午前中(ごぜんちゅう)は会社(かいしゃ)で{働(はたら)いて・働(はたら)き}、午後(ごご)は学校(がっこう)で勉強(べんきょう)する。[대비]
　　　(오전 중에는 회사에서 일하고, 오후에는 학교에서 공부한다.)
　　③ 席(せき)を{立(た)って・立(た)ち}、廊下(ろうか)へ出(で)た。[순서]
　　　(자리에서 일어나 복도로 나갔다.)
　　④ 風邪(かぜ)を{引(ひ)いて・引(ひ)き}、家(うち)で休(やす)んでいる。[원인・이유]
　　　(감기에 걸려서 집에서 쉬고 있다.)
　　⑤ 手(て)を振(ふ)って歩(ある)く。[동시진행]

(손을 흔들며 걸어가다.)
　⑥ 歩(ある)いて帰(かえ)ろう。[수단・방법]
　　　(걸어서 돌아가자.)
　⑦ 日本語を知(し)っていて知(し)らんぷりをしている。[역접]
　　　(일본어를 알고 있으면서도 모르는 체하고 있다.)
　⑧ 歩(ある)いて十分(じゅっぷん)。[가정의 결과]
　　　(걸어서 10분.)

　그런데 중지법으로 가능한 것은 ①～④이고, ⑤ 이하는 중지법으로는 나타낼 수 없다. 그리고 접속법은 회화체적이고 중지법은 문장체적이라고 하는 문체상의 차이도 인정된다.

6 연용중지법에는 다음과 같이 원인・이유를 나타내는 용법이 있다.

[例]この先(さき)に休憩所(きゅうけいじょ)が{あり・あって}、みんなが寛(くつろ)ぐことができる。
　(이 앞에 휴게소가 있어 다들 편히 쉴 수가 있다.)
　今朝(けさ)、朝寝坊(あさねぼう)して、授業(じゅぎょう)に{遅(おく)れ・遅(おく)れて}先生(せんせい)にひどく叱(しか)られた。
　(오늘 아침에 늦잠을 자다가 수업에 늦어서 선생님에게 크게 혼났다.)
　事務所(じむしょ)にはファックスが{あり・あって}、毎日(まいにち)取引先(とりひきさき)とやり取(と)りをするのに欠(か)かせない。
　(사무실에는 팩스가 있어서 매일 거래처와 거래를 하는 데에 빼놓을 수가 없다.)

7 「～(があり)、～ので、」；「～(이 있어), ～기 때문에」

[例] 和室(わしつ)の正面(しょうめん)には大(おお)きな窓(まど)があり、晴(は)れた日(ひ)には日(ひ)が差(さ)し込(こ)むので、とても明(あか)るくて気持(きも)ちがいいのです。
(일본식 방 정면에는 큰 창이 있어, 갠 날에는 햇빛이 들어오기 때문에, 무척 밝고 기분이 좋습니다)

상기 문에서는 중지법「～あり」가 뒤의 문의「日が差(さ)し込(こ)む」의 원인·이유를 나타내고 다시 그 전체를「～ので」로 받아「明るい」의 원인·이유를 나타내고 있다. 같은 유형의 예를 들면 다음과 같다.

[例] 宝(たから)くじに当(あ)たり、家(いえ)を買(か)うだけのお金(かね)ができたので、彼(かれ)は大喜(おおよろこ)びです。
(복권에 당첨되어 집을 살만한 돈이 생겼기 때문에 그는 몹시 기뻐하고 있습니다.)
家(いえ)の近(ちか)くに森(もり)があり、毎朝(まいあさ)いろんな種類(しゅるい)の小鳥(ことり)がさえずってくれるので、いつも清々(すがすが)しい朝(あさ)を迎(むか)える。
(집 근처에 숲이 있어, 매일 아침 여러 종류의 작은 새들이 지저귀기 때문에, 언제나 상쾌한 아침을 맞이한다.)
就職(しゅうしょく)も決(き)まり、念願(ねんがん)の彼女(かのじょ)との結婚(けっこん)もかなったので、これ以上(いじょう)望(のぞ)むものはない。
(취직도 정해지고 바라던 그녀와의 결혼도 이루어져서 더 이상 바랄 것은 없다.)
このマンションには警備室(けいびしつ)があり、不審(ふしん)な人(ひと)が入(はい)って来(こ)ないように守(まも)ってくれるので、とても安心(あんしん)です。
(이 아파트에는 경비실이 있어 수상한 사람이 들어오지 않도록 지켜 주기 때문에 무척 안심입니다.)

この車(くるま)にはサテライト・システムが<u>ついており</u>、初(はじ)めての道(みち)でも迷(まよ)わずに行(い)<u>けるので</u>、方向音痴(ほうこうおんち)の人(ひと)に人気(にんき)があるのです。
(이 차에는「새털라이트 시스템 ; 위성 교통중계 장치」가 붙어 있어, 처음 가는 길도 헤매지 않고 갈 수가 있기 때문에 방향 감각이 없는 사람에게 인기가 있습니다.)[13]

[4]そうしてあげよう : 그렇게 해 주겠다.「そう(부사)+し(동사)+てあげ(수수표현)+よう(의지)」
[5]清(きよ)くなれ : 깨끗해져라.「清(きよ)くなる」의 명령형.

> すると、皮膚病(ひふびょう)が[1]直(ただ)ちに[2]去(さ)って、その人(ひと)は清(きよ)くなった。[マルコによる福音書 1:42]
> (그러자 피부병이 사라지고 그 사람은 깨끗해졌다.[1:42])

[1]直(ただ)ちに : ①즉시. 곧.「通報(つうほう)を受(う)ければ直(ただ)ちに出動(しゅつどう)する ; 통보를 받으면 즉시 출동한다」②직접. 바로.「その方法(ほうほう)が直(ただ)ちに成功(せいこう)につながるとは限(かぎ)らない ; 그 방법이 바로 성공에 이어진다고는 할 수 없다」
[2]去(さ)る : 떠나다. 아픔이나 통증이 없어지다[사라지다].

> イエスは彼(かれ)を[1]厳(きび)しく[2]戒(いまし)めて、すぐにそこを[3]去(さ)らせ、こう[4]言(い)い聞(き)かせられた、[マルコによる福音書 1:43]
> (예수께서는 그에게 단단히 주의를 주고 즉시 그곳을 떠나게 하고 이렇게 타이르셨다. [1:43])

---

13) 李成圭·権善和(2006c)『현대일본어 문법연구Ⅱ』시간의물레. pp. 186-194에서 인용하여 일부 수정함.

[1]厳(きび)しく : 엄하게. 단단히.
[2]戒(いまし)める : 훈계하다. 주의를 주다. 경고하다.
[3]去(さ)らせ : 떠나게 하고. 「去(さ)る ; 떠나다」의 사역 「去(さ)らせる」의 연용 중지법.
[4]言(い)い聞(き)かせられた : 타이르셨다. 「言(い)い聞(き)かせる」의 레루형 경어인 「言(い)い聞(き)かせられる」에 「た(과거)」가 접속된 것.

「何(なに)も[1]人(ひと)に話(はな)さないように、[2]注意(ちゅうい)しなさい。[3]ただ行(い)って、自分(じぶん)のからだを[4]祭司(さいし)に見(み)せ、それから、モーセが命(めい)じた物(もの)をあなたの[5]きよめのために[6]捧(ささ)げて、人々(ひとびと)に[7]証明(しょうめい)しなさい」。[マルコによる福音書 1:44]
("남에게 아무 말도 하지 않도록 주의해라 그냥 가서 네 몸을 제사장에게 보이고, 그리고 모세가 명한 것을 네가 깨끗하게 된 것을 위해 바쳐서 사람들에게 증명하라." [1:44])

---

[1]人(ひと) : 남. 타인.
[2]注(ちゅう)しなさい : 주의하라. 「注意(ちゅうい)し＋なさい」
[3]ただ : 그냥. 단지.
[4]祭司(さいし) : 제사장.
[5]きよめのために : 깨끗하게 된 것을 위해. 「きよめ」는 「きよめる」의 연용형이 전성 명사화한 것.
[6]捧(ささ)げて : 바쳐서. 「捧(ささ)げる」의 테형.
[7]証明(しょうめい)しなさい : 증명하라. 「証明(しょうめい)し＋なさい」

> しかし、彼(かれ)は出(で)て行(い)って、自分(じぶん)の[1]身(み)に起(お)こった事(こと)を[2]盛(さか)んに[3]語(かた)り、また[4]言(い)い広(ひろ)めはじめたので、イエスは[5]もはや[6]表立(おもてだ)っては町(まち)に、[7]入(はい)ることができなくなり、外(そと)の寂(さび)しい所(ところ)に[8]とどまっておられた。しかし、人々(ひとびと)は[9]方々(ほうぼう)から、イエスのところに続々(ぞくぞく)と集(あつ)まって来(き)た。[マルコによる福音書 1:45]
> (그러나 그가 나가서 자기 몸에 생긴 일을 계속해서 이야기하고 또 말을 퍼뜨리기 시작했기 때문에, 예수께서는 더 이상 드러나게는 마을에 들어갈 수 없게 되어 바깥 한적한 곳에 머물고 계셨다. 그러나 사람들이 여기저기에서 속속 예수에게 모여들었다. [1:45])

[1]身(み)に起(お)こったこと : 몸에 생긴 일.

[2]盛(さか)んに : 계속해서. 형용동사「盛(さか)んだ」의 연용형.

[3]語(かた)り : 이야기하고.「語(かた)る」의 연용 중지법.

[4]言(い)い広(ひろ)めはじめる : 말을 퍼뜨리기 시작하다. 복합동사「言(い)い広(ひろ)める」에 다시 개시상을 나타내는 후항동사「はじめる」가 접속된 3항의 복합동사.

[5]もはや : 더 이상.

[6]表立(おもてだ)って : 드러나게.「表立(おもてだ)つ ; 표면화하다. 세상에 공공연하게 알려지다」의 テ형이 부사화한 것.

[7]入(はい)ることができなくなり : 들어갈 수 없게 되어.「入(はい)る」에 가능의「〜ことができる」가 접속된「入(はい)ることができる」의 부정에 다시「なる」가 연결된 것.

[8]とどまっておられた : 머물고 계셨다.「とどまっておられる」는「とどまっている」의 레루형 경어.

[9]方々(ほうぼう) : 여기저기. 여러 곳. 사방. 방방곡곡.

II. マルコによる福音書 第2章

⑨ [マルコによる福音書 2:1 – 2:12]

> [1]幾日(いくにち)か[2]経(た)って、イエスがまたカペナウムに[3]お帰(かえ)りになったとき、家(いえ)に[4]おられるという[5]うわさが立(た)ったので、[マルコによる福音書 2:1]
> (며칠 지나 예수께서 다시 가버나움에 돌아가셨을 때, 집에 계신다고 하는 소문이 나자, [2:1])

[1]幾日(いくにち) : 며칠
[2]経(た)つ : 지나다. 시간이 경과하다.
[3]お帰(かえ)りになる : 돌아가시다. 「帰(かえ)る」의 ナル형 경어.
[4]おられる : 계시다. 「いる」의 レル형 경어. 구어역 신약성서에서는 「いる」의 특정형 경어인 「いらっしゃる」는 안 쓰이고, 그 대신 「おいでになる」가 하나님의 존재에 대해 쓰이고 있다.
[5]うわさが立(た)つ : 소문이 나다.

> 多(おお)くの人々(ひとびと)が集(あつ)まって来(き)て、もはや[1]戸口(とぐち)のあたりまでも、[2]すきまが無(な)いほどになった。そして、イエスは御言(みことば)を[3]彼(かれ)らに[4]語(かた)っておられた。[マルコによる福音書 2:2]
> (많은 사람들이 모여들어 더 이상 문 앞 주변까지도 들어설 틈이 없

> 을 정도가 되었다. 그래서 예수께서는 하나님의 말씀을 그들에게 전하셨다. [2:2])

[1]戸口(とぐち)のあたりまでも : 문 앞 주변까지도.
[2]すきま[透き間·空き間·隙間] : (빈) 틈.
[3]彼(かれ)ら : 그들. 「～ら」는 복수의 접미사.

[참고]

「～ら」: 복수 접미사

1. 「～ら」는 사람을 나타내는 말에 붙어 복수를 나타내는데, 「～たち」에 비해 문장체적인 성격이 강하다. 그리고 「～たち」에는 다소 경의(敬意)가 내포되어 있지만 「～ら」에는 그것이 없다.

   다음의 ①과 같이 「～たち」로 치환해도 지장이 없는 예도 있지만, ②와 같이 상대방을 깔보는 듯한 느낌을 주는 예도 있다. 또한 ③의 「彼(かれ)ら ; 그들」 「我(われ)ら ; 우리」 등의 경우는 「～たち」로 바꿀 수 없다.

   [例]① 子供(こども)らはみんな元気(げんき)です。
   (아이들은 다들 건강합니다.)
   ぼくらの村(むら)はぼくらで建(た)て直(なお)そう。
   (우리들 마을은 우리들 손으로 재건하자.)

   ② 貴様(きさま)ら、おれを何(なん)だと思(おも)ってやがるんだ。
   (너희들 나를 무엇으로 알고 있는 거야?)

   ③ アメリカの若者(わかもの)たちは独立心(どくりつしん)が強(つよ)い。彼(かれ)らの中(なか)には親(おや)から一文(いちもん)ももらわず、大学(だいがく)を卒業(そつぎょう)する者(もの)も多(おお)い。
   (미국의 젊은이들은 독립심이 강하다. 그들 중에는 부모로부터 한 푼도 받지 않고 대학을 졸업하는 사람도 많다.)

2. 「これらはもともと中国(ちゅうごく)から来(き)たものです ; 이것들은 원래 중국에서 온 것입니다」의 「これら」나 「それら ; 그들」「あれら ; 그들(문맥지시)」와 같이 지시대명사에 접속되어 사물을 가리키는 데에 쓰이는 용법은 원칙적으로 문장체에서만 쓴다.

[例] これらの状況(じょうきょう)を考(かんが)えると、この計画(けいかく)を実行(じっこう)するのは難(むずか)しい。

(이것들의 상황을 생각하면 이 계획을 실행하는 것은 어렵다.)

それらの中(なか)から一(ひと)つだけ選(えら)ばなければならないのは、心(こころ)が辛(つら)いです。

(그것들 중에서 하나만을 선택하지 않으면 안 되는 것은, 마음이 괴롭습니다.)

あれらはあまり重要(じゅうよう)じゃないから、あとでゆっくり考(かんが)えましょう。

(그것들은 별로 중요하지 않으니까, 나중에 천천히 생각합시다.)[14]

[4] 語(かた)っておられる : [말씀을] 전하시다. 「語(かた)っている」의 레루형 경어. 그리고 발화동사 「言(い)う」「語(かた)る」의 「~ている」형은 한국어로는 「말했다」와 같이 과거형에 대응한다.

すると、人々(ひとびと)が一人(ひとり)の[1]中風(ちゅうぶ)の者(もの)を[2]四人(よにん)の人(ひと)に[3]運(はこ)ばせて、イエスのところに[4]連(つ)れて来(き)た。[マルコによる福音書 2:3]

(그러자 사람들이 중풍에 걸린 한 사람을 네 사람에게 들게 해서 예수에게 데리고 왔다.)

---

14) 李成圭等著(1997)『홍익일본어독해1』홍익미디어. pp. 28-29에서 인용.

[1]中風(ちゅうぶ)の者(もの) : 중풍에 걸린 사람.

[2]四人(よにん)の人(ひと) : 네 명의 사람. 네 사람.

[3]運(はこ)ばせる : 들게 하다. 「運(はこ)ぶ」의 사역.

[4]連(つ)れて来(く)る : 데리고 오다. 「連(つ)れて行(い)く ; 데리고 가다」

> ところが、[1]群衆(ぐんしゅう)のために[2]近寄(ちかよ)ることができないので、イエスのおられるあたりの[3]屋根(やね)をはぎ、[4]穴(あな)をあけて、中風(ちゅうぶ)の者(もの)を[5][6]寝(ね)かせたまま、床(とこ)を[7]つりおろした。[マルコによる福音書 2:4]
> (그러나 군중 때문에 가까이 갈 수가 없어서 예수께서 계신 주위의 지붕을 걷어 내고 구멍을 뚫고 중풍에 걸린 사람을 누인 채로 자리를 매달아 내렸다. [2:4])

[1]群衆(ぐんしゅう)のために : 군중 때문에. 이때의 「~のために」는 원인·이유를 나타낸다.

[2]近寄(ちかよ)ることができない : 가까이 갈[올] 수가 없다. 「近寄(ちかよ)る」에 가능의 「~ことができる」의 부정인 「~ことができない」가 접속된 것.

  [例]病気(びょうき)で水(みず)さえ飲(の)むことができない。

   (아파서 물조차 먹을 수 없다.)

   風(かぜ)が強(つよ)くて、傘(かさ)をさすことができない。

   (바람이 세서, 우산을 쓸 수가 없다.)

   ところが「ストレスがたまってしまい、まいってしまったよ」と言(い)うことができない。

   (그런데 「스트레스가 쌓이는 바람에 애를 먹고 있어요」라고 할 수가 없다.)

   水(みず)を飲(の)んでもおなかが一杯(いっぱい)にならないのは、水(みず)は血液中(けつえきちゅう)に糖分(とうぶん)をつくることができないからです。

   (물을 먹어도 배가 부르지 않는 것은 물은 혈액 중에 당분을 만들 수 없기

때문입니다.)

一時的(いちじてき)にお子(こ)さんの面倒(めんどう)を見(み)ることができない方(かた)のために、お子(こ)さんをお預(あず)かりする「一時(いちじ)保育(ほいく)」を四(よん)カ所(しょ)の保育所(ほいくしょ)で行(おこな)っています。

(일시적으로 자제분을 돌볼 수 없는 분을 위해 자제분을 맡는 「일시 보육」을 네 군데 보육소에서 행하고 있습니다.)

あたしは人(ひと)に恥(はじ)をかかせることができないんだわ、人から恥(はじ)をかかせられるようにできてるのよ。あたしはもう、クズね、……。

(나는 남에게 창피를 주는 일은 못해. 남에게 창피를 당하게 되어 있어. 나는 정말 쓰레기야, …….)

[3] 屋根(やね)をはぐ[剥ぐ] : 지붕을 걷어 내다[벗기다]
[4] 穴(あな)をあける : 구멍을 뚫다.
[5] 寝(ね)かせる : 누이다. 「寝(ね)る」의 사역동사.
[6] [寝(ね)かせた]まま : [누인] 채로. 「〜た+まま ; 〜한 채」

[참고]

「〜まま」

「〜まま」는 형식명사에서 접속조사로 이행 중인 것으로 완료의 조동사 「〜た」에 접속되어, 「〜たまま」의 형태로 한국어의 「〜한 채」에 상당하는 의미를 나타낸다. → 「ままで」

[例] 机(つくえ)に向(む)かったまま、何(なに)もしないでぼんやりしていた。

(책상을 향한 채, 아무 것도 하지 않고 멍하니 있었다.)

みんな黙(だま)ったままなので、仕方(しかた)なくぼくが話(はなし)の口(くち)を切(き)った。

(다들 잠자코 있어서 도리 없이 내가 입을 열었다.)

あ、いけない、電気(でんき)をつけたまま、出(で)てしまった。

(아차, 큰일 났네. 전기를 켜둔 채로 나왔어.)

警察(けいさつ)の厳(きび)しい尋問(じんもん)にも、男(おとこ)は口(くち)を閉(と)じたまま、何(なに)も語(かた)ろうとしない。
(경찰의 집요한 심문에도 남자는 입을 다문 채 아무 것도 말하려고 하지 않는다.)
彼女(かのじょ)はたまに買物(かいもの)に出(で)かけるほかは、家(いえ)に閉(と)じこもったまま外(そと)へは出(で)ないんです。
(그녀는 가끔 물건 사러 나가는 것 이외는 집에 틀어박힌 채 밖으로 나오지 않습니다.)

[7]つりおろす[吊り下ろす] : 매달아 내리다. 복합동사「つり＋おろす」

イエスは彼(かれ)らの[1]信仰(しんこう)を見(み)て、中風(ちゅうぶ)の者(もの)に、「[2]子(こ)よ、あなたの[3]罪(つみ)は赦(ゆる)された」と言(い)われた。[マルコによる福音書 2:5]
(예수께서는 그들의 믿음을 보고, 중풍에 걸린 자에게 "아들아, 네 죄가 사해졌다"고 말씀하셨다. [2:5])

---

[1]信仰(しんこう) : 신앙. 믿음.
[2]子(こ)よ : 아들아.「～よ」는 호격조사.
[3]罪(つみ)が赦(ゆる)される : 죄가 사해지다.「罪(つみ)を赦(ゆる)す ; 죄를 사하다」의 수동.

ところが、そこに幾人(いくにん)かの[1]律法(りっぽう)学者(がくしゃ)が座(すわ)っていて、[2]心(こころ)の中(なか)で論(ろん)じた、[マルコによる福音書 2:6]
(그런데 거기에 율법학자 몇이 앉아 있다가 마음속에서 이리저리 생각했다. [2:6])

[1]律法(りっぽう)学者(がくしゃ) : 율법학자
[2]心(こころ)の中(なか)で論(ろん)じる : 마음속에서 논하다. 마음속에서 이리저리 생각하다.

> 「この人(ひと)は、なぜあんなことを言(い)うのか。[1]それは[2]神(かみ)を汚(けが)すことだ。神(かみ)一人(ひとり)のほかに、だれが[3]罪(つみ)を赦(ゆる)すことができるか」。[マルコによる福音書 2:7]
> ("이 사람은 어찌하여 저런 말을 하는 것인가? 이것은 하나님을 모독하는 것이다. 하나님 한 사람 이외에 누가 죄를 사할 수 있단 말인가?" [2:7])

[1]それは : 그것은. 이것은. 지시대명사가 문맥지시의 용법으로 쓰일 경우에는 한일 양 언어 사이에 일대 일 대응이 성립하지 않는 경우가 많다.
[2][神(かみ)を]汚(けが)す : [하나님을] 욕되게 하다(모독하다).
[3]罪(つみ)を赦(ゆる)すことができる : 죄를 사할 수 있다. 「罪(つみ)を赦(ゆる)す」에 가능의 「〜ことができる」가 접속된 것.

[참고]

「〜ことができる」; 가능표현(1)
일본어의 가능표현에는 「書(か)くことができる ; 쓸 수가 있다」와 같이 동사의 기본형에 「〜ことができる」를 접속시켜 만드는 방법이 있는데, 이 형식은 생산성이 있어 문장체에서 많이 쓰인다.
[例]漢字(かんじ)を約(やく)70字(なんじゅうじ)書(か)くことができる。
   (한자를 약 70자 쓸 수가 있다.)
   これぐらいの本(ほん)は楽(らく)に読(よ)むことができる。
   (이 정도 책은 쉽게 읽을 수가 있다.)

デパートから直接(ちょくせつ)品物(しなもの)を送(おく)ることができる。

(백화점에서 직접 물건을 보낼 수가 있다.)

ここからベランダに出(で)ることができる。

(여기에서 베란다로 나갈 수가 있다.)

風(かぜ)が強(つよ)くて、かさをさすことができない。

(바람이 세서 우산을 쓸 수가 없다.)[15]

「〜ことができる」와 가능동사

가능표현에는 동사의 기본형에「〜ことができる」를 접속시키는 형식과 동사의 가능형(가능동사)을 이용하는 방법이 있는데, 두 형식 간의 실질적인 의미의 차이는 없고 다만「〜ことができる」쪽이 가능 또는 불가능한 상태를 강조해서 나타낸다는 뉘앙스를 함유하고 있다.

[例]漢字(かんじ)を約(やく)70字(ななじゅうじ){書(か)くことができる・書(か)ける}。

(한자를 약 70자 쓸 수가 있다.)

1回(いっかい)に2冊(にさつ)まで3週間(さんしゅうかん){借(か)りることができる・借(か)りられる}。

(1회에 2권까지 3주 빌릴 수가 있다.)

デパートから直接(ちょくせつ)品物(しなもの)を{送(おく)ることができる・送(おく)れる}。

(백화점에서 직접 물건을 보낼 수가 있다.)

ここでは自由(じゆう)に本(ほん)を取(と)り出(だ)して、{読(よ)むことができる・読(よ)める}。

(여기에서는 자유롭게 책을 꺼내 읽을 수가 있다.)

---

15) 李成圭等著(1996)『홍익나가누마 일본어2 해설서』홍익미디어. pp. 175-176에서 인용.

> イエスは、彼(かれ)らが[1]内心(ないしん)このように論(ろん)じているのを、自分(じぶん)の心(こころ)ですぐ[2]見抜(みぬ)いて、「なぜ、[3]あなたがたは心(こころ)の中(なか)でそんなことを論(ろん)じているのか。[マルコによる福音書 2:8]
> (예수께서는 그들이 마음속에서 이와 같이 생각하고 있는 것을 마음으로 즉시 간파하고 "왜 너희는 마음속에서 그런 것을 생각하고 있느냐? [2:8])

[1]内心(ないしん) : 내심. 마음속에서.
[2]見抜(みぬ)く: 간파하다. 알아차리다. 복합동사「見(み)+抜(ぬ)く」
[3]あなたがた : 당신들은. 너희는. 구어역 신약성서에서는「あなたがた」를 경어적 상위자뿐만 아니라 동위자나 하위자에게도 사용되고 있다.

> 中風(ちゅうぶ)の者(もの)に、あなたの罪(つみ)はゆるされた、[1]と言(い)うのと、[2]起(お)きよ、[3]床(とこ)を取(と)りあげて[4]歩(ある)け、と言(い)うのと、どちらが[5]容易(たやす)いか。[マルコによる福音書 2:9]
> (중풍에 걸린 사람에게 '네 죄가 사함을 받았다'고 말하는 것과 '일어나라! 자리를 거둬들이고 걸어라'고 말하는 것 중에서 어느 쪽이 하기가 쉬운가? [2:9])

[1]～と言(い)うのと、～と言(い)うのと : ～라고 말하는 것과 ～라고 말하는 것 중에서.「～と、～と、どちらが～」;～와 ～ 중에서 어느 쪽이 ～」는 비교 구문.

[참고]

▫「～と、～とでは、どちらのほうが～ですか」; 비교 구문(1)

2가지 사물이나 사항을 비교할 때는 다음과 같은 비교 구문이 쓰인다. 이때

A,B의 괄호 부분은 실제 회화에서는 생략되는 경우가 많다.

A : 飛行機(ひこうき)と新幹線(しんかんせん)と[では]どちら[のほう]が速(はや)いですか。
(비행기와 신칸센 중에서 어느 쪽이 빠릅니까?)
B : [新幹線より]飛行機のほうが速いです。
([신칸센보다] 비행기가 빠릅니다.)
飛行機のほうが[新幹線より]速いです。
(비행기가 [신칸센보다] 빠릅니다.)

[例]A : 女子(じょし)学生(がくせい)と男子(だんし)学生(がくせい)とでは、どちらのほうが多(おお)いですか。
(여학생과 남학생 중에서 어느 쪽이 많습니까?)
B : 男子(だんし)学生(がくせい)より女子(じょし)学生(がくせい)のほうが多(おお)いです。
(남학생이 여학생보다 많습니다.)

A : この車(くるま)とあの車と、どちらのほうが新(あたら)しいですか。
(이 차와 저 차 중에서 어느 쪽이 새 것입니까?)
B : あの車(くるま)よりこの車のほうが新(あたら)しいです。
(저 차보다 이 차가 새 것입니다.)

A : テニスとゴルフと、どちらのほうが面白(おもしろ)いですか。
(테니스와 골프 중에서 어느 쪽이 재미있습니까?)
B : テニスのほうがゴルフより面白(おもしろ)いです。
(테니스가 골프보다 재미있습니다.)

A : 夏(なつ)と冬(ふゆ)と[では]どちらが日(ひ)が長(なが)いですか。
　　(여름과 겨울 중에서 어느 쪽이 낮이 깁니까?)
B : 冬(ふゆ)より夏(なつ)のほうが日(ひ)が長(なが)いです。
　　(겨울보다 여름이 낮이 깁니다.)

A : お父(とう)さんとお母(かあ)さんと、どちらのほうが年(とし)が上(うえ)ですか。
　　(아버님과 어머님 중에서 어느 쪽이 나이가 위입니까?)
B : 父(ちち)のほうが母(はは)より年(とし)が3(みっ)つ上(うえ)です
　　(아버지가 어머니보다 나이가 세 살 위입니다.)

A : 李(イー)さんと中田(なかた)さんと[では]どちらのほうがきれいですか。
　　(이말자 씨와 나카타 씨 중에서 어느 쪽이 아름답습니까?)
B : 中田(なかた)さんより李(イー)さんほうがきれいです。
　　(나카타 씨보다 이말자 씨가 아름답습니다.)

A : ソウルまでは電車(でんしゃ)とバスと、どちらのほうが便利(べんり)ですか。
　　(서울까지는 전철과 버스 중에서 어느 쪽이 편리합니까?)
B : バスより電車(でんしゃ)のほうが便利(べんり)です。
　　(버스보다 전철이 편리합니다.)[16]

▫「～と～と～とでは、どこがいちばん～ですか」; 비교 구문(2)
세 가지 이상의 사물이나 사항을 비교할 때는 다음과 같은 구문이 쓰이는데, 이때 비교대상을 가리키는 의문사는 비교하는 내용에 따라 여러 가지가 온다. 그리고 괄호 부분은 실제 회화에서는 생략되는 경우가 많다.

AとBとC(と)では・Cの中(なか)では、[どこ・どれ・誰(だれ)・何(なに)・どちら]

---
16) 李成圭等著(1996)『홍익나가누마 일본어1 해설서』홍익미디어. pp. 240-241에서 인용.

がいちばん~ですか。

(A와 B와 C 중에서는 [어디・어느 것・누구・무엇・어느 쪽]이 가장 ~입니까?)

[例]A : ソウルから福岡(ふくおか)と京都(きょうと)と東京(とうきょう)とでは、どこがいちばん近(ちか)いです。

(서울에서 후쿠오카와 교토, 도쿄 중에서 어디가 가장 가깝습니까?)

B : 福岡(ふくおか)がいちばん近(ちか)いです。

(후쿠오카가 가장 가깝습니다.)

A : メロンとみかんとりんごの中(なか)では、どれがいちばんおいしいですか。

(멜론과 귤과 사과 중에서는 어느 것이 가장 맛있습니까?)

B : メロンがいちばんおいしいです。

(멜론이 가장 맛있습니다.)

A : 田中(たなか)さんと高橋(たかはし)さんと天野(あまの)さんでは、誰(だれ)がいちばん親切(しんせつ)ですか。

(다나카 씨와 다카하시 씨와 아마노 씨 중에서는 누가 가장 친절합니까?)

B : 田中(たなか)さんがいちばん親切(しんせつ)です。

(다나카 씨가 가장 친절합니다.)

A : 牛肉(ぎゅうにく)と豚肉(ぶたにく)と鶏肉(とりにく)の中(なか)では何(なに)がいちばん好(す)きですか。

(쇠고기와 돼지고기와 닭고기 중에서는 무엇을 가장 좋아합니까?)

B : わたしは牛肉(ぎゅうにく)がいちばん好(す)きです。

(저는 쇠고기를 가장 좋아합니다.)

A : 李(イー)さんとソンさんとリーさんとでは、どちらのほうがいちばん年(とし)が上(うえ)ですか。

(이승민 씨와 송미령 씨와 리소령 씨 중에서는 어느 쪽이 가장 나이가 위입니까?)

B : 李(イー)さんのほうがいちばん年(とし)が上(うえ)です。

(이승민 씨가 가장 나이가 많습니다.)

A : ここから九州(きゅうしゅう)までは新幹線(しんかんせん)と飛行機(ひこうき)と車(くるま)の中(なか)でどちらがいちばん便利(べんり)ですか。

(여기서 규슈까지는 신칸센과 비행기와 차 중에서 어느 것이 가장 편리합니까?)

B : 新幹線(しんかんせん)がいちばん便利(べんり)です。

(신칸센이 가장 편리합니다.)

A : お昼(ひる)はご飯(はん)とパンとラーメンの中(なか)では、どちらをいちばんよく食(た)べますか。

(점심은 밥과 빵과 라면 중에서 무엇을 가장 많이 먹습니까?)

B : わたしはご飯(はん)をいちばんよく食(た)べます。

(저는 밥을 가장 많이 먹습니다.)[17]

[2] 起(お)きよ : 일어나라. 「起(お)きる」의 문어체 명령형
[3] 床(とこ)を取(と)り上(あ)げる : 자리를 거둬들이다. 자리를 치우다.
[4] 歩(ある)け : 걸어라. 「歩(ある)く」의 명령형.
[5] 容易(たやす)い : 손쉽다. 용이하다.

---

17) 李成圭等著(1996) 『홍익나가누마 일본어1 해설서』 홍익미디어. pp. 242-243에서 인용.

> しかし、[1]人(ひと)の子(こ)は地上(ちじょう)で罪(つみ)を赦(ゆる)す[2]権威(けんい)を持(も)っていることが、[3]あなたがたにわかるために」と彼(かれ)らに言(い)い、中風(ちゅうぶ)の者(もの)に向(む)かって、[マルコによる福音書 2:10]
> (그러나 인자가 지상에서 죄를 사하는 권능을 지니고 있는 것을 너희에게 알게 하기 위해"라고 그들에게 말하고, 중풍에 걸린 사람을 향해, [2:10])

[1]人(ひと)の子(こ) : 인자. ①부모에게서 태어난 아이로서의 사람. →「人(ひと)の親(おや) ; 부모」②사람으로 태어난 자. 인간.「あの悪人(あくにん)もやはり人(ひと)の子(こ)だった ; 그 악인도 역시 인간이었다」③다른 사람의 아이. ④주로 복음서에서 예수가 자칭(自稱)했다고 되어 있는 칭호.

[참고]

[1]ひとのこ【人の子 Son of Man】

원래는 단순히 <인간>의 치환어(시편 8 : 4 등)이었는데, 후기 유대교의 묵시문학(黙示文学)에서는 역사 종말 시, 심판을 위해 출현하는 천적 존재(天的存在)를 가리키는 술어(다니엘서 7 : 13 등)가 된다. 이것을 근거로 신약성서 복음서에서는 예수가 자기를 <인자>로 표시한다. 그러나 이것이 어디까지 실제로 예수 자신의 자기 이해를 반영하고 있는 것에 관해서는 논쟁이 계속되고 있다. 2세기 이후의 고대 교회에서는 다시 의미가 변환되어 <하나님의 아들> 예수가 동시에 <참된 인간>이라는 것을 표현하는 호칭이 된다.[18]

[2]権威(けんい) : 권위. 권능.
[3]あなたがたにわかるために : 너희가 알 수 있도록. 너희에게 알게 하기 위해. 뒤에

---

18) 『世界大百科事典 第2版』平凡社.에서 인용하여 적의 번역.
https://kotobank.jp/word/%E4%BA%BA%E3%81%AE%E5%AD%90-611604

「~してあげよう」에 상당하는 표현이 생략되어 있다.「~にわかる」의「~に」는 가능의 주체를 나타낸다.

「あなたに[1]命(めい)じる。起(お)きよ、床(とこ)を取(と)りあげて家(いえ)に[2]帰(かえ)れ」と言(い)われた。[マルコによる福音書 2:11]
("너에게 명한다. 일어나라! 자리를 거둬 가지고 집에 돌아가라!"고 말씀하셨다. [2:11])

---

[1]命(めい)じる : 명하다. →「命(めい)ずる」
[2]帰(かえ)れ : 돌아가라.「帰(かえ)る」의 명령형.

すると、彼(かれ)は[1]起(お)き上(あ)がり、すぐに床(とこ)を取(と)りあげて、[2]みんなの前(まえ)を出(で)て行(い)ったので、[3]一同(いちどう)は[4]大(おお)いに驚(おどろ)き、[5]神(かみ)を崇(あが)めて、「こんな事(こと)は、[6]まだ一度(いちど)も[7]見(み)たことがない」と言(い)った。[マルコによる福音書 2:12]
(그러자 그는 일어나서 곧 자리를 거둬 가지고 다들 보고 있는 데에서 나갔기 때문에 사람들은 모두 크게 놀라, 하나님을 찬양하고 "이런 일은 지금까지 한 번도 본 적이 없다"고 말했다. [2:12])

---

[1]起(お)き上(あ)がる : 일어나다. 복합동사「起(お)き+上(あ)がる」
[2]みんなの前(まえ)を出(で)て行(い)く : 다들 보고 있는 데에서 나가다.
[3]一同(いちどう) : 일동. 사람들 모두.
[4]大(おお)いに : 형용동사「大いなり」의 연용형에서 부사화된 것. 대단히. 몹시. 매우. 많이.「大(おお)いに感謝(かんしゃ)している ; 대단히 고맙게 생각하고 있다」
「今夜(こんや)は大(おお)いに飲(の)もう ; 오늘밤은 실컷 마시자」

[5] 神(かみ)を崇(あが)める : 하나님을 우러러 받들다. 하나님을 찬양하다.
[6] まだ一度(いちど)も : 지금까지 한 번도.
[7] 見(み)たことがない : 본 적이 없다. 「見(み)る」의 과거 「見(み)た」가 「～ことがない」에 접속되어 과거의 경험을 나타낸다.

[참고]

「～た＋ことが{ある・ない}」 ; 과거의 경험

「동사의 과거형＋ことが{ある・ない}」으로 쓰여 과거의 경험을 나타내는데, 한국어로는 「～적이 {있다・없다}」에 해당한다.

[예] 前(まえ)に一度(いちど)行(い)ったことがあるから、一人(ひとり)で行(い)けます。
(전에 한 번 간 적이 있으니까, 혼자서 갈 수 있습니다.)

うっかりして、約束(やくそく)の時間(じかん)に遅(おく)れたことがある。
(깜빡해서 약속시간에 늦은 적이 있다.)

ぼくはお寿司(すし)を食(た)べたことは何度(なんど)もあるが、自分(じぶん)で作(つく)って食(た)べたことは、まだ一度(いちど)もない。
(나는 초밥을 먹은 적은 몇 번이나 있지만, 직접 만들어서 먹은 적은 아직 한 번도 없다.)[19]

あの娘(むすめ)は一度(いちど)だって約束(やくそく)の時間(じかん)通(どお)りに来(き)たことがない。
(그 여자는 한 번도 약속 시간대로 온 적이 없다.)

最近(さいきん)皆(みな)とはよく会(あ)うが、彼女(かのじょ)に限(かぎ)って姿(すがた)を見(み)たことがない。
(요즘 다른 사람들과는 자주 만나지만 그녀만은 모습을 본 적이 없다.)

入社(にゅうしゃ)してこのかた、社長(しゃちょう)に会(あ)ったことがないから、あの方(かた)が社長(しゃちょう)かどうか知(し)りません。

---

19) 李成圭等著(1996) 『홍익나가누마 일본어2 해설서』 홍익미디어. p. 182에서 인용하여 일부 수정함.

(입사하고 나서 지금까지 사장님을 만난 적이 없어서 저 분이 사장님인지 어떤지 모르겠습니다.)

A : この店(みせ)は高(たか)いですか。
　　(이 가게는 비쌉니까?)
B : まだ入(はい)ったことがないから、高(たか)いかどうか分(わ)かりません。
　　(아직 들어간 적이 없어서 비싼지 어떤지 모르겠습니다.)

A : 都内(とない)には、お寺(てら)はいくつありますか。
　　(도쿄도내에는 절은 몇 개 있습니까?)
B : 今(いま)まで<u>数(かぞ)えたことがない</u>から、実際(じっさい)いくつあるか知(し)りません。
　　(지금까지 세어 본 적이 없어서 실제로 몇 개 있는지 모르겠습니다.)

　　今(いま)まで<u>うそをついたことがありますか</u>。
　　(지금까지 거짓말을 한 적이 있습니까?)
　　下請(したうけ)業者(ぎょうしゃ)からビター文(いちもん)だって<u>もらったことはありません</u>。
　　(하청업자로부터 단돈 한 푼 받은 적은 없습니다.)

《10》[マルコによる福音書 2:13 - 2:17]

イエスはまた海(うみ)べに[1][2]出(で)て行(い)かれると、多(おお)くの人々(ひとびと)が[3]みもとに集(あつ)まって来(き)たので、彼(かれ)らを[4]教(おし)えられた。[マルコによる福音書 2:13]

(예수께서 다시 바닷가에 나가시자, 많은 사람들이 예수가 계신 곳으로 모였기에 그들을 가르치셨다. [2:13])

[1]出(で)て行(い)かれる : 나가시다.「出(で)て行(い)く」의 レル형 경어.

[2][出(で)て行(い)かれる]と :「~と」는 기정조건을 나타낸다.

[3]みもと(御許) : 상대를 존경하여 〈그 곁 가까이〉를 이르거나, 혹은 귀인의 〈있는 곳〉을 높여 말하는 것. 여기에서는 예수님의 계신 곳을 높여 말하는 데에 쓰이고 있다. →「おもと・おんもと」

[4]教(おし)えられる : 가르치시다.「教(おし)える」의 レル형 경어.

また[1]途中(とちゅう)で、アルパヨの子(こ)レビが[2]収税所(しゅうぜいしょ)に座(すわ)っているのをごらんになって、「わたしに従(したが)って来(き)なさい」と言(い)われた。すると、彼(かれ)は[3]立(た)ち上(あ)がって、イエスに従(したが)った。[マルコによる福音書 2:14]

(다시 길을 가는 도중에 알패오의 아들 레위가 세무서에 앉아 있는 것을 보시고 "나를 따라 오너라"라고 말씀하셨다. 그러자 그(레위)는 일어나서 예수를 따랐다. [2:14])

[1]途中(とちゅう)で : 도중에.「途中(とちゅう)」는 도중. 중도.「出勤(しゅっきん)途中(とちゅう)の事故(じこ) ; 출근 도중에 일어난 사고」「途中(とちゅう)で引(ひ)き返(かえ)す ; 도중에 되돌아오다」「食事(しょくじ)の途中(とちゅう)で席(せき)を立(た)つ ; 식사하는 도중에 자리를 뜨다」

■ 용법 ■

途中(とちゅう)・中途(ちゅうと)

① 양자는 「坂(さか)の{途中(とちゅう)・中途(ちゅうと)}に彼女(かのじょ)の家(いえ)があった ; 고개 도중에 그녀의 집이 있었다」「仕事(しごと)を{途中(とちゅう)・中途(ちゅうと)}で投(な)げ出(だ)してはいけない ; 일을 도

중에 내던져서는 안 된다」처럼 공간적인 경우나 시간적인 경우 둘 다 호환 가능하다.

②「出張(しゅっちょう)の途中(とちゅう)に立(た)ち寄(よ)る；출장하는 도중에 들르다」「旅(たび)の途中(とちゅう)で引(ひ)き返(かえ)す；여행하는 도중에 되돌아오다」「途中(とちゅう)下車(げしゃ)；도중하차」와 같이 〈목적지에 도착하기 전에〉의 의미로는 「途中(とちゅう)」가 적절하다.

③「父(ちち)の死(し)で、兄(あに)は大学(だいがく)を中途(ちゅうと)で退学(たいがく)した；아버지가 돌아가셔서 형은 대학을 중도에서 자퇴했다」「視聴率(しちょうりつ)不振(ふしん)で、番組(ばんぐみ)は中途(ちゅうと)で打(う)ち切(き)られた；시청률 부진으로 프로그램은 중도에서 중단되었다」「中途(ちゅうと)採用(さいよう)；중도채용」과 같이 〈계속해온 일의 절반쯤〉의 의미로는 「中途(ちゅうと)」가 어울린다.[20]

[2] 収税所(しゅうぜいしょ) : 세금을 거두는 곳. 「収税(しゅうぜい)」는 세금을 거두는 것으로 여기에서는 세무서(税務署)로 번역해 둔다.

[3] 立(た)ち上(あ)がる : 일어나다. 복합동사. 「立(た)ち＋上(あ)がる」

それから彼(かれ)の家(いえ)で、[1][2]食事(しょくじ)の席(せき)に着(つ)いておられたときのことである。多(おお)くの[3]取税人(しゅぜいにん)や[4]罪人(つみびと)たちも、イエスや弟子(でし)たちと共(とも)にその席(せき)に着(つ)いていた。こんな人(ひと)たちが[5]大勢(おおぜい)いて、イエスに従(したが)って来(き)たのである。[マルコによる福音書 2:15]
(그리고 나서 그의 집에서 식사 자리에 앉아 계셨을 때의 일이다. 많은 세금 징수인과 죄인들도 예수와 제자들과 함께 그 자리에 앉아 있었다. 이런 사람들이 많이 예수를 따라 왔기 때문이다. [2:15])

---

[20] 『デジタル大辞泉』 https://kotobank.jp/word/에서 인용하여 적의 번역함.

[1]食事(しょくじ)の席(せき)に着(つ)く: 식사 자리에 앉다.

[2]食事(しょくじ)の席(せき)に着(つ)いておられる : 식사 자리에 앉아 계시다. 「着(つ)いておられる」는 「着(つ)いている」의 レル형 경어.

[3]取税人(しゅぜいにん) : 세리(税吏). 세금 징수인. 고대 로마시대, 로마 정부(유대의 로마 영주)로부터 세금 징수를 위탁받은 관리로, 유대인이면서도 외국인(하나님을 믿지 않는 이방인)을 위해 일한다고 해서, 그리고 할당받은 세액 이상을 징수함으로써 사복을 채우는 자가 많았기 때문에 동포인 유대인으로부터 미움을 사고, 구원을 받지 못하는 「죄인 : 罪人(つみびと)」로 간주되었다.

[4]罪人(つみびと) : ①죄를 범한 사람. =「罪人(ざいにん)」 ②기독교에서 원죄(原罪)를 짊어진 인간 일반을 가리킨다.

[5]大勢(おおぜい) : 사람이 많은 것을 나타내는 부사이다.

 [例]驚(おどろ)いたことに、観客(かんきゃく)の中(なか)にきれいな振(ふ)り袖(そで)の女性(じょせい)が大勢(おおぜい)いた。
 (놀랍게도 관중 중에 아름다운 긴 소매의 기모노를 입은 여성이 많이 있었다.)
 お客(きゃく)さんが大勢(おおぜい)来(き)て忙(いそが)しかったので、勉強(べんきょう)できなかったのです。
 (손님이 많이 와서 바빴기 때문에 공부할 수가 없었습니다.)
 大事故(だいじこ)によって大勢(おおぜい)の死者(ししゃ)が出(で)た。
 (큰 사고 때문에 많은 사망자가 나왔다.)
 今度(こんど)の会議(かいぎ)では海外(かいがい)から大勢(おおぜい)の方(かた)がいらっしゃるので、通訳(つうやく)を用意(ようい)しておいていただけますか。
 (이번 회의에서는 해외에서 많은 분이 오시니, 통역을 준비해 주시겠습니까?)

[참고]

「たくさん」과 「大勢(おおぜい)」

일본어에는 한국어의 「많이」에 대해 「大勢(おおぜい)」 이외에도 「たくさん」이 있어, 지시 대상에 따라 쓰이는 말이 다르다. 「たくさん」은 사물, 동물, 사람에 관계없이 두루 쓸 수 있으나 「大勢(おおぜい)」는 지시 내용이 **사람인 경우**에 한정된다.

(1) 따라서 지시 내용이 사람인 경우는 「たくさん」 「大勢(おおぜい)」 둘 다 쓸 수 있다.

　　[例] となりの部屋(へや)に子供(こども)が{たくさん・大勢(おおぜい)}いる。

　　　　(옆방에 아이들이 많이 있다.)

(2) 지시 내용이 동물인 경우에는 「たくさん」은 쓸 수 있으나 「大勢(おおぜい)」는 쓸 수 없다.

　　[例] その池(いけ)鯉(こい)が{たくさん・×大勢(おおぜい)}いる。

　　　　(이 연못에는 잉어가 많이 있다.)

(3) 지시 내용이 사물인 경우에도 「たくさん」은 쓸 수 있으나 「大勢(おおぜい)」는 쓸 수 없다.

　　[例] この店(みせ)にはいい品物(しなもの)が{たくさん・×大勢(おおぜい)}ある。

　　　　(이 가게에는 좋은 물건이 많이 있습니다.)

> [1]パリサイ派(は)の律法(りっぽう)学者(がくしゃ)たちは、イエスが罪人(つみびと)や取税人(しゅぜいにん)たちと[2]食事(しょくじ)を共(とも)にしておられるのを見(み)て、弟子(でし)たちに言(い)った、「なぜ、彼(かれ)は取税人(しゅぜいにん)や罪人(つみびと)などと食事(しょくじ)を共(とも)にするのか」。[マルコによる福音書 2:16]
>
> (바리새파의 율법학자들은 예수가 죄인들과 세금 징수인들과 식사를 함께 하고 계시는 것을 보고 제자들에게 말했다. "왜 그(예수)는 세금 징수인들과 죄인 같은 사람들과 식사를 함께 하느냐?"[2:16])

[1]パリサイ派(は) :《Pharisees》바리새파. 그리스도 시대의 유대교의 한 파로 율법을 엄격히 준수하고 세부에 이르기까지 충실히 실행함으로써 하나님의 정의 실현을 추구했다. 그 결과, 형식주의적으로 되어 위선에 빠졌지만, 유대교를 후세에 전승하게 되었다.

[2]食事(しょくじ)を共(とも)にしておられる : 식사를 함께 하고 계시다. 「しておられる」는 「している」의 레루형 경어이다.

> イエスはこれを聞(き)いて言(い)われた、「丈夫(じょうぶ)な人(ひと)には[1][2]医者(いしゃ)は要(い)らない。要(い)るのは病人(びょうにん)である。わたしが来(き)たのは、[3]義人(ぎじん)を招(まね)くためではなく、罪人(つみびと)を[4]招(まね)くためである」。[マルコによる福音書 2:17]
>
> (예수께서는 이것을 듣고 말씀하셨다. "건강한 사람에게는 의사가 필요 없다. 필요로 하는 이는 병자이다. 내가 온 것은 의인을 부르기 위한 것이 아니라 죄인을 부르기 위해서다."[2:17])

[1]医者(いしゃ)が要(い)る : 의사가 필요하다. 「要(い)る」는 5단동사.

[2]要(い)らない : 필요하지 않다.

[참고]

「要(い)る」: 상태동사

「要(い)る」는 한국어의 「필요하다」에 해당하는 동사인데, 형태상은 동사의 형태를 취하고 있지만 의미상으로는 상태동사에 속하기 때문에 형용사에 가깝다. 따라서 「要(い)る」는 「～ている」 형식으로는 쓰이지 않는다.

[例] 要(い)るものは全部(ぜんぶ)買(か)ってあります.

　　　(필요한 것은 전부 사 두었습니다.)

　　　結婚(けっこん)するので、お金(かね)が要(い)ります.

　　　(결혼하기 때문에 돈이 필요합니다.)

　　　この仕事(しごと)には根気(こんき)が要(い)ります.

　　　(이 일에는 끈기가 필요합니다.)

　　　要(い)らない本(ほん)があったら、いただきます.

　　　(필요 없는 책이 있으면 주십시오.)

　　　今日(きょう)は傘(かさ)が要(い)るのか、要(い)らないのか、はっきり教(おし)えてくれる天気(てんき)予報(よほう)がほしい.

　　　(오늘은 우산이 필요한지 필요 없는지 확실히 가르쳐 주는 일기예보를 있었으면 좋겠다.)[21]

[3] 義人(ぎじん): 의인. 의에 대해 충실한 사람. 자신을 버리고 정의를 위해 목숨을 버리는 사람.

[4] 招(まね)く: 손짓하여 부르다. 불러오다. 초대하다.

---

21) 李成圭等著(1996) 『홍익나가누마 일본어2 해설서』 홍익미디어. p. 252에서 인용.

《11》[マルコによる福音書 2:18 - 2:22]

ヨハネの弟子(でし)と[1]パリサイ人(びと)とは、断食(だんじき)をしていた。[2]そこで人々(ひとびと)が来(き)て、イエスに言(い)った、「ヨハネの弟子(でし)たちとパリサイ人(びと)の弟子(でし)たちとが[3]断食(だんじき)をしているのに、あなたの弟子(でし)たちは、なぜ断食(だんじき)をしないのですか」。[マルコによる福音書 2:18]
(요한의 제자와 바리새파 사람들은 단식을 하고 있었다. 그래서 사람들이 와서 예수에게 말했다. "요한의 제자들과 바리새파 사람의 제자들이 단식을 하고 있는데 당신 제자들은 왜 단식을 하지 않는 것입니까?"[2:18])

[1]パリサイ人(びと) : 바리새파 사람.

[2]そこで : 접속사. ①(바로 앞의 말을 받아서) 그래서.「人数(にんずう)が増(ふ)えて手狭(てぜま)になった。そこで、新(あたら)しい家(いえ)を見(み)つけたい ; 사람 수가 늘어서 비좁아졌다. 그래서 새 집을 찾고 싶다」②(화제 전환 시) 그런데. 그러면.「そこで、一(ひと)つお願(ねが)いがあります ; 그런데 한 가지 부탁이 있습니다」

[3]断食(だんじき) : 단식. 금식.「食」의 한자음에는 2종이 있다.
　①食(ショク) :「食堂(しょくどう) ; 식당」「食欲(しょくよく) ; 식욕」「定食(ていしょく) ; 정식」
　②食(ジキ) :「餌食(えじき) ; 먹이. 희생물.」「断食(だんじき) ; 단식」

するとイエスは言(い)われた、「[1]婚礼(こんれい)の客(きゃく)は、[2]花婿(はなむこ)が[3]一緒(いっしょ)にいるのに、[4]断食(だんじき)ができる[5]であろうか。花婿(はなむこ)と一緒(いっしょ)にいる間(あいだ)は、断食(だ

んじき)はできない。[マルコによる福音書 2:19]

(그러자 예수께서 말씀하셨다. "혼례식에 온 손님은, 신랑이 함께 있는데 어찌 단식을 할 수 있을까? 신랑과 함께 있을 동안은 단식은 할 수 없다. [2:19])

[1]婚礼(こんれい) : 혼례. 혼인.

[2]花婿(はなむこ) : 신랑. →「花嫁(はなよめ) ; 신부」

[3]一緒(いっしょ)にいるのに : 함께 있는데.「～のに」는 역접의 접속조사.

[참고]

「～のに」: 역접의 접속조사

「～のに」는 어떤 일이 예상한 것과 반대의 결과가 되었다는 것을 역접의 접속조사인데 한국어로는「～(인)데」,「～(는)데」에 해당한다.「～のに」는 일이 자기의 생각대로 되지 않는 것에 대한 불만이나 원망의 기분을 나타내기도 한다.

그리고「～のに」는 형태적으로 보면 형식명사「の」에 격조사「に」가 접속해서 만들어진 말이기 때문에 용언의 연체형에 연결된다. 따라서 명사술어나 형용동사에는「～なのに」와 같이 연결되니 주의한다.

[例]彼(かれ)は大学生(だいがくせい)なのに、あまり勉強(べんきょう)しない。

(그는 대학생인데 별로 공부를 안 한다.)

あの子(こ)は小学生(しょうがくせい)なのに、難(むずか)しい言葉(ことば)を知(し)っている。

(그 아이는 초등학생인데 어려운 말을 알고 있다.)

会話(かいわ)が上手(じょうず)なのに、テストに落(お)ちてしまった。

(회화를 잘하는데 시험에 떨어지고 말았다.)[22]

---

22) 李成圭等著(1996)『홍익나가누마 일본어3 해설서』홍익미디어. p. 191에서 인용.

この仕事(しごと)は難(むずか)しいのに、どうして新入(しんにゅう)社員(しゃいん)に任(まか)せるんですか。
(이 일은 어려운데 어째서 신입사원에게 맡기는 겁니까?)
試験(しけん)がとても難(むずか)しかったのに、パスした。
(시험이 무척 어려웠는데 합격했다.)
雨(あめ)が降(ふ)っているのに、みんな大変(たいへん)ですね。
(비가 내리고 있는데 다들 힘들겠어요.)
よく勉強(べんきょう)したのに、テストに落(お)ちた。
(공부를 많이 했는데 시험에 떨어졌다.)
あまり勉強(べんきょう)しなかったのに、テストにパスした。
(별로 공부하지 않았는데 시험에 합격했다.)
毎朝(まいあさ)早(はや)く家(いえ)を出(で)るのに、いつも会社(かいしゃ)に遅(おく)れてしまう。
(매일 아침 일찍 집을 나오는데 늘 회사에 지각하고 만다.)
これから面白(おもしろ)くなるというのに、みんな帰(かえ)ってしまった。
(지금부터 재미있어지려고 하는데 다들 돌아가 버렸다.)

[4] 断食(だんじき)ができる; 단식을 할 수 있다. → 「断食(だんじき)をする → 断食(だんじき)ができる」

[참고]
1. 「勉強(べんきょう)をする → 勉強ができる」(가능표현)
「よく勉強(べんきょう)ができる」는 「공부가 잘 된다」의 뜻으로, 「勉強ができる」는 「勉強をする」의 가능표현이다. 「～する」를 가능으로 만들 때는 「～する」를 「～できる」로 고치고, 「～を」를 「～が」로 바꾼다.
그런데, 「～する」 동사는 단어 성격상 「勉強(べんきょう)する」 또는 「勉強(べ

んきょう)をする」와 같이 한자어와「する」사이에「～を」격이 수의적으로 쓰일 수 있기 때문에 가능표현에서도 이를 반영하여「勉強(が)できる」와 같이「～が」가 쓰이는 경우가 있다.

[例]読書する　：暇(ひま)な時(とき)、読書(どくしょ)ができる。
　　(독서하다)　(시간이 있을 때 독서를 할 수 있다.)
　　運転する　：彼(かれ)は大型(おおがた)トラックの運転(うんてん)ができる。
　　(운전하다)　(그는 대형트럭 운전을 할 수 있다.)
　　運動する　：生(う)まれつき足(あし)が不自由(ふじゆう)で、運動(うんどう)が
　　　　　　　　できない。
　　(운동하다)　(태어나면서 다리가 불편해서 운동을 할 수 없다.)

　그러나「テニスをする ; 테니스를 치다」「サッカーをする ; 축구를 하다」의「～を」는 필수적인 요소로 회화체에서는 발음상 생략될 수도 있겠지만 문장체에서는 격조사「～を」가 없으면 비문(非文)이 된다. 따라서 가능표현에서도「テニスができる」「サッカーができる」와 같이「～が」가 필요하다.

[例]テニスをする　：雨(あめ)の日(ひ)でも、テニスができる。
　　(테니스를 치다)　(비오는 날에도 테니스를 칠 수가 있다.)
　　サッカーをする　：ここでは夜間(やかん)でも、サッカーができる。
　　(축구를 하다)　(여기서는 야간에도 축구를 할 수 있다.)

2.「(中国語(ちゅうごくご)ができる」
다음과 같이 동작주의 능력에 관한 표현에서는, 일반적으로「する」를 취하지 않는 표현「× 中国語をする」등도「できる」를 써서 가능표현을 나타낼 수 있다.
[例]李(イー)さんは中国語(ちゅうごくご)ができる。[× 中国語をする]
　　(이승민 씨는 중국어를 할 수 있다.)

家内(かない)は日本語(にほんご)ができない。[× 日本語をする]
　　(집사람은 일본어를 하지 못한다.)
　　この機種(きしゅ)のワープロなら、できる。[× ワープロをする]
　　(이런 기종의 워드프로세서는 칠 수 있다.)[23]

「できる」의 의미·용법

「できる」는 다음과 같이 다양한 의미·용법을 지니고 있는 다의어(多義語) 동사이다.

1 「완성되다. 일이 이루어지다」의 뜻을 나타내는 경우,
[例] 食事(しょくじ)の支度(したく)ができた。
　　(식사 준비가 되었다.)
　　できるまであとどのくらいかかりますか。
　　(될 때까지 앞으로 얼마나 걸립니까?)
　　この問題(もんだい)はそう簡単(かんたん)にはできない。
　　(이 문제는 그렇게 쉽게는 안 풀린다.)

2 「～할 수 있다」와 같이 가능을 나타내는 경우,
[例] 王(おう)さんは日本語(にほんご)ができる。
　　(왕청 씨는 일본어를 한다.)
　　私(わたし)にできることなら、何(なん)でもいたします。
　　(제가 할 수 있는 일이라면 무엇이든지 하겠습니다.)
　　どんなことでもやってできないことはない。
　　(어떤 일이든 해서 못할 일은 없다.)

---

[23] 李成圭等著(1996)「홍익나가누마 일본어2 해설서」홍익미디어. pp. 20-21에서 인용.

3 「일이 생기다. 발생하다」,「만들어지다. 생산되다」의 뜻을 나타내는 경우,
[例] 急用(きゅうよう)ができたので、すぐ帰(かえ)らなくてはいけない。

(급한 일이 생겨서 곧 돌아가야 한다.)

この地方(ちほう)では果物(くだもの)はどんなものができますか。

(이 지방에서는 과일은 어떤 것이 생산됩니까?)

A: これは何(なん)でできていますか。

(이것은 뭐로 만들어져 있습니까?)

B: これは土(つち)でできています。

(이것은 흙으로 만들어져 있습니다.)

4 「(인품・재능 등이) 뛰어나다. 뛰어나다」의 뜻을 나타내는 경우,
[例] このクラスでいちばんよくできる学生(がくせい)は誰(だれ)ですか。

(이 반에서 가장 잘 하는 학생은 누구입니까?)

主人(しゅじん)もよくできた人(ひと)だが、奥(おく)さんもよくできた人(ひと)だ。

(남편도 매우 훌륭한 사람이지만 부인도 매우 뛰어난 사람이다.)

ほんとうによくできた人(ひと)だと思(おも)って、わたしは以前(いぜん)から彼(かれ)を尊敬(そんけい)していた。

(정말 훌륭한 사람이라고 생각해서 저는 이전부터 그 사람을 존경하고 있었다.)[24]

[5] 〜であろうか : 〜있을까? 「〜だろうか」의 문어적 표현.

しかし、花婿(はなむこ)が[1]奪(うば)い去(さ)られる日(ひ)が来(く)る。その日(ひ)には断食(だんじき)をするであろう。[マルコによる福音書 2:20]
(그러나 신랑을 빼앗길 날이 온다. 그 날에는 단식을 할 것이다. [2:20])

---

24) 李成圭等著(1996)『홍익나가누마 일본어2 해설서』홍익미디어. pp. 261-263에서 인용.

[1]奪(うば)い去(さ)られる；빼앗기다.「奪(うば)い去(さ)る；빼앗아 가다」의 수동.

> だれも、[1]真新(まあたら)しい[2]布切(ぬのぎ)れを、古(ふる)い着物(きもの)に[3][4]縫(ぬ)い付(つ)けはしない。もしそうすれば、新(あたら)しい[5]継(つ)ぎは古(ふる)い着物(きもの)を[6]引(ひ)き破(やぶ)り、そして、[7]破(やぶ)れが[8]もっとひどくなる。[マルコによる福音書 2:21]
> (어느 누구도 새 천 조각을 낡은 옷에 대고 깁거나 하지는 않는다. 만일 그렇게 하면 새로 대고 기운 데가 낡은 옷을 잡아 째서 더 심하게 찢어지고 만다. [2:21])

[1]真新(まあたら)しい：아주 새롭다.
[2]布切(ぬのぎ)れ：천 조각. 헝겊. →「布切(ぬのき)れ」
[3]縫(ぬ)い付(つ)ける：꿰매 붙이다. 대고 깁다. 복합동사「縫(ぬ)い+付(つ)ける」
[4]縫(ぬ)い付(つ)けはしない：대고 집거나 하지는 않는다.「縫(ぬ)い付(つ)ける」를 보조동사「する」를 이용하여 강조구문으로 만든 것. →「縫(ぬ)い付(つ)け+は+し+ない」

[참고]

「する」：보조동사

동사의 연용형에 조사「は」「も」「でも」「さえ」「こそ」등을 수반한 것에「する」가 접속되어 그 동사의 의미 또는 그 동사의 부정의 의미를 강조한다.「出(で)かけはしたが；나오기는 나왔지만」「見(み)もしない；보지도 않는다」「知(し)りもしないことを言(い)うな；알지도 못하는 말을 하지 마」「笑(わら)いでもしたら；웃기라도 하면」「乗(の)りさえすれば；타기만 하면」

[5]継(つ)ぎ：천 조각을 대서 기우는 것.「継(つ)ぐ；해지거나 터진 곳을 깁다」의 연

용형이 전성명사화한 것.

[6] 引(ひ)き破(やぶ)る : 잡아 찢다. 복합동사「引(ひ)き＋破(やぶ)る」

[7] 破(やぶ)れ : 찢어진 데.「破(やぶ)れる ; 찢어지다. 터지다. 깨지다」의 연용형이 전성명사화한 것.

[8] もっと : 더욱. 더욱더.

[참고]

「もっと」: 정도부사

「もっと ; 더 / 더욱」은 이전 상태보다 정도가 심한 것을 나타내는 부사로서 유의어에는「ますます ; 더욱 더 / 점점 더 / 가일층」「更(さら)に ; 한층 / 더욱」「一層(いっそう) ; 한층 / 더욱」이 있고, 관련어로서는「いよいよ ; 더욱 더」「より ; 더 / 한층」「も少(すこ)し ; 조금 더」「ずっと ; 훨씬」 등이 있다.

    그리고「もっと」는 동질(同質)의 것의 정도가 높아지는 것을 나타낸다. 따라서「更(さら)に進(すす)む ; 더 나아가다」는 어떤 단계에 이르러 그 다음 단계에 진행하는 것을,「もっと進(すす)む ; 더 나아가다」는 진행하는 양이 증가한 것에 불과하다는 것을 의미한다.

[例] もっと大(おお)きいのがほしい。

    (더 큰 것을 가지고 싶다.)

    もっと頑張(がんば)っておけばよかった。[25]

    (더욱 분발했으면 좋았을 텐데.)

    もっと野菜(やさい)を食(た)べると、体(からだ)にいいですよ。

    (야채를 더 먹으면 몸에 좋아요.)

    この機種(きしゅ)よりもっと操作(そうさ)の簡単(かんたん)なのはないですか。

    (이 기종보다 더 조작이 간단한 것은 없습니까?)

    この部屋(へや)はカーテンでもかけて、花(はな)でも飾(かざ)ったら、もっと明

---

[25] 李成圭(2017)「신판 비즈니스 일본어2」시간의물레. pp. 260-261을 참조.

(あか)るい部屋(へや)になります。
(이 방은 커튼이라도 치고 꽃이라도 장식하면 더욱 방이 밝게 됩니다.)
ものが載(の)せにくいから、テーブルをもっと手前(てまえ)に引(ひ)きましょう。
(물건을 올리기가 어려우니 테이블을 더 앞쪽으로 당깁시다.)
彼女(かのじょ)の機嫌(きげん)を取(と)ろうと思(おも)ってプレゼントをあげたのに、よけいことを言(い)ってもっと悪(わる)くなった。
(그녀의 기분을 맞추려고 생각해서 선물을 주었는데 쓸데없는 말을 해서 더 나빠졌다.)
課長(かちょう)にとっては、今回(こんかい)が東京(とうきょう)での食(た)べ納(おさ)めになりますから、もっとましなところがいいと思(おも)うんですがね。
(과장님으로서는 이번이 도쿄에서 식사하는 것도 마지막이 되니까, 더 나은 곳이 좋을 것 같습니다만.)

またぎれも、新(あたら)しいぶどう酒(しゅ)を古(ふる)い[1]皮袋(かわぶくろ)に[2]入(い)れはしない。もしそうすれば、ぶどう酒(しゅ)は皮袋(かわぶくろ)を[3]はり裂(さ)き、そして、ぶどう酒(しゅ)も皮袋(ぶくろ)も[4]無駄(むだ)になってしまう。〔だから、新(あたら)しいぶどう酒(しゅ)は新(あたら)しい皮袋(かわぶくろ)に入(い)れる[5]べきである〕」。[マルコによる福音書 2:22]
(또 그 누구도 새 포도주를 오래된 가죽 부대에 담지는 않는다. 만일 그렇게 하면 포도주가 가죽 부대를 당겨 찢어 포도주도 가죽 부대도 못 쓰게 되고 만다. 〔그러하니 새 포도주는 새 가죽 부대에 담아야 한다〕" [2:22])

---

[1]革袋(かわぶくろ) : 가죽 부대
[2]入(い)れはしない : 넣지는 않는다. 담지는 않는다. 「入(い)れる」를 보조동사「する」를 이용하여 부정의 의미를 강조한 것. →「入(い)れ+は+し+ない」

[3] はり裂(さ)く : 당겨 찢다. 복합동사 「張(は)り+裂(さ)く」→「張(は)り裂(さ)ける ; 한껏 부풀어 터지다」

[4] 無駄(むだ)だ : 쓸데없다. 소용없다. 헛되다.

[5] ～べきである : 「～べきだ」는 고전어 조동사 「～べし」의 연체형 「～べき」에 「だ」가 접속된 것으로 동사의 종지형에 접속되어 ①「마땅히 그렇게 ～해야 한다/～해야 한다」, ②「적절하다/바람직하다」, ③「～할 만한 [＋명사]」와 같은 뜻을 나타내는데 대부분 문장체적 표현에 쓰인다.

[例] 車内(しゃない)では年寄(としよ)りや体(からだ)の不自由(ふじゆう)な人(ひと)に席(せき)を譲(ゆず)る<u>べきだ</u>。
(차 안에서는 노인이나 몸이 불편한 사람에게 자리를 양보해야 한다.)
そういうことは自分(じぶん)一人(ひとり)で決(き)めずに、みんなに相談(そうだん)して決(き)める<u>べきだ</u>と思(おも)う。
(그런 일은 자기 혼자서 결정하지 말고 다 같이 의논해서 결정해야 한다고 생각한다.)
いずれ値上(ねあ)がりすると思(おも)うなら、安(やす)いうちに買(か)っておく<u>べきだろう</u>。
(근간 가격이 오를 것이라고 생각한다면 쌀 때 사 두어야 할 것이다.)
北海道(ほっかいどう)へ旅行(りょこう)するなら、6・7月(がつ)に行(い)く<u>べきだ</u>。
(홋카이도에 여행할 생각이라면 6, 7월에 가야 한다.)

이상의 예는 도리나 상궤에서 생각할 때 그렇게 하는 것이 당연하다, 또는 적당하다고 하는 판단을 나타낸다. 「～なければならない」「～なければいけない」가 행동에 관한 제약 그 자체를 표현하고 있는 데에 대해 「～べきだ」는 어떤 행동이나 태도를 취할 것인가에 대해 현실적으로 그것을 실행할 수 있을까 어떠할 것인가는 상관없이, 규범적 입장에서의 바람직한 태도를 서술하고 있다는 점에 특징이 있다.[26]

---

26) 李成圭・權善和(2006e)『현대일본어 문법연구Ⅳ』시간의물레. pp. 70-71에서 인용.

⑿ [マルコによる福音書 2:23 - 2:26]

> ある安息日(あんそくにち)に、イエスは[1][2]麦畑(むぎばたけ)の中(なか)を[3]通(とお)って行(い)かれた。その時(とき)弟子(でし)たちが、[4]歩(ある)きながら[5][6]穂(ほ)を摘(つ)みはじめた。[マルコによる福音書 2:23]
> (어느 안식일에 예수께서는 밀밭 속을 지나 가셨다. 그 때 제자들이 걸으면서 밀 이삭을 따기 시작했다. [2:23])

[1]麦(むぎ) : 보리·밀·귀리 등의 총칭.
[2]麦畑(むぎばたけ) : 밀밭. 복합명사 ←「麦(むぎ)＋畑(はたけ)」
[3]通(とお)って行(い)かれる : 지나가시다.「通(とお)って行(い)く」의 レル형 경어.
[4]歩(ある)きながら : 걸으면서.「～ながら」는 동시진행을 나타내는 접속조사.

[참고]

「～ながら」: 접속조사

1.「昔(むかし)ながらの[伝統食(でんとうしょく)]」
「～ながら」에는「昔(むかし)ながらの伝統食(でんとうしょく); 옛날 그대로의 전통음식」과 같이 명사에 접속되어「(그 상태) 그대로의」의 뜻을 나타내는 용법이 있다. 이 용법에서 현대어의「～하면서」와 같은 동시진행을 나타내는 용법이 파생되었다.
[例]彼(かれ)は生(う)まれながらの超能力(ちょうのうりょく)の持(も)ち主(ぬし)だ.
　　(그는 태어나면서부터 초능력을 가지고 있는 사람이다.)
　　きのうの彼(かれ)の演技(えんぎ)はいつもながらの鮮(あざ)やかなお手際(てぎわ)だった。
　　(그의 어제 연기는 여느 때와 마찬가지로 멋진 솜씨였다.)
　　紙袋(かみぶくろ)が普及(ふきゅう)しても、昔(むかし)ながらの風呂敷(ふろし

き)の人気(にんき)はいっこうに衰(おとろ)えない。

(종이봉지가 보급되어도 옛날 그대로의 보자기의 인기는 전혀 쇠퇴되지 않는다.)

2. 「연용형＋ながら」: 동작의 동시진행

동사의 연용형에 접속조사 「〜ながら」가 접속되면 동작의 동시진행을 나타낸다.

[例] コーヒーでも飲(の)みながら、ゆっくり話(はなし)をしませんか。

(커피라도 마시면서, 천천히 이야기를 하지 않겠습니까?)

彼女(かのじょ)は本(ほん)を読(よ)みながら、彼(かれ)の帰(かえ)りを待(ま)っていた。

(그녀는 책을 읽으면서, 그의 귀가를 기다리고 있었다.)

テレビを見(み)ながら、食事(しょくじ)をするのはよくない。

(텔레비전을 보면서, 식사를 하는 것은 좋지 않다.)

ご飯(はん)を食(た)べながら、遊(あそ)んではいけませんよ。

(밥을 먹으면서 놀면 안 됩니다.)

わき見(み)をしながら、運転(うんてん)してはいけません。

(한눈을 팔면서, 운전을 해서는 안 됩니다.)

高(たか)いビルのガラス拭(ふ)きを、はらはらしながら見(み)ていた。

(높은 빌딩의 유리를 닦는 것을 조마조마하면서 보고 있었다.)

父親(ちちおや)が今(いま)にも雷(かみなり)を落(お)とすのではないかとぴりぴりしながら、ご飯(はん)を食(た)べている。

(아버지가 금방이라도 호통을 치는 것이 아닌가 하며 덜덜 떨면서 밥을 먹고 있다.)

気象庁(きしょうちょう)の発表(はっぴょう)によると、大型(おおがた)の台風(たいふう)10号(じゅうごう)は勢力(せいりょく)を強(つよ)めながら、紀伊半島(き

いはんとう)を北東(ほくとう)に進(すす)み、一日(いちにち)朝(あさ)、関東(かんとう)東南部(とうなんぶ)に上陸(じょうりく)するということだ。

(기상청 발표에 의하면, 대형 태풍 10호는 세력을 강화하면서, 기이반도를 북동쪽으로 진행해서, 1일 아침 간토 동남부에 상륙한다고 한다.)

<u>携帯電話</u>(けいたいでんわ)で<u>通話</u>(つうわ)しながらの<u>運転</u>(うんてん)は、注意力(ちゅういりょく)が 散漫(さんまん)になって非常(ひじょう)に危(あぶ)ないので、控(ひか)えなきゃならない。

(휴대폰으로 전화하면서 운전하는 것은 주의력이 산만해져서 대단히 위험하니 삼가야 한다.)

3. 역접을 나타내는「ながら(も)」
▫「명사・형용사(종지형)・동사(연용형)＋ながら(も)」

「ながら」에는「～하면서」와 같이 동작의 동시진행을 나타내는 용법 즉 순접(順接)이외에, 앞의 내용과 뒤의 내용이 서로 반대되는 경우를 나타내는 용법, 즉 역접(逆接)이 있다. 역접을 나타낼 때는 동사 이외에도 명사, 형용사, 부사에도 접속되고「ながらも」의 형태로 쓰이는 경우도 있다.

[例]このカメラは<u>小型</u>(こがた)ながら<u>も</u>、よく写(うつ)ります。[명사＋ながらも]

(이 카메라는 소형이지만 잘 찍힙니다.)

先(ま)ずは<u>略儀</u>(りゃくぎ)ながら、書中(しょちゅう)にてお祝(いわ)い申(もう)し上(あ)げます。[명사＋ながら]

(우선은 간단히 서면으로 축하 말씀을 올립니다.)

<u>小</u>(ちい)さい<u>会社</u>(かいしゃ)ながらも、今(いま)までこつこつと実績(じっせき)をつくって従業員(じゅぎょういん)500人(ごひゃくにん)を抱(かか)えるまでになりました。[형용사＋ながらも]

(작은 회사이지만, 지금까지 차근차근 실적을 만들어 종업원 500명을 거느리게 되었습니다.)

田中(たなか)さんは、体(からだ)は小(ちい)さいながらも、なかなか力(ちから)がある。[형용사＋ながらも]
(다나카 씨는 몸은 작지만, 힘이 꽤 있다.)
うちはおじいちゃんと息子(むすこ)2人(ふたり)の5人(ごにん)家族(かぞく)です。狭(せま)いながらも楽(たの)しい我(わ)が家(や)です。[형용사＋ながらも]
(우리 집은 할아버지와 아들 2명으로 5인 가족입니다. 좁기는 하지만 즐거운 우리 집입니다.)
その子(こ)はいやいやながら、庭(にわ)の掃除(そうじ)を始(はじ)めた。[부사＋ながら]
(그 아이는 마지못해하면서, 뜰 청소를 시작했다.)

A : あのう、課長(かちょう)。わたくしなりには少(すこ)しながらも、精一杯(せいいっぱい)のことはやったつもりですが…。[부사＋ながらも]
(저, 과장님. 제 나름대로는 약간이나마 할 수 있는 일은 다 했다고 생각합니다만.)
B : うーん、これだけしかできなかったのか、二度手間(にどでま)になってしまったな。
(음, 이것 밖에 못했어? 한 번에 되는 것을 두 번씩 손을 봐야 하게 되었군.)

怒(おこ)ってはいけないと思(おも)いながら、つい腹(はら)を立(た)ててしまった。[동사＋ながらも]
(화를 내서는 안 된다고 생각하면서도 그만 화를 내고 말았다.)
山田(やまだ)さんは金(かね)がたくさんありながら[も]、貧(まず)しい生活(せいかつ)をする。[동사＋ながらも]
(야마다 씨는 돈이 많이 있으면서도 가난한 생활을 한다.)[27]

---

27) 李成圭等著(1996)『홍익나가누마 일본어2 해설서』홍익미디어. p. 338에서 인용하여 일부 수정함.

A : 中臣(なかとみ)さんは、いつも知(し)っていながらも知(し)らないふりをしていますね。[동사＋ながらも]

　　(나카토미 씨는 언제나 알고 있으면서도 모른 체하고 있네요.)

B : 知(し)らないで知(し)っているふりをするよりいいだろう。

　　(모르면서 알고 있는 체하고 있는 것보다 낫잖아?)

彼女(かのじょ)はおっくうがりながらも、友人(ゆうじん)たちの後押(あとお)しもあってミスユニバースに出場(しゅつじょう)した。[동사＋ながらも]

(그녀는 마음이 내키지 않아 귀찮아하면서도 친구들이 뒤에서 미는 바람에 미스유니버스대회에 나갔다.)[28]

[5] 穂(ほ)を摘(つ)む : 이삭을 따다.

[6] 摘(つ)みはじめる : 따기 시작하다. 복합동사. 「摘(つ)み＋はじめる」.「～はじめる」는 개시상(開始相)을 나타내는 복합동사의 후항동사.

すると、パリサイ人(びと)たちがイエスに言(い)った、「[1]いったい、彼(かれ)らはなぜ、安息日(あんそくにち)に[2]してはならぬことをするのですか」。[マルコによる福音書 2:24]

(그러자 바리새 사람들이 예수에게 말했다. "도대체 그들(당신 제자)은 안식일에 해서는 안 되는 일을 하는 것입니까?"[2:24])

---

[1] いったい[一体] : 도대체.

[2] してはならぬ[こと] : 해서는 안 되는 일. 「～てはならぬ」는 금지를 나타내는 「～てはならない」의 문어적 혹은 속어적 표현. 금지표현을 나타내는 형식에는 크게 「～てはならない・～てはいけない・～てはだめだ・～ては困(こま)る」 계열이 있다.

---

28) 李成圭等著(1997)『홍익일본어독해2』홍익미디어. pp. 189-190에서 인용.

「~てはならない」는 의무나 책임에서 비춰보아 그렇게 하지 않는 것이 당연하다고 여겨지는 사항을 나타낼 때 쓴다. 따라서 특정 상대에 대해 어떤 행위를 금지시키는 경우보다는, 일반론으로서 그와 같은 행위는 무슨 일이 있어도 허용되지 않는다고 하는 경우에 많이 쓴다. 「~てはならない」의 축약형은 「~ちゃならない」이고, 정중체는 「~てはなりません」「~ちゃなりません」이다. 문어적 혹은 속어적 말씨로는 「~てはならぬ」(보통체)「~てはならん」(보통체), 「~てはならんです」(정중체)가 있고, 축약형으로는 「~ちゃならぬ」(보통체)「~ちゃならん」(보통체), 「~ちゃならんです」(정중체)가 있다.

[例] 起(お)きてはならぬことが起(お)きてしまった.

　　(일어나서는 안 되는 일이 일어나고 말았다.)

　　ぼくは何(なに)か、よけいな、云(い)ってはならぬことを云(い)ったではないか?

　　(나는 뭔가 쓸데없는 말해서는 안 되는 말을 한 것은 아닌가?)

そこで彼(かれ)らに言(い)われた、「あなたがたは、ダビデとその[1]供(とも)の者(もの)たちとが食物(しょくもつ)がなくて[2]飢(う)えたとき、ダビデが何(なに)をしたか、まだ[3]読(よ)んだことがないのか。[マルコによる福音書 2:25]

(그러자 그들(바리새파 사람들)에게 말씀하셨다. "너희는 다윗과 그 종자들이 먹을 것이 없어서 굶주렸을 때 다윗이 무엇을 했는지 아직 읽은 적이 없느냐? [2:25])

---

[1] 供(とも): 귀인이나 윗사람을 따라가는 것 또는 그 사람. 종자.
[2] 飢(う)える: 굶주리다.
[3] 読(よ)んだことがない: 읽은 적이 없다. 「~ことがない」는 과거의 경험.

> すなわち、[1]大祭司(だいさいし)アビアタルの時(とき)、神(かみ)の家(いえ)に入(はい)って、祭司(さいし)たちのほか[2]食(た)べてはならぬ[3]供(そな)えのパンを、[4]自分(じぶん)も食(た)べ、また供(とも)の者(もの)たちにも与(あた)えたではないか」。[マルコによる福音書 2:26]
> (즉 대제사장 아비아달 때, 하나님의 집에 들어가서 제사장들 외에는 먹어서는 안 되는 제물로 바치는 빵을 다윗도 먹고 그리고 종자들에게도 주지 않았느냐?" [2:26])

[1]大祭司(だいさいし) : 대제사장.

[2]食(た)べてはならぬ : 먹어서는 안 된다. 「～てはならぬ ; ～해서는 안 된다」는 금지표현.

[3]供(そな)えのパン : 제물로 바치는 빵

[4]自分(じぶん) : 자기. 반조대명사(反照代名詞) ; 1인칭・2인칭・3인칭 구별에 상관없이 실체 그 자체를 가리키는 기능을 하는 대명사.「自分 ; 자기」「おのれ ; 그 자신. 자기 자신」등. 반사대명사(反射代名詞). 반사지시대명사(反射指示代名詞).

《13》[マルコによる福音書 2:27 - 2:28]

> また彼(かれ)らに言(い)われた、「[1]安息日(あんそくにち)は人(ひと)のためにあるもので、人(ひと)が安息日(あんそくにち)のためにあるのではない。[マルコによる福音書 2:27]
> (그리고 그들에게 말씀하셨다. "안식일은 사람들을 위한 있는 것이지 사람이 안식일을 위해 있는 것은 아니다. [2:27])

[1] 安息日(あんそくにち)は人(ひと)のためにあるもので : 안식일은 사람들을 위한 있는 것이지. 「~ために」는 동작의 목적의 의미로 쓰이고 있다.

[참고]

「~ために」 ; 동작의 목적
[例] あしたの会合(かいごう)のために、資料(しりょう)を作(つく)っておきました。
　　 (내일 모임을 위해서 자료를 만들어 놓았습니다.)
　　 来週(らいしゅう)の試験(しけん)のために、勉強(べんきょう)しておいたほうがいいですよ。
　　 (다음 주 시험을 위해 공부해 두는 것이 좋겠어요.)
　　 みんなこの大会(たいかい)のために血(ち)と汗(あせ)と涙(なみだ)を流(なが)してがんばってきたから、あとは結果(けっか)がよければと思(おも)いますが。
　　 (다들 이 대회를 위해 피와 땀과 눈물을 흘리며 노력해 왔으니까, 남은 것은 결과가 좋았으면 합니다만.)
　　 田中(たなか)さん、もし愛(あい)する彼女(かのじょ)が罪(つみ)を犯(おか)したら、彼女(かのじょ)のために罪(つみ)を被(かぶ)りますか。
　　 (다나카 씨, 만일 사랑하는 그녀가 죄를 지으면, 그녀를 위해서 죄를 뒤집어쓰겠습니까?)
　　 早(はや)く回復(かいふく)するためには、もっと食(た)べなくちゃいけません。
　　 (빨리 회복하기 위해서는 더 많이 먹지 않으면 안 됩니다.)
　　 もしもの時(とき)、避難(ひなん)するために、作(つく)ってあるんです。
　　 (만일의 경우 피난하기 위해서 만들어 놓았습니다.)
　　 あなたに食(た)べてもらうために、わざわざ作(つく)って来(き)たんですよ。
　　 (당신 먹으라고 일부러 만들어 왔어요.)
　　 電車(でんしゃ)に乗(の)り遅(おく)れないためには、早(はや)めに家(いえ)を出(で)たほうがいいですよ。
　　 (전철을 놓치지 않으려면, 일찌감치 집을 나서는 것이 좋아요.)

> [1]それだから、人(ひと)の子(こ)は、安息日(あんそくにち)にもまた[2]主(しゅ)なのである」。[マルコによる福音書 2:28]
> (그러니까 인자는 안식일에도 또한 주인이다. [2:28])

[1]それだから : 접속사. 그러므로. 그러니까. =「それであるから・だから」

  [例]難(むずか)しい仕事(しごと)だが、それだからやる気(き)も起(お)こる。

    (어려운 일이지만 그래서 할 의욕도 생긴다.)

    彼(かれ)は親切(しんせつ)だ。それだから、人(ひと)に好(す)かれるのだ。

    (그들은 친절하다. 그러므로 사람들이 좋아하는 것이다.)

    それだから、私(わたし)の言(い)った通(とお)りにしなさい。

    (그러니까 내가 말한 대로 해요.)

[2]主(しゅ) : 주인. 주님[하나님・신적 예수]

III. マルコによる福音書 第3章

《14》[マルコによる福音書 3:1 - 3:6]

> イエスがまた会堂(かいどう)に[1]入(はい)られると、そこに[2]片手(かたて)の[3]なえた人(ひと)がいた。[マルコによる福音書 3:1]
> (예수께서 다시 회당에 들어가시자, 거기에 한쪽 손이 마비된 사람이 있었다. [3:1])

[1]入(はい)られると : 들어가시자. 「入(はい)られる」는 「入(はい)る」의 레루형 경어. 「〜と、〜た」는 발견의 용법으로 쓰이고 있다.
[2]片手(かたて) : 한(쪽) 손.
[3]なえる[萎える] : 시들다. 감각이 마비되다. 기력이 빠지다. 쇠약해지다.

> 人々(ひとびと)はイエスを[1][2]訴(うった)えようと思(おも)って、安息日(あんそくにち)にその人(ひと)を[3]いやされる[4]かどうかを[5]うかがっていた。[マルコによる福音書 3:2]
> (사람들은 예수를 고소하려고 생각하여 안식일에 그 사람을 고치실지 어떨지 엿보고 있었다. [3:2])

[1]訴(うった)える : 고소하다. 호소하다.
[2]〜{う・よう}と思(おも)う : 〜하려고 생각하다.

[참고]

▫「～{う・よう}と思(おも)う」:「～하려고 (생각)하다」

「～{う・よう}と思(おも)う」는 동사의 미연형에 접속되어 한국어의 「～하려고 (생각)하다」처럼 화자의 의지를 나타내는데 5단동사에는 「買(か)おうと思(おも)う;사려고 하다」와 같이 「～うと思う」가 연결되고 그 밖의 동사에는 「あげようと思(おも)う;주려고 하다」와 같이 「～ようと思う」가 연결된다.

1.「～{う・～よう}」의 의미・용법

먼저 동사의 미연형에 접속되어 의지나 권유를 나타내는 조동사 「～{う・～よう}」의 의미・용법에 대해 살펴보면 다음과 같다.

(1)접속

「～{う・～よう}」는 동사의 미연형에 접속되는데 5단동사에는 「[買(か)おう」와 같이 어미 [-u]를 [-o]로 바꾸고 「～う」를 접속시킨다. 그리고 1단동사나 불규칙동사 「する」「来(く)る」에는 부정의 「～ない」와 마찬가지로 어미 [-ru]를 탈락시키고 「～よう」를 접속시킨다.

[例]「買(か)う→買(か)おう」

「行(い)く→行(い)こう」

「飲(の)む→飲(の)もう」

「食(た)べる→食(た)べよう」

「する→しよう」

「来(く)る→来(こ)よう」

「よい→よかろう」

「美人(びじん)だ→美人(びじん)だろう」

「静(しず)かだ→静(しず)かだろう」

형용사나 명사술어, 형용동사는 상태성 술어이기 때문에 의지・권유의 용법은 없고 추량의 용법만 있다. 형용사는 「よい → よかろう」와 같이 만들어서 추량을 나타내지만 이 형태는 관용적인 표현에만 쓰이고 일반적으로는 쓰이지 않는다. 명사술어나 형용동사는 「美人(びじん)だ → 美人だろう(미인이겠지)」「静(しず)かだ → 静かだろう(조용하겠지)」와 같이 만든다.

(2)의미・용법
①의지
주어가 1인칭인 경우에는 말하는 사람의 의지를 적극적으로 나타낸다. 그리고 현대어에서는 화자의 의지는 동사의 현재형으로도 표현할 수 있다.
[例]新型(しんがた)コンピューターを買(か)おう。[=買(か)う]
　　(신형 컴퓨터를 {사자・사겠다}.)
　　あした天野(あまの)さんの見舞(みま)いに行(い)こう。[=行(い)く]
　　(내일 아마노 씨 병문안을 {가자・가겠다}.)
　　面白(おもしろ)そうだから、あの映画(えいが)を見(み)よう。[=見(み)る]
　　(재미있을 것 같으니 그 영화를 {보자・보겠다}.)
　　ぼくも明日(あした)からはジョギングしよう。[=する]
　　(나도 내일부터는 {조깅하자・조깅하겠다}.)

본문의 「イエスを訴(うった)えようと思(おも)って ; 예수를 고소하려고 생각하여」와 같이 「～{う・よう}」에 「～と思(おも)う」가 접속되어 쓰이면 「～하려고 (생각)하다」와 같은 뜻을 나타낸다.
[例]卒業後(そつぎょうご)は銀行(ぎんこう)か貿易会社(ぼうえきがいしゃ)で働(はたら)こうと思(おも)う。
　　(졸업 후는 은행이나 무역회사에서 일하려고 생각한다.)
　　休(やす)みの間(あいだ)、友(とも)だちと四国(しこく)に行(い)こうと思(おも)っている。

(방학 동안 친구와 시코쿠에 가려고 생각하고 있다.)
最初(さいしょ)はもっと書(か)きやすいのを選(えら)ぼうと思(おも)った。
(처음에는 더 쓰기 쉬운 것을 고르려고 했다.)

A: お母(かあ)さんへのお土産(みやげ)に何(なに)を買(か)ってあげるつもりですか。
(어머니에게 무슨 선물을 사 드릴 생각입니까?)
B: 扇子(せんす)を買(か)ってあげようと{思います・思っています}。
(부채를 사 드리려고 {생각합니다・생각하고 있습니다}.)

② 권유
「〜{う・よう}」는 상대에 대해 어떤 일을 같이 하자는 하는 권유를 나타낼 때도 쓰이는데 이때는 뒤에 「よ・ね・か」 등의 종조사가 붙는 형식도 많이 쓰인다.
[例] だいぶ遅(おそ)くなったから、早(はや)く行(い)こう。
(꽤 늦어졌으니까, 빨리 가자.)
宮本(みやもと)、今日(きょう)はもっと飲(の)もうよ。
(미야모토, 오늘은 더 마시자.)
いい子(こ)だから、いたずらはやめようね。
(착하지. 장난을 그만두자.)
もうこんな時間(じかん)だから、そろそろ帰(かえ)ろうか。
(벌써 시간이 이렇게 됐으니까, 슬슬 돌아갈까?)

③ 추량
「〜{う・よう}」에는 미래에 대한 추량이나 상상을 나타내는 용법이 있는데 동사의 경우 이런 용법은 거의 쓰이지 않고 대신 「行(い)くだろう; 가겠지」「来(く)るでしょう; 오겠지요」와 같이 기본형에 추측의 조동사인 「〜だろう」나 「〜でしょう」를 접속시켜 추량을 나타내는 용법이 현재 많이 사용되고 있다.

다만, 형용사의 경우는 일부 관용적인 표현에「～う」에 의한 추량 용법이 남아 있고 명사술어나 형용동사에는「～だ → ～だろう」와 같이「～う」에 의한 추량 용법이 쓰인다.

[例]それも<u>よかろう</u>。[=いいだろう]

    (그것도 좋겠지.)

    ランニングシャツ一枚(いちまい)では寒(さむ)<u>かろうに</u>。[=寒いだろうに]

    (런닝셔츠 한 장으로는 추울텐데.)

    李(イー)さんの奥(おく)さんはきっと美人(びじん)<u>だろう</u>。

    (이승민 씨 부인은 틀림없이 미인이겠지.)

    今(いま)ごろ日光(にっこう)は紅葉(もみじ)が<u>きれいだろう</u>。

    (지금쯤 닛코는 단풍이 아름답겠지.)[29]

▫「～だろうと思います」;「～일 것 같습니다」

「90点(きゅうじゅってん)ぐらいは取(と)れるだろうと思(おも)います」는「90점 정도는 딸 것 같습니다」의 뜻으로「～だろうと思(おも)います」는 추측을 나타내는「～だろう」에「～と思(おも)います；～라고 생각합니다」가 접속된 것이다. 이 형식은 직역하면「～일 것이라고 생각합니다」가 되지만, 한국어로는「～일 것 같습니다」와 같이 번역하는 것이 자연스럽다.

「～だろうと思います」는 추측의 조동사를 수반한다는 점에서「～と思(おも)います」보다 판단에 대한 확신도는 약하나, 단정적인 표현을 하지 않는다는 점에서 표현이 부드러워지고 또한 자기 발언에 대한 책임을 피할 수 있는 효과가 있다.

[例]中村(なかむら)さんのアパートはこの近(ちか)く<u>だろうと思(おも)います</u>。多分(たぶん)<u>あれだろうと思(おも)います</u>。

    (나카무라 씨 집은 이 근처일 것 같습니다. 아마 저것일 것 같습니다.)

---

29) 李成圭等著(1996)『홍익나가누마 일본어3 해설서』홍익미디어. pp. 57-60에서 인용하여 일부 수정함.

弟(おとうと)は友(とも)だちと野球(やきゅう)を見(み)に行(い)くと言(い)ってましたから、行(い)かないだろうと思(おも)います。
(남동생은 친구와 야구를 보러 간다고 했으니까, 안 갈 것 같습니다.)
場所(ばしょ)も近(ちか)くですし、今(いま)の時間(じかん)ですから、すぐ行(い)けるだろうと思います。
(장소도 가깝고 지금 시간이니까, 금방 갈 수 있을 것 같습니다.)
彼(かれ)は5年(ごねん)もフランスに住(す)んでいたそうですから、フランス語(ご)が話(はな)せるだろうと思います。
(그는 5년이나 프랑스에 살았다고 하니까, 프랑스어를 할 수 있으리라 생각됩니다.)
天気予報(てんきよほう)では、あしたは晴(は)れ時々(ときどき)曇(くも)りだそうですから、たぶん雨(あめ)は降(ふ)らないないだろうと思います。
(일기예보에서는 내일은 개다가 가끔 흐린다고 했으니까, 아마 비는 오지 않을 것 같습니다.)[30]

[3]いやされる : 고치시다. 「いやす[癒す]」의 레루형 경어.
[4]～かどうか : ～인지 어떤지
[5]うかがう[窺う] : 엿보다. 살피다. 기회를 노리다.

> すると、イエスは片手(かたて)のなえたその人(ひと)に、「立(た)って、中(なか)へ出(で)て来(き)なさい」と言(い)い、[マルコによる福音書 3:3]
> (그러자, 예수는 한쪽 손이 마비된 그 사람에게 "일어나서 가운데로 나오너라!"라고 말하고, [3:3])

> 人々(ひとびと)に向(む)かって、「安息日(あんそくにち)に[1]善(ぜん)を行

---

30) 李成圭等著(1996)『홍익나가누마 일본어3 해설서』홍익미디어. p. 212에서 인용.

(おこな)うのと [2]悪(あく)を行(おこな)うのと、[3]命(いのち)を救(すく)うのと [4]殺(ころ)すのと、どちらがよいか」と言(い)われた。彼(かれ)らは黙(だま)っていた。[マルコによる福音書 3:4]

(사람들을 향해 "안식일에 선을 행하는 것과 악을 행하는 것과, 그리고 목숨을 구하는 것과 죽이는 것 중에서 어느 쪽이 좋으냐?"라고 말씀하셨다. 그들은 잠자코 있었다. [3:4])

[1]善(ぜん)を行(おこな)う: 선을 행하다.
[2]悪(あく)を行(おこな)う: 악을 행하다.
[3]命(いのち)を救(すく)う: 목숨을 구하다.
[4]殺(ころ)す: 죽이다.

　본문에서는 형식명사「の」를 이용하여「善(ぜん)を行(おこな)うの;선을 행하는 것」과「悪(あく)を行(おこな)うの;악을 행하는 것」를, 그리고「命(いのち)を救(すく)うの;목숨을 구하는 것」과「殺(ころ)すの;죽이는 것」을 각각 비교하고 있다.

[例] 読(よ)むのと、書(か)くのと、話(はな)すのと、聞(き)くのと、何(なに)がいちばん難(むずか)しいですか。
　　(읽는 것과 쓰는 것과, 말하는 것과 듣는 것 중에서 어느 것이 가장 어렵습니까?)

　「読(よ)むのと、書(か)くのと、話(はな)すのと、聞(き)くのと、何(なに)がいちばん難(むずか)しいですか」는 비교표현으로서, 형식명사「の」를 이용해서「読むの;읽는 것」,「書くの;쓰는 것」,「話すの;말하는 것」,「聞くの;듣는 것」4가지를 비교하고 있다.[31]

---

31) 李成圭等著(1996)『홍익나가누마 일본어2 해설서』홍익미디어. pp. 47-48에서 인용.

그리고 여러 가지 중에서「특히 ~하는 것이 가장 ~이다」로 대답할 때 쓰이는 문형은 다음과 같다.

[例] 特(とく)に新聞(しんぶん)を読(よ)むのがいちばん難(むずか)しい。
　　 (특히 신문을 읽는 것이 가장 어렵다.)
　　 特(とく)に漢字(かんじ)を書(か)くのがいちばん難(むずか)しい。
　　 (특히 한자를 쓰는 것이 가장 어렵다.)
　　 特(とく)に人(ひと)の前(まえ)で話(はな)すのがいちばん苦手(にがて)です。
　　 (특히 남 앞에서 말하는 것이 가장 자신이 없습니다.)[32]

イエスは[1][2]怒(いか)りを含(ふく)んで彼(かれ)らを[3]見回(みまわ)し、その心(こころ)の[4]頑(かたく)ななのを[5]嘆(なげ)いて、その人(ひと)に「[6]手(て)を伸(の)ばしなさい」と言(い)われた。そこで手(て)を伸(の)ばすと、その手(て)は元(もと)どおりになった。[マルコによる福音書 3:5]
(예수께서는 노여움을 띠고 그들을 둘러보고 나서, 그들의 마음이 비뚤어진 것을 한탄하면서 그 사람(한 손이 마비된 사람)에게 "손을 펴라"고 말씀하셨다. 그래서 손을 펴자 그 손은 원래대로 되었다. [3:5])

---

[1] 怒(いか)り : 분노. 노여움.「怒(いか)りの日(ひ) ; 하느님이 최후의 심판을 하는 날」「世間(せけん)の怒(いか)りを買(か)う ; 세간의 분노를 사다」「怒(いか)りがこみあげる ; 노여움이 치밀어 오르다」

[2] 怒(いか)りを含(ふく)む : 노여움을 품다.

[3] 見回(みまわ)す : 둘러보다. 복합동사「見(み)+回(まわ)す」

[4] 頑(かたく)なだ : 완고하다. 마음이 비뚤어지고 고집이 세다.「頑(かたく)なに拒(こば)みつづける ; 완강히 계속 거부하다」「頑(かたく)なな態度(たいど) ; 완고한

---

32) 李成圭等著(1996)『홍익나가누마 일본어2 해설서』홍익미디어. p. 47에서 인용.

태도」

[5]嘆(なげ)く : 한탄하다. 슬퍼하다. 탄식하다. 개탄하다.

[6]手(て)を伸(の)ばす : 손을 펴다.

パリサイ人(びと)たちは出(で)て行(い)って、すぐに[1]ヘロデ党(とう)の者(もの)たちと、[2]なんとかしてイエスを[3]殺(ころ)そうと[4]相談(そうだん)しはじめた。[マルコによる福音書 3:6]
(바리새파 사람들은 나가서 곧 바로 헤롯 지지파 사람들과 어떻게 해서라도 예수를 죽이려고 의논하기 시작했다. [3:6])

---

[1]ヘロデ党(とう) : 헤롯 지지파. 1세기에 존재했던 유대의 헤롯왕가(기원전 37〜기원후 92) 지지파. 사상적으로는 대립하는 바리새파와 짜고 그리스도를 책형(磔刑)에 처하게 했다.『마가복음 3장 6절,『마태복음』22장 16절에 그 기사가 있다.

[2]なんとかして : 어떻게 해서라도. 「ほかならぬ君(きみ)のことだ、なんとかしてあげたいが、……。; 다름 아닌 자네의 부탁인데 어떻게 해 주고 싶지만, …….」

[참고]

「なんとか」는 한국어의 ①「어떻게, 이럭저럭」②「어떻게 좀, 어떻게든」③「이것저것, 이러니저러니, 여러 가지」에 해당하는 부사인데 여기에서는 「어떻게 해서라도」의 뜻으로 ②의 용법으로 쓰이고 있다.

①「なんとか」;「어떻게, 이럭저럭」

[例]課長(かちょう)、なんとかなりませんか。
  (과장님, 어떻게 안 되겠습니까?)
  何(なん)とかなるって言(い)っていつもごまかすのが彼(かれ)の手口(てぐち)ですよ。

  　　(어떻게 된다고 말하고서 언제나 얼버무리는 것이 그 사람 수법이에요.)
  ②「なんとか」;「어떻게 좀, 어떻게든」
  [例]田中(たなか)さん、約束(やくそく)したんですから、なんとかやってくださいよ。
  　　(다나카 씨, 약속했으니까, 어떻게 좀 해 주세요.)
  　　この問題(もんだい)は部長(ぶちょう)なら、なんとかしてくれるかもしれませんね。
  　　(이 문제는 부장님이라면, 어떻게 좀 해 줄지도 몰라요.)
  ③「なんとか」;「이것저것, 이러니저러니, 여러 가지」
  [例]{なんとか・あれこれ・いろいろ}言(い)っても、結局(けっきょく)彼女(かのじょ)
  　　が好(す)きなんだよ。
  　　(이러쿵저러쿵 말해도 결국 그녀를 좋아해.)
  　　先生(せんせい)は試験(しけん)について{なんか・なんとか}おっしゃいましたか。
  　　(선생님에서 시험에 대해서 뭐라고 말씀하셨습니까?)

[3]殺(ころ)そうと相談(そうだん)する : 죽이려고 의논하다.
[4]相談(そうだん)しはじめる : 의논하기 시작하다.「相談(そうだん)する」에 개시상
　　의 후항동사「〜はじめる」가 접속된 것.

《15》[マルコによる福音書 3:7 - 3:12]

> それから、イエスは弟子(でし)たちと共(とも)に海(うみ)べに[1]退(しりぞ)か
> れたが、ガリラヤから来(き)た[2]夥(おびただ)しい群衆(ぐんしゅう)が[3]つ
> いて行(い)った。またユダヤから、[マルコによる福音書 3:7]
> (그리고 나서 예수는 제자들과 함께 바닷가로 물러나셨지만, 갈릴리
> 에서 온 수 많은 군중이 따라왔다. 그리고 유대에서, [3:7])

[1]退(しりぞ)かれる : 물러나시다. 물러가시다. 「退(しりぞ)く」의 레루형 경어.

[2]夥(おびただ)しい : 엄청나다. 수량이 매우 많다. 정도가 심하다. 「夥(おびただ)しい数(かず) ; 엄청난 수」「夥(おびただ)しい出血(しゅっけつ) ; 과도한 출혈」
[3]ついて行(い)く : 따라가다. 따라오다.

> エルサレムから、イドマヤから、[1]更(さら)に[2]ヨルダンの向(む)こうから、ツロ、シドンのあたりからも、夥(おびただ)しい群衆(ぐんしゅう)が、その[3]なさっていることを聞(き)いて、みもとに来(き)た。[マルコによる福音書 3:8]
> (예루살렘에서, 이두매에서, 나아가 요단강 건너편에서, 두로와 시돈 주변에서도 많은 군중이 예수께서 하시고 있는 것을 듣고 예수가 계신 곳으로 왔다. [3:8])

[1]更(さら)に : 그 위에. 게다가. 나아가.

[참고]

▫「更(さら)に」의 의미・용법

1. 「更(さら)に」에는 「새로이」「다시 (한번)」「거듭」「게다가」와 같이 어떤 일을 반복하거나 추가할 때 쓰인다.

[例]彼(かれ)は日本語(にほんご)の勉強(べんきょう)をしているが、秋(あき)から更(さら)に中国語(ちゅうごくご)の勉強(べんきょう)も始(はじ)めるそうだ。
(그는 일본어 공부를 하고 있는데, 가을부터 새로이 중국어 공부도 시작한다고 한다.)

健康(けんこう)を維持(いじ)するためには、更(さら)に十(じゅっ)キロぐらい減量(げんりょう)しなければならない。
(건강을 유지하기 위해서는 다시 10킬로 정도 감량하지 않으면 안 된다.)

駅(えき)の表示版(ひょうじばん)は、平仮名(ひらがな)で書(か)かれ、その下(した)に漢字(かんじ)で、更(さら)にローマ字(じ)でも表記(ひょうき)されている。

(역 표지판은 히라가나로 쓰여 있고 그 밑에 한자로, 다시 로마자로도 쓰여 있다.)

2. 「更(さら)に」는 「더욱 더」「한층 더」와 같이 정도가 극심함을 나타내는 부사로 같은 유형의 부사로는 「もっと ; 더욱」「いっそう ; 한층」「ますます : 더욱 더」 등이 있다.

[例] お金(かね)も大事(だいじ)だが、更(さら)に大切(たいせつ)なものは時間(じかん)だ。

(돈도 중요하지만, 더욱 중요한 것은 시간이다.)

しばらくすると、雨(あめ)は更(さら)に激(はげ)しくなってきた。

(잠시 후 비는 더욱 더 거세졌다.)

台風(たいふう)の影響(えいきょう)で、今晩(こんばん)から風(かぜ)と雨(あめ)が更(さら)にひどくなるでしょう。

(태풍 영향으로 오늘밤부터 바람과 비가 한층 심해지겠지요.)

貿易(ぼうえき)収支(しゅうし)の黒字(くろじ)とともに、対日(たいにち)感情(かんじょう)は以前(いぜん)より更(さら)に悪化(あっか)したらしい。

(무역 수지 적자와 함께 대일 감정은 이전보다 더욱 악화된 것 같다.)

天気予報(てんきよほう)によると、昨夜(さくや)から降(ふ)り続(つづ)いている雪(ゆき)は今度(こんど)更(さら)に降(ふ)り続(つづ)く見込(みこ)みである。

(일기예보에 의하면, 어젯밤부터 계속 내리고 있는 눈은 이번에는 한층 더 계속 내릴 전망이다.)[33]

更(さら)にこういう見地(けんち)からも種々(しゅじゅ)な外的(がいてき)因子(いんし)、還元(かんげん)すると環境条件(かんきょうじょうけん)による変化(へんか)などを追求(ついきゅう)しなければならない。

(또한 이런 견지에서도 여러 가지 외적 인자, 환원하면 환경조건에 의

---

33) 李成圭等著(1997)『홍익일본어독해2』홍익미디어. pp. 161-162에서 인용.

한 변화 등을 추구하지 않으면 안 된다.)

[2] [ヨルダン]の向(む)こう: [요단강] 건너편
[3] なさる: 하시다. 「する」의 특정형 경어로 레루형 경어인 「される」보다 경의도가 높다.

[例] これはかなり困難(こんなん)な仕事(しごと)だと存(ぞん)じますが、お一人(ひとり)でなさるおつもりですか。
(이것은 꽤 곤란한 일이라고 생각합니다만, 혼자서 하실 생각이십니까?)
会社(かいしゃ)をお辞(や)めになって、今後(こんご)どうなさるおつもりでしょうか。
(회사를 그만두시고 앞으로 어떻게 하실 생각이신가요?)

A: 社長(しゃちょう)はご出席(しゅっせき)になるんでしょうか。
 (사장님은 출석하시나요?)
B: いいえ、当日(とうじつ)はご都合(つごう)が悪(わる)くて、欠席(けっせき)なさるそうです。
 (아니오, 당일에는 사정이 안 좋아서 결석하신다고 합니다.)

イエスは群衆(ぐんしゅう)が自分(じぶん)に[1]押(お)し迫(せま)るのを[2]避(さ)けるために、[3]小舟(こぶね)を[4][5]用意(ようい)しておけと、弟子(でし)たちに[6]命(めい)じられた。[マルコによる福音書 3:9]
(예수께서는 군중이 자기에게 밀려오는 것을 피하기 위해 작은 배를 준비해 두라고 제자들에게 명하셨다. [3:9])

---

[1] 押(お)し迫(せま)る: 다가오다. 밀려오다. 박두하다. 절박하다. 복합동사 「押(お)し＋迫(せま)る」
[2] 避(さ)ける: 피하다.

[3]小舟(こぶね) : 작은 배. 복합명사. ←「小(こ)＋舟(ふね)」

[4]用意(ようい)する : 준비하다. →「準備(じゅんび)する・支度(したく)する」

[5][用意(ようい)し]ておく : [준비해] 두다.

[6]命(めい)じられる : 명하시다.「命(めい)じる」의 レル형 경어.

> [1]それは、多(おお)くの人(ひと)をいやされたので、[2]病苦(びょうく)に悩(なや)む者(もの)は皆(みな)[3]イエスにさわろうとして、[4]押(お)し寄(よ)せて来(き)たからである。[マルコによる福音書 3:10]
> (그것은 [예수께서] 많은 사람들을 고쳐 주셨기에 병고에 시달리는 사람은 모두 예수에게 손을 대려고 몰려들어 왔기 때문이다. [3:10])

[1]それは、~からである : 그것은 ~기 때문이다. 결과를 미리 말하고 그 이유・원인을 나중에 말하는 용법. 이것을「から」의 문말용법이라고 한다. 즉「Aだから、Bである」를 도치하여「BはAだからである」라고 표현하는 것이다.

[例]その理由(りゆう)は、外国人(がいこくじん)が日本(にほん)の社会(しゃかい)の中(なか)で生活(せいかつ)していこうとすれば、「です・ます体(たい)」が必要(ひつよう)だからである。

(그 이유는 외국인이 일본 사회 안에서 생활해 나가려고 하면,「です・ます체」가 필요하기 때문이다.)

それは田中(たなか)にとって今(いま)まで貯(た)めた全財産(ぜんざいさん)でも到底(とうてい)足(た)りなかったからである。

(그것은 다나카의 입장으로 볼 때 지금까지 모아둔 전 재산으로도 도저히 부족하기 때문이다.)

[2]病苦(びょうく)に悩(なや)む : 병고에 {고생하다・앓다・시달리다}

[3][イエスに]さわる : [예수에게] 손을 대다.

[4]押(お)し寄(よ)せる : 몰려들다. 밀어닥치다. 복합동사「押(お)し＋寄(よ)せる」

> また、けがれた霊(れい)どもはイエスを[1]見(み)るごとに、[2]みまえに[3]ひれ伏(ふ)し、叫(さけ)んで、「あなたこそ神(かみ)の子(こ)です」と言(い)った。[マルコによる福音書 3:11]
> (또 악령들은 예수를 만날 때마다, 앞에 넙죽 엎드려서 외치며, "당신이야 말로 하나님의 아들입니다." 라고 말했다. [3:11])

[1][見(み)る]ごとに : [볼] 때마다. 「~ごとに」는 명사나 동사의 연체형에 접속되어 〈그 일을 할 때마다 그 어느 것도〉에 상당하는 뜻을 나타낸다.

[例]年(とし)ごとに。

(해마다.)

会(あ)う人(ひと)ごとに。

(만나는 사람마다.)

トマトは、食(た)べるごとに、入(い)れ、煮込(にこ)みます。

(토마토는 먹을 때마다 넣고 졸입니다.)

彼女(かのじょ)は機会(きかい)ある毎(ごと)に、彼(かれ)に声(こえ)をかけてきた。

(그녀는 기회가 있을 때마다 그에게 말을 걸어왔다.)

服部(はっとり)さんは彼(かれ)が現(あらわ)れる毎(ごと)に、疲(つか)れたようであった。

(핫토리 씨는 그가 나타날 때마다 피곤한 것 같았다.)

それに対(たい)して日本(にほん)も、これ又(また)事(こと)ある毎(ごと)に歴代(れきだい)の総理(そうり)が「謝罪(しゃざい)」を繰(く)り返(かえ)してきました。

(그것에 대해 일본도 이 또한 일이 있을 때마다 역대 총리가 「사죄」를 되풀이해왔습니다.)

[2]みまえ[御前] : 신불이나 귀인의 앞. 여기에서는 예수님의 앞을 높이기 위해 쓰이고 있다.

[3]ひれ伏(ふ)す : 부복하다. 넙죽 엎드리다.

> イエスは[1]御自身(ごじしん)のことを[2]人(ひと)に現(あら)わさないようにと、彼(かれ)らを厳(きび)しく戒(いまし)められた。[マルコによる福音書 3:12]
> (예수께서는 자신에 관한 것을 사람들에게 드러내지 않도록 그들을 엄히 야단치셨다. [3:12])

[1] 御自身(ごじしん) : 자신. 「自身(じしん)」에 존경 접두사 「御(ご)」을 붙여 예수를 높여 표현한 것.

[2] 人(ひと)に現(あら)わさないようにと : 사람들에게 드러내지 않도록. 동사의 부정에 동작의 목적을 나타내는 「～ように」가 접속되고 그 전체에 인용의 「～と」가 연결된 것이다.

[참고]

「～ように」:「～하도록／～하라고」
「～ように」는 불확실한 판단을 나타내는 「～ようだ」의 연용형으로 동사의 현재형에 접속되어 동작의 목적이나 「어떤 상태로 하다」의 뜻을 나타내는데 한국어로는 보통 「～하도록」에 해당한다.

[例] 手紙(てがみ)が早(はや)く着(つ)くように、速達(そくたつ)にした。
　　(편지가 빨리 도착하도록 속달로 부쳤다.)
　　風邪(かぜ)を引(ひ)かないように、体(からだ)に気(き)をつけてください。
　　(감기에 걸리지 않도록 몸조심 하십시오.)
　　花(はな)が枯(か)れないように、毎日(まいにち)水(みず)をやってください。
　　(꽃이 시들지 않도록 매일 물을 주세요.)
　　ほかの人(ひと)に聞(き)こえないように、小(ちい)さい声(こえ)で話(はな)した。
　　(다른 사람에게 들리지 않도록 작은 소리로 말했다.)
　　病気(びょうき)が治(なお)るまでは激(はげ)しい運動(うんどう)はしないようにおっしゃってくださいませんか。

(병이 나을 때까지는 격한 운동은 하지 않도록 말씀해 주시지 않겠습니까?)

그리고 「必(かなら)ず二日(ふつか)以内(いない)に返(かえ)すように言(い)った ; 반드시 2일 이내에 반납하라고 말했다」와 같이 간접화법으로 쓰일 때는 「〜하라고」로 번역하는 것이 자연스러운 경우가 많다.

[例] 係(かかり)の人(ひと)は「辞書(じしょ)は持(も)ち出(だ)さないでください」と言(い)った。
(담당자는 「사전은 가지고 나가지 마세요」라고 말했다.)
→ 係(かかり)の人(ひと)は、辞書(じしょ)は持(も)ち出(だ)さないように言(い)った。
(담당자는 사전은 가지고 나가지 말라고 말했다.)

駅員(えきいん)は「ホームではたばこを吸(す)わないでください」と言(い)った。
(역무원은 「홈에서는 담배를 피우지 마세요」라고 말했다.)
→ 駅員(えきいん)は、ホームではたばこを吸(す)わないように言(い)った。
(역무원은 홈에서는 담배를 피우지 말라고 말했다.)

お医者(いしゃ)さんは「病気(びょうき)が治(なお)るまではお酒(さけ)は飲(の)まないでください」と言(い)った。
(의사 선생님은 「병이 나을 때까지 술은 드시지 마세요」라고 말했다.)
→ お医者(いしゃ)さんは、病気(びょうき)が治(なお)るまではお酒(さけ)は飲(の)まないように言(い)った。
(의사 선생님은 병이 나을 때까지 술은 마시지 말라고 말했다.)

彼女(かのじょ)は「水(みず)がいっぱい入(はい)っているので、溢(こぼ)さないでください」と言(い)った。
(그녀는 「물이 가득 들어 있으니까 흘리지 마세요」라고 말했다.)

> → 彼女(かのじょ)は、水(みず)がいっぱい入(はい)っているので、溢(こぼ)さないように言(い)った。
>
> (그녀는 물이 가득 들어 있으니까 흘리지 말도록 말했다.)[34]

⑯ [マルコによる福音書 3:13 - 3:18]

> さて、イエスは山(やま)に登(のぼ)り、[1]みこころにかなった者(もの)たちを[2]呼(よ)び寄(よ)せられたので、彼(かれ)らはみもとに来(き)た。[マルコによる福音書 3:13]
> (그리고 예수께서는 산에 올라가서 당신 마음에 드신 자들을 불러들이셨기에 그들은 예수가 계신 곳으로 왔다. [3:13])

[1]みこころにかなう : 마음에 드시다. 「みこころ」는 「心(こころ)」에 존경의 접두사 「御(み)」를 붙여 예수의 마음을 높인 것.

[2]呼(よ)び寄(よ)せられる : 불러들이시다. 「呼(よ)び寄(よ)せる ; 불러서 가까이 오게 하다. 가까이 불러들이다」의 レル형 경어. 「呼(よ)び寄(よ)せる」는 복합동사 「呼(よ)び+寄(よ)せる」

> そこで十二人(じゅうににん)を[1]お立(た)てになった。彼(かれ)らを自分(じぶん)のそばに置(お)くためであり、さらに[2]宣教(せんきょう)に遣(つか)わし、[マルコによる福音書 3:14]
> (그래서 열둘을 세우셨다. 이것은 그들을 자기 곁에 두기 위해서였고, 또한 선교하러 보내고, [3:14])

---

34) 李成圭等著(1996)『홍익나가누마 일본어3 해설서』홍익미디어. pp. 36-37에서 인용하여 일부 수정함.

[1]お立(た)てになる : 세우시다. 「立(た)てる」의 ナル형 경어.

[2]宣教(せんきょう)に遣(つか)わす : 선교하러 보내다. 「한어명사＋に＋이동동사」로 동작의 목적을 나타내는 구문.

[참고]

「동작의 목적을 나타내는 구문」: 한어동사의 경우

[例]「留学(りゅうがく)する」→ 日本(にほん)へ留学(りゅうがく)に来(き)ました。
　　(일본에 유학하러 왔습니다.)

　　「食事(しょくじ)する」→ 外(そと)へ食事(しょくじ)に行(い)きます。
　　(밖에 식사하러 갑니다.)

　　「見学(けんがく)する」→ 4時(よじ)には韓国(かんこく)の留学生(りゅうがくせい)が見学(けんがく)に来(き)ます。
　　(4시에 한국 유학생이 견학하러 옵니다.)

　　「買(か)い物(もの)する」→ デパートへ買(か)い物(もの)に行(い)きます。
　　(백화점에 물건 사러 갑니다.)

　　「ドライブする」→ 久(ひさ)しぶりにドライブに行(い)きませんか。
　　(오랜만에 드라이브하러 가지 않겠습니까?)[35]

> また悪霊(あくれい)を追(お)い出(だ)す[1]権威(けんい)を持(も)たせるためであった。[マルコによる福音書 3:15]
> (또한 악령을 내쫓는 권능을 가지게 하기 위함이었다. [3:15])

[1]権威(けんい)を持(も)たせる : 권위(권능)를 가지게 하다. 「持(も)たせる」는 「持(も)つ」의 사역.

---

35) 李成圭・権善和(2006c)『현대일본어 문법연구Ⅱ』시간의물레. pp. 199-200에서 인용.

> [1]こうして、この十二人(じゅうににん)をお立(た)てになった。そしてシモンにペテロという名(な)をつけ、[マルコによる福音書 3:16]
> (이렇게 해서 이 열둘을 세우셨다. 그리고 시몬에게 베드로라는 이름을 지어주고, [3:16])

[1]こうして : ①이렇게 해서. ②이렇게. 「こう」에「する」의 テ형인「して」가 접속한 것으로 각각의 본래의 의미가 남아 있는 경우와 전체가 하나의 지시부사로 전성된 경우가 있다.

[例]田中(たなか)さんは仕事(しごと)ができるから、こうして海外(かいがい)出張(しゅっちょう)までなさるんでしょう。
(다나카 씨는 일을 잘 하니까, 이렇게 해외출장까지 하시는 것이지요?)

実(じつ)にありがたいことに、またこうして皆様(みなさま)の前(まえ)にお目見(めみ)えすることができました。
(실로 감사하게도 다시 이렇게 여러분 앞에 인사를 드릴 수 있었습니다.)

尊敬(そんけい)してやまない吉岡(よしおか)さんに、こうしてお目(め)もじする事(こと)になり、私(わたし)の原稿(げんこう)は編集部(へんしゅうぶ)の山田(やまだ)さんに託(たく)されました。
(존경해 마지않는 요시오카 씨를 이렇게 만나 뵙게 되어, 내 원고는 편집부의 야마다 씨에게 맡겨졌습니다.)

> またゼベダイの子(こ)ヤコブと、ヤコブの兄弟(きょうだい)ヨハネ、彼(かれ)らにはボアネルゲ、すなわち、[1]雷(かみなり)の子(こ)という[2]名(な)をつけられた。[マルコによる福音書 3:17]
> (또 세배대의 아들 야고보와 야고보의 형제 요한, 그들에게는 보아너게라, 즉 천둥의 아들이라는 이름을 지어 주셨다. [3:17])

[1]雷(かみなり)の子(こ) : 천둥(우레・벼락)의 아들.
[2]名(な)をつけられる : 이름을 지어 주시다.「名(な)をつける」의 레루형 경어.

> 次(つぎ)にアンデレ、ピリポ、バルトロマイ、マタイ、トマス、アルパヨの子(こ)ヤコブ、タダイ、[1]熱心党(ねっしんとう)のシモン、[マルコによる福音書 3:18]
> (그 다음에 안드레, 빌립, 바돌로매, 마태, 도마, 알패오의 아들 야고보, 다대오, 열심당원인 시몬, [3:18])

[1]熱心党(ねっしんとう) : 열심당은 예수 시대에 존재했던 유대교의 정치적 집단을 말한다.

> それからイスカリオテのユダ。このユダがイエスを[1]裏切(うらぎ)ったのである。イエスが家(いえ)に入(はい)られると、[マルコによる福音書 3:19]
> (그리고 이스가리옷 유다. 이 유다가 예수를 배반했다. 예수께서 집에 들어가시자, [3:19])

[1]裏切(うらぎ)る : 배반하다.

《17》 [マルコによる福音書 3:19 - 3:30]

> 群衆(ぐんしゅう)がまた集(あつ)まって来(き)たので、[1]一同(いちどう)は食事(しょくじ)をする[2]暇(ひま)もないほどであった。[マルコによる福音書 3:20]
> (군중들이 다시 모여들어서 예수 일행은 식사를 할 틈도 없을 정도였다. [3:20])

[1]一同(いちどう) : 일동. 일행.
[2]暇(ひま)もない : 틈도 없다. 「暇(ひま)」는 명사로 쓰일 때는 한국어의 「틈・짬・기회」에 상당하는 뜻을 나타낸다.
　[例] 仕事(しごと)が忙(いそが)しくて、彼女(かのじょ)に会(あ)う暇(ひま)もない。
　　　(일이 바빠서 여자 친구를 만날 틈도 없다.)
　　　誰(だれ)かさんのせいで連日(れんじつ)の残業(ざんぎょう)で休(やす)む暇(ひま)もなく仕事(しごと)をしっぱなしでしたから、体(からだ)の節々(ふしぶし)が痛(いた)いですよ。
　　　([놀리는 투로] 그 아무개 씨 탓으로 연일 잔업을 하는 바람에 쉴 틈도 없이 계속 일을 했더니 온몸의 마디마디가 아파요.)
　　　学生時代(がくせいじだい)は、暇(ひま)さえあれば、夜(よる)遅(おそ)くまでお酒(さけ)を飲(の)んだものだ。
　　　(대학생 시절에는 틈만 있으면 밤늦게까지 술을 마시곤 했다.)

[참고]

그리고 「暇(ひま)」가 형용동사로 쓰이면 「한가하다・시간이 있다」의 뜻을 나타낸다.
[例] 仕事(しごと)がなくなって暇(ひま)になる。
　　　(일이 없어져서 한가해지다.)
　　　お暇(ひま)な時(とき)には是非(ぜひ)お寄(よ)り下(くだ)さい。
　　　(한가하실 때에 꼭 들려주십시오.)
　　　暇(ひま)で暇(ひま)で時間(じかん)をもてあます。
　　　(정말 한가해서 시간을 주체할 수 없다.)

---

[1]身内(みうち)の者(もの)たちはこの事(こと)を聞(き)いて、イエスを[2]取押(とりおさ)えに[3]出(で)て来(き)た。[4]気(き)が狂(くる)ったと思(おも)ったからである。「マルコによる福音書 3:21」

(가족들은 이 소식을 듣고, 예수를 붙잡으러 나왔다. 미쳤다고 생각했기 때문이다. [3:21])

[1]身内(みうち) : 가족. 집안. 일가. 친척.
[2]取押(とりおさ)える : 억누르다. 움쭉 못하게 잡다. 붙잡다. 붙들다. 복합동사「取(と)り+押(お)さえる」
[3]出(で)て来(く)る : 나오다.
[4]気(き)が狂(くる)う : 정신이 돌다. 미치다.

また、エルサレムから下(くだ)って来(き)た律法(りっぽう)学者(がくしゃ)たちも、「彼(かれ)は[1][2]ベルゼブルにとりつかれている」と言(い)い、「[3]悪霊(あくれい)どもの頭(かしら)によって、悪霊(あくれい)どもを追(お)い出(だ)しているのだ」とも言(い)った。[マルコによる福音書 3:22]
(또 예루살렘에서 내려온 율법학자들도 "그(예수)는 바알제불이 들렸다"고 하고, "악령들의 두목에 의해 악령들을 내쫓고 있다"고도 했다. [3:22])

[1]ベルゼブル[(그리스) Beelzebub] : 바알제불. 악마. 마왕.
[2][ベルゼブル]にとりつかれる : [바알제불]이 들리다.
[3]悪霊(あくれい)どもの頭(かしら) : 악령들의 두목.

そこでイエスは彼(かれ)らを[1]呼(よ)び寄(よ)せ、[2]譬(たとえ)[3]をもって言(い)われた、「どうして、[4]サタンがサタンを追(お)い出(だ)すことができようか。[マルコによる福音書 3:23]
(그래서 예수께서는 그들을 가까이 불러들여서 비유로 말씀하셨다. "어찌하여 사탄이 사탄을 내쫓을 수 있겠는가? [3:23])

[1]呼(よ)び寄(よ)せる : 불러서 가까이 오게 하다. 가까이 불러들이다.
[2]譬(たと)え : 비유. 「譬(たと)える ; 비유하다」의 연용형이 전성명사가 된 것.
[3]~をもって[~を以て] : [연어] ~을 써서. ~로(써). ~으로. 동사 「もつ(持つ)」의 연용형의 음편형인 「もっ」에 접속조사 「て」가 접속한 것으로 동사 「持(も)つ」의 구체적인 의미가 희박해져서 하나의 조사처럼 사용된다.「をもって」로 격조사처럼 사용되는 경우가 많다. 본문과 같이 수단·방법·재료 등을 나타내는 예를 들면 다음과 같다.
　[例]書面(しょめん)をもって通知(つうち)する。
　　　(서면으로 통지하다.)
　　　誠意(せいい)をもって交渉(こうしょう)に当(あ)たる。
　　　(성의를 가지고 교섭에 임하다.)
[4]サタン(Satan) : 사탄. 악마. 마왕(魔王).

> もし国(くに)が内部(ないぶ)で[1][2]分(わか)れ争(あらそ)うなら、その国(くに)は[3]立(た)ち行(ゆ)かない。[マルコによる福音書 3:24]
> (만일 나라가 내부에서 갈라져서 싸운다고 한다면, 그 나라는 버틸 수가 없다. [3:24])

[1]分(わ)かれ争(あらそ)う : 갈라져서 싸우다. 복합동사 「分(わ)かれ + 争(あらそ)う」
[2]分(わ)かれ争(あらそ)うなら : 만일 갈라져서 싸운다고 한다면. 가정조건의 용법.

[참고]
「~なら」에 의한 조건표현
1.「~なら」의 접속
「~なら」는 원래 「~だ」의 가정형으로, 명사나 형용동사의 어간에 접속되는 것이 기본적인 용법인데, 현대어에서는 그 용법이 확대되어 동사, 형용사에도 접속하게 되었다. 명사나 형용동사의 경우에는 「株(かぶ)だ → 株な

ら」「必要(ひつよう)だ→必要なら」의 관계를 「종지형 → 가정형」으로 해석해도 상관없다. 동사나 형용사에는 직접 접속할 수도 있으나, 형식명사「の」를 매개로 하여「～のなら」의 형태로 쓰이는 경우가 있다. 그리고「～なら(ば)」와 같이「～なら」뒤에「ば」가 쓰이기도 한다.

(1)「동사＋なら」
[例]行(い)く(가다)→行くなら／行くのなら(가면, 간다면)
　　見(み)る(보다)→見るなら／見るのなら(보면, 본다면)
　　する(하다)→するなら／するのなら(하면, 한다면)
　　来(く)る(오다)→来るなら／来るのなら(오면, 온다면)

(2)「동사 부정＋なら」
[例]行(い)かない(안 가다)→行かないなら／行かないのなら(안 가면, 안 간다면)

(3)「형용사＋なら」
[例]安(やす)い(싸다)→安いなら／安いのなら(싸면, 싸다면)

(4)「형용사 부정＋なら」
[例]安(やす)くない(안 싸다)→安くないなら／安くないのなら(안 싸면, 안 싸다면)

(5)「형용동사＋なら」
[例]必要(ひつよう)だ(필요하다)→必要なら(필요하면)

(6)「형용동사 부정＋なら」
[例]必要(ひつよう)ではない(필요하지 않다)
　　→必要ではないなら／必要ではないのなら(필요하지 않으면)

(7) 「명사술어＋なら」

[例] 株(かぶ)だ (주식이다) → 株(かぶ)なら (주식이라면)

2. 「～なら」의 의미・용법
2.1 화제제시(話題提示)
명사에 「～なら」가 직접 접속되어 「화제제시(話題提示)」를 나타내는데, 「～ならば」의 형태로 사용되는 경우도 있다.

[例] そのことなら、もういいんです。

　　(그 일이라면 이제 됐습니다.)

　　寿司(すし)なら、あの店(みせ)が安(やす)くておいしい。

　　(초밥은 그 가게가 싸고 맛있다.)

　　リンゴなら、もうたくさんいただきました。

　　(사과는 이미 많이 먹었습니다.)

　　お金(かね)のことなら、心配(しんぱい)しなくてもいいですよ。

　　(돈이라면 걱정하지 않아도 됩니다.)

　　株(かぶ)のことなら、柴田(しばた)さんに相談(そうだん)してみてください。

　　(주식에 관한 것이라면 시바타 씨에게 의논해 보세요.)

　　時間(じかん)ならば、まだ十分(じゅうぶん)ありますから、ご心配(しんぱい)なく。

　　(시간은 아직 충분히 있으니 걱정하지 마세요.)

　주로 「AならBする」「AならBだ」와 같은 문형으로 상대가 제시한 내용(A)에 대해 화자의 판단이나 회답(B)을 나타낸다. 한국어로는 「～(이)라면」 또는 「～은(는)」에 대응하고 주제(主題)를 나타내는 「～は」로 바꿔 쓸 수 경우가 많지만, 「～なら」에는 원래 「A가 화제라고 한다면」이라는 가정적인 의미가 있는데, 「～は」에는 이와 같은 의미가 내포되어 있지 않다.

　그리고 「AならA'だ」의 형식으로 화제를 한정하는 경우도 있는데, 이때

「A'」는 「A」의 하위 개념으로 「A」를 화제로 특별히 내세워 「A는 A'이다」라고 한정시키는 역할을 한다.

[例] 梨(なし)なら広島(ひろしま)だ。
  (배는 히로시마다 / 배는 히로시마 배를 제일로 친다.)
  馬刺(ばさ)しなら、熊本(くまもと)だ。
  (말 육회는 구마모토다 / 말 육회는 구마모토가 유명하다.)
  そばなら、信州(しんしゅう)そばを第一(だいいち)に推(お)す。
  (메밀은 신슈 메밀을 제일로 친다.)

「명사＋なら」 뒤에는 「명사＋だ」 이외에 「명사＋限(かぎ)る;〜이 {제일이다/그만이다}」「명사＋が一番(いちばん)だ;〜이 제일이다」「명사＋がいい;〜이 좋다」 등이 사용된다. 그리고 이 경우에는 「〜なら」를 「〜は」로 바꿔써도 커다란 의미의 차이가 없다.

[例] あの人(ひと)となら、結婚(けっこん)してもいい。
  (그 사람이라면 결혼해도 좋다.)
  韓国語(かんこくご)でなら、会話(かいわ)ができます。
  (한국어로는 회화를 할 수 있습니다.)
  あと一人(ひとり)だけなら、入場(にゅうじょう)できます。
  (앞으로 한 사람은 입장할 수 있습니다.)
  ゆっくりとなら、歩(ある)けるようになった。
  (천천히 걸으면 걸을 수 있게 되었다.)

2.2 가정조건(仮定条件)
①「명사・형용동사＋なら / 명사 과거・형용동사의 과거＋なら」, ②「형용

사+なら / 형용사 과거+なら」, ③「동사+なら / 동사 과거+なら」와 같이 쓰여, 가정조건(仮定条件)이나 가상(仮想) 등의 용법을 나타내는 데 쓰인다. ②③의 경우에는「～のならば」「～のなら」의 형태도 쓰이고,「～ならば」도 쓰이는데, 회화체에서는「の」가「ん」으로 축약되는 경우가 많다.

「～の」의 유무에 의한 의미의 차이는 명확하지 않지만,「～の」가 삽입될 경우에는 청자의 발어이나 구체적 상황에 입각하여「당신이 그렇게 말한다면」「그것이 사실이라면」과 같은 특정의 의미를 나타낸다. 이에 대해「～の」가 없는 경우에는「일반적으로 그와 같은 경우는」「그렇게 할 경우는」과 같이 중립적 의미를 나타낸다.

[例] この内容(ないよう)なら、決(き)まったも同然(どうぜん)でしょう。
　　(이 정도 내용이라면 된 거나 마찬가지예요.)
　　{今(いま)なら / 今だったら / 今であれば / 今だと}、いるかもしれません。
　　(지금이라면 있을 지도 모릅니다.)
　　そういう{ところならば / ところだったら / ところであれば / ところだと}、少々(しょうしょう)遠(とお)くてもけっこうです。
　　(그런 곳이라면 다소 멀어도 괜찮습니다.)
　　そのアパート、学校(がっこう)に近(ちか)くて{安(やす)いんなら / 安かったら / 安ければ / ×安(やす)いと}、ぜひ借(か)りたいですね。
　　(그 집, 학교에서 가깝고 집세가 싸다면 꼭 빌리고 싶네요.)
　　{寒(さむ)いなら / 寒かったら / 寒ければ / ×寒いと}、言(い)ってくださいね。ストーブをつけますから。
　　(추우면 이야기하세요. 스토브를 켤 테니까요.)
　　そんなに頭(あたま)が{痛(いた)いなら / 痛いのなら}、早(はや)く帰(かえ)ったほうがいいですよ。
　　(그렇게 머리가 아프면 일찍 돌아가는 게 좋아요.)

{必要(ひつよう)でないのなら / 必要でなかったら / 必要でなければ / ×必要でないと}、返(かえ)してください。
(필요 없으면 돌려주세요.)
彼女(かのじょ)のことがそんなに嫌(きら)いなら、別(わか)れたらいい。
(그녀가 그렇게 싫으면 헤어지는 게 좋아.)
もし郵便局(ゆうびんきょく)に{行(い)くなら / 行くのなら / 行(い)ったら / ×行(い)けば / ×行(い)くと}、ついでに切手(きって)を買(か)って来(き)てください。
(만일 우체국에 갈 거라면 가는 길에 우표를 사다 주세요.)

「〜なら」는 용언 및 명사술어의 현재형, 과거형에 접속되어, 「실정이 그렇다면」「그것이 사실이라면」과 같은 가정조건(仮定条件)을 나타낸다.
그런데, 일어나는 것이 당연한 사항이거나 시간이 경과하면 자연히 발생하는 사건에 대해 가정할 경우에는 「〜なら」는 사용하지 못 하고, 그 대신 「〜たら」「〜と」 등을 사용한다. 그리고 문말(文末)에 단순한 사실을 나타내는 표현은 사용하지 않고, 판단, 의지, 명령, 요구, 제안, 평가 등 화자의 주관적 태도를 나타내는 표현을 사용해야 한다.
[例](1a) * 春(はる)が来(く)るなら、花(はな)が咲(さ)く。
  (1b) 春が{来(き)たら / 来(く)れば / 来(く)ると}、花(はな)が咲(さ)く。
    (봄이 오면 꽃이 핀다.)

  (2a) * 雨(あめ)が降(ふ)るなら、道(みち)がぬかる。
  (2b) 雨が{降(ふ)ったら / 降ると / 降れば}、道(みち)がぬかる。
    (비가 오면 길이 질퍽거린다.)

2.3 가상(仮想)

「~(の)なら、~」의 형태로 후건(後件)의 내용이 사실과 반대되거나, 또는 전건(前件)과 후건(後件)이 사실과 상반되는 내용을 나타내는 것을 「가상(仮想)」 또는 「반사실(反事実)」이라고 한다.

[例] 電話(でんわ)をくれるのなら、もう少(すこ)し早(はや)い時間(じかん)に電話(でんわ)してほしかった。
(전화를 줄 것이라면 좀 더 빠른 시간에 전화를 해 주었으면 좋았다.)
東京(とうきょう)に来(き)ていたのなら、電話(でんわ)してくれればよかったのに。
(도쿄에 와 있었더라면 전화를 걸어 주면 좋았을 텐데.)
彼(かれ)が来(く)るのなら、この会(かい)には来(こ)なかったんだが。
(그가 온다면 이 모임에는 오지 않았는데.)
結婚式(けっこんしき)に出席(しゅっせき)するなら黒(くろ)いスーツを買(か)うのだが。
(결혼식에 출석할 생각이라면 검은 양복을 사겠지만.)

2.4 조언(助言)

「~なら」에 의한 「조언(助言)」은 상대방의 발언에 대해 화자의 의견이나 의사를 제시할 때 쓰는데, 주로 동사에 접속되는 예가 많다. 이 용법은 「~なら」에만 있는데, 「만일 ~할 생각 / 작정이라면 나는 당신에게 다음과 같은 조언을 하겠다」라는 의미를 나타낸다.

[例] 食事(しょくじ)をするなら、このレストランがいいよ。
(식사를 할 생각이라면 이 레스토랑이 좋아.)
留学(りゅうがく)するなら、韓国(かんこく)がいいよ。
(유학할 것이라면 한국이 좋아.)
パソコンを買(か)うなら、いい店(みせ)を教(おし)えてあげますよ。

(PC를 살 생각이 있으면, 좋은 가게를 가르쳐 주겠어요.)
京都(きょうと)に行(い)くなら、新幹線(しんかんせん)が便利(べんり)ですよ。
(교토에 갈 생각이라면 신칸센이 편리해요.)[36]

[3]立(た)ち行(ゆ)く : 그럭저럭 되어(나)가다. (살림 등을) 꾸려 나가다.

また、もし家(いえ)が[1]内輪(うちわ)で分(わか)れ争(あらそ)うなら、その家(いえ)は立(た)ち行(ゆ)かないであろう。[マルコによる福音書 3:25]
(또 만일 집이 내부에서 갈라져서 싸운다고 한다면 그 집은 버틸 수 없을 것이다. [3:25])

---

[1]内輪(うちわ) : 가정 내. 집안.

もしサタンが[1]内部(ないぶ)で[2]対立(たいりつ)し[3]分争(ぶんそう)するなら、彼(かれ)は立(た)ち行(ゆ)けず、[4]滅(ほろ)んでしまう。[マルコによる福音書 3:26]
(만일 사탄이 내부에서 대립하고 분쟁을 일으킨다고 한다면 그는 버티지 못하고 망하고 만다. [3:26])

---

[1]内部(ないぶ) : 내부.
[2]対立(たいりつ)する : 대립하다.
[3]紛争(ふんそう)する : 분쟁하다. 분쟁을 일으키다.
[4]滅(ほろ)ぶ : 망하다. 멸망하다.

---

36) 李成圭・権善和 (2006d) 『현대일본어 문법연구Ⅲ』 시간의물레. pp. 274-287에서 인용하여 일부 수정함.

> だれでも、まず強(つよ)い人(ひと)を[1]縛(しば)り上(あ)げなければ、その人(ひと)の家(いえ)に[2]押(お)し入(い)って[3]家財(かざい)を奪(うば)い取(と)ることはできない。縛(しば)っ[4]てから初(はじ)めて、その家(いえ)を[5]略奪(りゃくだつ)することができる。[マルコによる福音書 3:27]
> (그 누구라도 먼저 힘센 사람을 단단히 묶지 않으면 그 사람의 집에 쳐 들어가서 가재를 빼앗을 수 없다. 묶어두고 나서야 비로소 그 집을 약탈할 수 있다. [3:27])

[1]縛(しば)り上(あ)げる: 꽁꽁(단단히) 묶다. 복합동사「縛(しば)り+上(あ)げる」

[2]押(お)し入(い)る : 강제로(무리하게・억지로) 들어가다. 복합동사「押(お)し+入(い)る」

[3]家財(かざい)を奪(うば)い取(と)る : 가재를 빼앗다. 복합동사「奪(うば)い+取(と)る」

[4]〜てから初(はじ)めて : 〜고 나서야 비로소.

[例]彼女(かのじょ)ははっとし、大胆(だいたん)なゲームを仕掛(しか)けてから初(はじ)めて、彼(かれ)の顔(かお)を真面(まとも)に見(み)た。

(그녀는 문득 대담한 게임을 걸고 나서 비로소 그의 얼굴을 정면으로 보았다.)

康子(やすこ)から父(ちち)と母(はは)の行方不明(ゆくえふめい)を告(つ)げられてから初(はじ)めて、彼(かれ)は深(ふか)く首(くび)を折(お)ってうなずいた。

(야스코로부터 아버지와 어머니의 행방불방을 알고 나서 비로소 그는 머리를 깊게 굽히며 끄떡였다.)

夜(よる)の物音(ものおと)が聞(きこ)えなくなってから初(はじ)めて、奥(おく)さんは思(おも)いきって屋根(やね)に上(のぼ)って、ものすごくびっくりしてしまったの。

(밤의 소리가 들리지 않게 되고 나서 비로소 부인은 용기를 내서 지붕에 올라가 크게 놀랐습니다.)

[5]略奪(りゃくだつ)する : 약탈하다.

> よく[1]言(い)い聞(き)かせておくが、人(ひと)の子(こ)らには、その[2]犯(おか)すべての罪(つみ)も[3]神(かみ)を汚(けが)す言葉(ことば)も、[4]赦(ゆる)される。[マルコによる福音書 3:28]
> (내가 분명코 말해 두지만, 인자(사람)들은 그들이 범하는 죄도 하나님을 모독하는 말도 용서받는다. [3:28])

[1]言(い)い聞(き)かせる : 타이르다. 훈계하다. 복합동사「言(い)い＋聞(き)かせる」
[2]罪(つみ)を犯(おか)す : 죄를 범하다.
[3]神(かみ)を汚(けが)す : 하나님을 모독하다.
[4]赦(ゆる)される : 용서받다. 사함을 받다.「赦(ゆる)す」의 수동.

> しかし、[1]聖霊(せいれい)を汚(けが)す者(もの)は、[2]いつまでも[3]赦(ゆる)されず、[4]永遠(えいえん)の罪(つみ)に[5]定(さだ)められる」。[マルコによる福音書 3:29]
> (그러나 성령을 모독하는 자는 결코 용서받지 못하고 영원한 죄로 처해진다." [3:29])

[1]聖霊(せいれい)を汚(けが)す : 성령을 모독하다.
[2]いつまでも : 언제까지나. 영원히.
[3]赦(ゆる)されず : 용서받지 않고.「赦(ゆる)す」의 수동인「赦(ゆる)される」에 부정의「〜ず」가 접속된 것.

[참고]

「〜ず」: 고전어 계열의 부정의 조동사

현대어에서「～ず」(연용형)는「～ないで」, 또는「～なくて」의 의미로 많이 사용되고 있다.

[例] 彼(かれ)は人(ひと)の言(い)うことを<u>聞(き)かず</u>、出(で)て行(い)った。
(그는 남이 하는 말을 듣지 않고 나갔다.)
あいにく曇(くも)っていて富士山(ふじさん)が<u>見(み)えず</u>、残念(ざんねん)でした。
(공교롭게도 날씨가 흐리는 바람에 후지산이 보이지 않아서 유감이었습니다.)
朝(あさ)から<u>休(やす)まず</u>、働(はたら)き続(つづ)けたので、さすがに疲(つか)れた。
(아침부터 쉬지 않고 계속해서 일을 했더니 역시 피곤하다.)
先生(せんせい)は今日(きょう)は研究室(けんきゅうしつ)に<u>寄(よ)らず</u>、直接(ちょくせつ)帰(かえ)るとおっしゃいました。
(선생님은 오늘은 연구실에 들르지 않고 직접 돌아간다고 하셨습니다.)
子供(こども)たちはその長(なが)い映画(えいが)を<u>つまらながりもせず</u>、静(しず)かに終(おわ)りまで見(み)ていた。
(아이들은 그 긴 영화를 질리지도 않고 조용히 끝까지 보고 있었다.)
風邪(かぜ)気味(ぎみ)ですから、冷(つめ)たいものは<u>飲(の)ませず</u>、暖(あたた)かいものを食(た)べさせて、なるべく早(はや)く寝(ね)かすようにしてください。
(감기 기운이 있으니까 찬 것은 마시게 하지 않고 따뜻한 것을 먹게 하고 되도록 일찍 잠을 재우도록 하세요.)
日本(にほん)とソ連(れん)との間(あいだ)にはいまだに平和(へいわ)条約(じょうやく)が<u>結(むす)ばれておらず</u>、依然(いぜん)として北方(ほっぽう)領土(りょうど)の問題(もんだい)は解決(かいけつ)の見通(みとお)しがない。
(일본과 소련 사이에는 아직도 평화조약이 체결되지 않고 있고, 여전히 북방영토 문제는 해결의 전망이 없다.)

当地(とうち)は、寒(さむ)からず、暑(あつ)からず、ちょうどいい気候(きこう)になりました。
(이곳은 춥지도 않고 덥지도 않은 딱 좋은 날씨가 되었습니다.)

[4]永遠(えいえん)の罪(つみ) : 영원한 죄. 한국어의「영원하다」는 형용사이지만 일본어의「永遠(えいえん)」는 명사와 형용동사의 성질을 겸비하고 있다. 그런데 뒤에 체언이 올 경우에는「永遠(えいえん)の生命(せいめい) ; 영원한 생명」「永遠(えいえん)の平和(へいわ) ; 영원한 평화」「永遠(えいえん)の恋(こい) ; 영원한 사랑」「永遠(えいえん)の命(いのち) ; 영생」「永遠(えいえん)の過去(かこ)から永遠(えいえん)の未来(みらい) ; 영원한 과거에서 영원한 미래」와 같이「永遠(えいえん)＋の＋体言」의 형태를 취한다.

그러나 다른 한편으로「永遠(えいえん)なる安息(あんそく) ; 영원한 안식」「永遠(えいえん)なる自然(しぜん) ; 영원한 자연」과 같이 형용동사적 성질을 유지하면서 명사를 수식・한정하는 예도 발견된다. 형용동사적 용법으로 사용된 것에는「永遠(えいえん)に愛(あい)する ; 영원히 사랑하다」「この時(とき)が永遠(えいえん)に続(つづ)けばよい ; 이때가 영원히 계속되면 좋겠다」등이 있다.

[5]定(さだ)められる : 정해지다. 결정되다.「定(さだ)める」의 수동.

そう言(い)われたのは、彼(かれ)らが「イエスは汚(けが)れた霊(れい)につかれている」[1]と言(い)っていたからである。[マルコによる福音書 3:30]
(그렇게 말씀하신 것은 그들이 "예수는 악령이 들렸다"고 말했기 때문이다. [3:30])

---

[1]〜と言(い)っていた : 〜라고 말했다. 전문(伝聞)을 나타내는 형식인데, 한국어로는「〜と言(い)った ; 〜라고 말했다」와 같은 단순 과거와 구별이 안 되니 주의한다.

《18》[マルコによる福音書 3:31 - 3:35]

> さて、イエスの母(はは)と兄弟(きょうだい)たちとが来(き)て、外(そと)に立(た)ち、人(ひと)を[1]遣(や)ってイエスを[2]呼(よ)ばせた。[マルコによる福音書 3:31]
> (그런데, 예수의 어머니와 형제들이 와서 밖에 서서 사람을 보내 예수를 부르게 했다. [3:31])

[1]遣(や)る : 보내다. 「使(つか)いを遣(や)る ; 심부름꾼을 보내다」 「薬(くすり)を受(う)け取(と)りに子供(こども)を遣(や)る ; 약을 받으러 아이를 보내다」
[2]呼(よ)ばせる : 부르게 하다. 「呼(よ)ぶ」의 사역.

> [1]ときに、群衆(ぐんしゅう)はイエスを[2]囲(かこ)んで座(すわ)っていたが、「[3]ごらんなさい。[4]あなたの[5]母上(ははうえ)と兄弟(きょうだい)、[6]姉妹(しまい)たちが、外(そと)であなたを[7]尋(たず)ねておられます」と言(い)った。[マルコによる福音書 3:32]
> (그 때, 군중이 예수를 둘러싸고 앉아 있었는데 "보십시오. 선생님의 어머님과 형제, 자매 분들이 밖에서 선생님을 찾고 계십니다." 라고 말했다. [3:32])

[1]ときに : 그 때. 때마침.
[2]囲(かこ)む : 둘러싸다.
[3]ごらんなさい : 보십시오. 여기에서는 경어적 하위자가 상위자에게 사용하고 있다.
[4]あなた : 선생님. 여기에서는 경어적 상위자인 예수를 지칭하는 데에 사용하고 있다.

[5] 母上(ははうえ) : 어머님. 「〜上(うえ)」는 명사에 붙어 손윗사람에 대한 경의를 나타낸다. 「父上(ちちうえ) ; 아버님」「兄上(あにうえ) ; 형님」「姉上(あねうえ) ; 누님」 → 원래는 「うえ(上) - した(下)」는 물건의 겉과 속을 나타내고, 「かみ(上) - しも(下)」가 고저(상하)를 나타냈는데, 후자가 형식화되었기 때문에 전자가 고저(상하)의 의미를 갖게 되었다.

[6] 姉妹(しまい) : 자매.

[7] 尋(たず)ねておられる : 찾고 계시다. 「尋(たず)ねている」의 レル형 경어.

[참고]

구어역 신약성서에 있어서의 「ごらんなさい」의 의미・용법

현대어에서 「ごらんなさい」는 「見(み)なさい」보다 경의도는 높지만 통상 경어적 상위자가 동위자나 하위자에게 사용하는 것이 일반적이다.

그런데 구어역 신약성서에서는 「ごらんなさい」가 경어적 하위자나 동위자 뿐만 아니라 경어적 상위자에게도 사용되고 있다는 점에서 특징적이다.

1. 경어적 상위자가 하위자에게 사용한 예.

[例] そして、弟子(でし)たちの方(ほう)に手(て)をさし伸(の)べて言(い)われた、「ごらんなさい。ここにわたしの母(はは)、わたしの兄弟(きょうだい)がいる。」[口語訳 / マタイによる福音書 12:49]

(그리고 제자들을 손으로 가리키며 말씀하셨다. "보아라! 여기에 내 어머니와 내 형제들이 있다.")[예수가 제자들에게]

そして、自分(じぶん)をとりかこんで、すわっている人々(ひとびと)を見(み)まわして、言(い)われた、「ごらんなさい、ここにわたしの母(はは)、わたしの兄弟(きょうだい)がいる。」[マルコによる福音書 3:34]

(그리고 자기를 둘러싸고 앉아 있는 사람들을 둘러보고 말씀하셨다. "보아라! 여기에 내 어머니와 내 형제들이 있다.") [예수가 제자들에게]

それからこの弟子(でし)に言(い)われた、「ごらんなさい。これはあなたの母(はは)です」。そのとき以来(いらい)、この弟子(でし)はイエスの母(はは)を自分(じぶん)の家(いえ)に引(ひ)きとった。[口語訳 / ヨハネによる福音書 19:27]
(그리고 나서 이 제자에게 말씀하셨다. "봐라! 이 분이 네 어머니이시다." 그 때부터 그 제자는 예수 어머니를 자기 집에 모셨다.) [예수가 제자에게]

両親(りょうしん)はこれを見(み)て驚(おどろ)き、そして母(はは)が彼(かれ)に言(い)った、「どうしてこんな事(こと)をしてくれたのです。ごらんなさい、おとう様(さま)もわたしも心配(しんぱい)して、あなたを捜(さが)していたのです」。[口語訳 / ルカによる福音書 2:48]
(부모들은 이것을 보고 놀라서, 어머니가 그(예수)에게 말했다. "어찌하여 이런 일을 했느냐? 봐! 아버님도 나도 걱정해서 너를 찾고 있었어.") [어머니가 어린 예수에게]

「……もうここにはおられない。かねて言(い)われたとおりに、よみがえられたのである。さあ、イエスが納(おさ)められていた場所(ばしょ)をごらんなさい。」[口語訳 / マタイによる福音書 28:6]
("이제 여기에는 계시지 않는다. 전에 말씀하신 대로 부활하셨다. 자, 예수가 안치되어 있던 곳을 봐라!") [천사가 마리아에게]

するとこの若者(わかもの)は言(い)った、「驚(おどろ)くことはない。あなたがたは十字架(じゅうじか)につけられたナザレ人(びと)イエスを捜(さが)しているのであろうが、イエスはよみがえって、ここにはおられない。ごらんなさい、ここがお納(おさ)めした場所(ばしょ)である。」[マルコによる福音書 16:6]
(그러자 그 젊은이는 말했다. "놀라지 마라. 그대들은 십자가에 매달린 나사렛 사람 예수를 찾고 있겠지만, 예수는 부활하여 여기에 계시지 않는다. 보아라! 그를 안장했던 곳이다.") [천사가 여자들에게]

イエスは彼(かれ)らに言(い)われた、「きてごらんなさい。そうしたらわかるだろ

う」。そこで彼(かれ)らはついて行(い)って、イエスの泊(と)まっておられる所(ところ)を見(み)た。そして、その日(ひ)はイエスのところに泊(と)まった。時(とき)は午後(ごご)四時(よじ)ごろであった。[口語訳 / ヨハネによる福音書 1:39]

(예수께서 그들에게 말씀하셨다. "와서 보아라! 그러면 알 것이다." 그래서 그들은 따라가서, 예수가 묵고 계시는 곳을 보았다. 그리고 그 날은 예수가 계신 곳에 묵었다. 때는 오후 네 시쯤이었다.) [예수가 그들에게]

ペテロはなおも幻(まぼろし)について、思(おも)いめぐらしていると、御霊(みたま)が言(い)った、「ごらんなさい、三人(にん)の人(ひと)たちが、あなたを尋(たず)ねてきている。[口語訳 / 使徒行伝10:19]

(베드로가 계속해서 환상에 관해 곰곰이 생각하고 있자, 성령이 말했다. "보아라! 사람들 세 명이 너를 찾고 있다.) [성령이 베드로에게]

2. 경어적 동위자끼리 사용한 예.

[例]パリサイ人(びと)たちがこれを見(み)て、イエスに言(い)った、「ごらんなさい、あなたの弟子(でし)たちが、安息日(あんそくにち)にしてはならないことをしています」。[口語訳 / マタイによる福音書 12:2]

(바리새파 사람들이 이것을 보고 예수께 말했다. "보세요! 당신의 제자들이 안식일에 해서는 안 되는 일을 하고 있습니다.") [바리새파 사람들이 예수에게]

「……ごらんなさい。あなたのあいさつの声(こえ)がわたしの耳(みみ)にはいったとき、子供(こども)が胎内(たいない)で喜(よろこ)びおどりました。」[口語訳 / ルカによる福音書 1:44]

(보세요! 그대가 인사하는 소리가 내 귀에 들어왔을 때에, 아기가 태 안에서 기뻐서 뛰놀았습니다.") [에리사벳이 마리아에게]

するとシメオンは彼(かれ)らを祝(しゅく)し、そして母(はは)マリヤに言(い)った、「ごらんなさい、この幼(おさ)な子(ご)は、イスラエルの多(おお)くの人(ひと)

を倒(たお)れさせたり立(た)ちあがらせたりするために、また反対(はんたい)を受(う)けるしるしとして、定(さだ)められています。[口語訳 / ルカによる福音書 2:34]

(그러자 시므온은 그들을 축복하고 나서 어머니인 마리아에게 말했다. "보세요! 이 어린아이는 이스라엘의 많은 사람을 넘어지게도 하고 일어나게도 하도록, 또한 반대를 받는 표징으로 정해져 있습니다.) [시므온이 마리아에게]

この女(おんな)は水(みず)がめをそのままそこに置(お)いて町(まち)に行(い)き、人々(ひとびと)に言(い)った、[口語訳 / ヨハネによる福音書 4:28]

(그 여인은 물동이를 그대로 내버려둔 채로 동네로 가서, 사람들에게 말했다.)

「わたしのしたことを何(なに)もかも、言(い)いあてた人(ひと)がいます。さあ、見(み)にきてごらんなさい。もしかしたら、この人(ひと)がキリストかも知(し)れません」。[口語訳 / ヨハネによる福音書 4:29]

("내가 한 일을 죄다 알아맞힌 사람이 있습니다. 와서 보세요. 어쩌면 이 사람이 그리스도일지도 모릅니다.") [사마리아 여인이 마을 사람들에게]

そこへ、ある人(ひと)がきて知(し)らせた、「行(い)ってごらんなさい。あなたがたが獄(ごく)に入(い)れたあの人(ひと)たちが、宮(みや)の庭(にわ)に立(た)って、民衆(みんしゅう)を教(おし)えています」。[口語訳 / 使徒行伝 5:25]

(그 때, 어떤 사람이 와서 알렸다. "가 보세요. 여러분이 옥에 가둔 그 사람들이 성전 뜰에 서서, 백성을 가르치고 있습니다.") [어떤 사람이 성전을 지키는 대장과 대제사장에게]

3. 경어적 하위자가 상위자에게 사용한 예.

[例]それで、ある人(ひと)がイエスに言(い)った、「ごらんなさい。あなたの母上(は

はうえ)と兄弟(きょうだい)がたが、あなたに話(はな)そうと思(おも)って、外(そと)に立(た)っておられます」。[口語訳 / マタイによる福音書 12:47]

(그러자 어떤 사람이 예수에게 말했다 "보십시오. 선생님의 어머님과 형제분들이 선생님에게 이야기하려고 밖에 서 계십니다.") [어떤 사람이 예수에게]

そのとき、ペテロがイエスに答(こた)えて言(い)った、「ごらんなさい、わたしたちはいっさいを捨(す)てて、あなたに従(したが)いました。ついては、何(なに)がいただけるでしょうか」。[口語訳 / マタイによる福音書 19:27]

(그때에 베드로가 예수에게 대답하여 말했다. "보십시오, 저희들은 모든 것을 버리고, 선생님을 따랐습니다. 그러하오니 저희가 어떤 것을 받겠습니까?") [베드로가 예수에게]

ペテロがイエスに言(い)い出(だ)した、「ごらんなさい、わたしたちはいっさいを捨(す)てて、あなたに従(したが)って参(まい)りました」。[マルコによる福音書 10:28]

(베드로가 예수에게 말을 꺼냈다. "보십시오, 저희들은 모든 것을 버리고 선생님을 따라왔습니다.") [베드로가 예수에게]

そこで、ペテロは思(おも)い出(だ)してイエスに言(い)った、「先生(せんせい)、ごらんなさい。あなたがのろわれたいちじくが、枯(か)れています」。[マルコによる福音書 11:21]

(그래서 베드로는 지난 일을 생각해 내서 예수에게 말했다. "선생님, 보십시오. 선생님께서 저주하신 무화과나무가 말라 버렸습니다.") [베드로가 예수에게]

ペテロが言(い)った、「ごらんなさい、わたしたちは自分(じぶん)のものを捨(す)てて、あなたに従(したが)いました」。[口語訳 / ルカによる福音書 18:28]

(베드로가 말했다. "보십시오, 저희들은 자기 것을 버리고 선생님을 따랐습니다.") [베드로가 예수에게]

イエスが宮(みや)から出(で)て行(い)かれるとき、弟子(でし)のひとりが言(い)った、「先生(せんせい)、ごらんなさい。なんという見事(みごと)な石(いし)、なんという立派(りっぱ)な建物(たてもの)でしょう」。[マルコによる福音書 13:1]
(예수께서 성전을 떠나가실 때에, 한 제자가 말했다. "선생님, 보십시오, 이 얼마나 멋진 돌입니까! 이 얼마나 훌륭한 건물인가요.") [한 제자가 예수에게]

弟子(でし)たちが言(い)った、「主(しゅ)よ、ごらんなさい、ここにつるぎが二振(ふたふ)りございます」。イエスは言(い)われた、「それでよい」。[口語訳 / ルカによる福音書 22:38]
(제자들이 말했다. "주님, 보십시오, 여기에 칼이 두 자루 있습니다." 예수께서 말씀하셨다. "그것으로 족하다.") [제자들이 예수에게]

イエスは、その母(はは)と愛弟子(あいでし)とがそばに立(た)っているのをごらんになって、母(はは)にいわれた、「婦人(ふじん)よ、ごらんなさい。これはあなたの子(こ)です」。[口語訳 / ヨハネによる福音書 19:26]
(예수께서 그 어머니와 사랑하는 제자가 곁에 서 있는 것을 보시고, 어머니에게 "부인이여! 보십시오! 이 사람이 어머니의 아들입니다." [예수가 자기 어머니에게]

だから、機会(きかい)のあるごとに、だれに対(たい)しても、とくに信仰(しんこう)の仲間(なかま)に対(たい)して、善(ぜん)を行(おこな)おうではないか。[口語訳 / ガラテヤ人への手紙 6:10]
(그러므로 기회가 있는 때마다, 그 어느 누구에게도 특히 믿음이 있는 동료에게는 선을 행하지 않겠는가?)

「ごらんなさい。わたし自身(じしん)いま筆(ふで)をとって、こんなに大(おお)きい字(じ)で、あなたがたに書(か)いていることを。」[口語訳 / ガラテヤ人への手紙 6:11]
(보십시오. 내가 직접 지금 붓을 들고 이렇게 큰 글자로 여러분에게 쓰고 있는 것을.") [사도가 일반인에게]

> すると、イエスは彼(かれ)らに答(こた)えて言(い)われた、「わたしの母(はは)、わたしの兄弟(きょうだい)とは、[1]だれのことか」。[マルコによる福音書 3:33]
> (그러자, 예수께서는 그들에게 대답하여 말씀하셨다. "내 어머니, 내 형제는 누구를 말하는가? [3:33])

[1]だれのことか : 누구를 말하는가? 「～のこと」는 「～에 관한 것」을 의미하는데 한국어로는 문맥에 따라 유연하게 해석할 필요가 있다. 「あなたのことが好(す)きなんです;당신(에 관한 것)을 좋아합니다.」

> そして、自分(じぶん)を[1]取(と)り囲(かこ)んで、座(すわ)っている人々(ひとびと)を[2]見回(みまわ)して、言(い)われた、「[3]ごらんなさい、ここにわたしの母(はは)、わたしの兄弟(きょうだい)がいる。[マルコによる福音書 3:34]
> (그리고 자기를 둘러싸고 앉아 있는 사람들을 둘러보고 말씀하셨다. "보아라. 여기에 내 어머니, 내 형제가 있다. [3:34])

[1]取(と)り囲(かこ)む : 둘러싸다. 에워싸다. 포위하다. 복합동사.「取(と)り＋囲(かこ)む」

[2]見回(みまわ)す : 둘러보다. 복합동사.「見(み)＋回(まわ)す」

[3]ごらんなさい : 보아라. 여기에서는 예수가 경어적 하위자[자기를 둘러싸고 앉아 있는 사람]에게 사용하고 있다.

> [1]神(かみ)のみこころを行(おこな)う者(もの)はだれでも、わたしの兄弟(きょうだい)、また姉妹(しまい)、また母(はは)なのである」。[マルコによる福音書 3:35]

> (하나님 뜻을 행하는 자는 누구든지 내 형제이고, 또 자매이고 또한 어머니이다." [3:35])

[1]神(かみ)のみこころ : 존경의 접두사 「み(御)」를 사용하여 「神(かみ)の心(こころ)」를 높여 말한 것.

Ⅳ. マルコによる福音書 第4章

⟪19⟫ [マルコによる福音書 4:1 - 4:9]

イエスは[1]またも、海(うみ)べで[2]教(おし)えはじめられた。おびただしい群衆(ぐんしゅう)がみもとに集(あつ)まったので、イエスは[3]舟(ふね)に乗(の)って[4]座(すわ)ったまま、[5]海上(かいじょう)におられ、群衆(ぐんしゅう)は皆(みな)海(うみ)に沿(そ)って[6]陸地(りくち)にいた。[マルコによる福音書 4:1]
(예수께서는 또 다시 바닷가에서 가르치기 시작하셨다. 수많은 군중이 예수가 계신 곳에 모였기 때문에 예수께서는 배를 타고 앉은 채로 해상에 계시고, 군중은 모두 바다가 면한 육지에 있었다. [4:1])

[1]またも : 다시금. 또 다시. =「又(また)もや」「またまた」
  [例] だが、希望(きぼう)の芽(め)はまたも災害(さいがい)に摘(つ)み取(と)られた。
    (그러나 희망의 싹은 또 다시 재해에 의해 뜯겼다.)
    通過(つうか)の固定(こてい)相場制(そうばせい)がまたも崩壊(ほうかい)し、再度(さいど)変動(へんどう)相場制(そうばせい)へ移行(いこう)したからである。
    (통화의 고정환율제가 다시금 붕괴되고 재차 변동환율제로 이행했기 때문이다.)
    あのひとに会(あ)ってしまえば、わたしはまたも、かつて幾度(いくど)となく繰(く)り返(かえ)された失意(しつい)を、味(あじ)わわねばならぬのではないか。
    (그 사람을 만나면, 나는 또 다시 이전에 몇 번이고 반복되었던 실의를 맛

보지 않으면 안 되지 않을까?)

[2]教(おし)えはじめられる : 가르치기 시작하시다. 복합동사「教(おし)え＋はじめる」의 レル형 경어.

[3]舟(ふね)に乗(の)る : 배를 타다.

[4][座(すわ)った＋まま : [앉은] 채.

[5]海上(かいじょう) : 해상

[6]陸地(りくち) : 육지. 뭍.

> イエスは譬(たとえ)で[1]多(おお)くの事(こと)を教(おし)えられたが、[2]その教(おしえ)の中(なか)で彼(かれ)らにこう言(い)われた、[マルコによる福音書 4:2]
> (예수께서는 비유로 많은 것을 가르치셨는데, 그 가르침 속에서 그들에게 이렇게 말씀하셨다. [4:2])

[1]多(おお)くの事(こと) : 많은 것.

[2]その教(おし)えの中(なか)で : 그 가르침 속에서. 그렇게 가르치면서.

> 「聞(き)きなさい、[1]種(たね)まきが[2]種(たね)を蒔(ま)きに出(で)て行(い)った。[マルコによる福音書 4:3]
> ("내 말을 들어라, 씨를 뿌리는 사람이 씨를 뿌리러 나갔다. [4:3])

[1]種(たね)まき : 씨를 뿌리는 사람. 복합명사. ←「種(たね)＋蒔(ま)き」

[2]種(たね)を蒔(ま)きに出(で)て行(い)く : 씨를 뿌리러 나가다. 동작의 목적을 나타내는 구문. 「[種(たね)を蒔(ま)き](동사의 연용형)＋に＋出(で)て行(い)く(이동동사)」

> [1]蒔(ま)いているうちに、[2]道(みち)ばたに落(お)ちた種(たね)があった。すると、鳥(とり)が来(き)て食(た)べてしまった。[マルコによる福音書 4:4]
> (씨를 뿌리는 동안, 길가에 떨어진 씨가 있었다. 그러자 새가 와서 먹어 버렸다. [4:4])

[1][蒔(ま)いている]うちに : 「うち」는 명사나 용언의 수식을 받아 어떤 한정된 시간 내에 어떤 동작이 일어나는 것을 나타내는 말, 즉 형식명사[사이, 동안]인데 한국어로는 정해진 대응어가 없기 때문에 전후 문맥에 맞게 적절히 번역하는 것이 바람직하다.

[例] 五分(ごふん)ほど待(ま)っているうちに、F町(まち)のほうへ向(む)かうバスが来(き)た。
(5분 정도 기다리는 동안, F마을로 향하는 버스가 왔다.)
あれこれ思(おも)っているうちに、外(そと)が白(しら)みかけた。
(이리저리 생각하는 사이에, 밖이 밝아오기 시작했다.)
どうしてか調(しら)べているうちに、時間(じかん)が過(す)ぎてしまったわ。
(어째서인지 조사하는 동안, 시간이 지나가 버렸어.)
いつものように話題(わだい)があれこれ脱線(だっせん)しているうちに、やがて夜(よ)が明(あ)ける。
(여느 때와 마찬가지로 화제가 이리저리 탈선하는 동안, 이윽고 밤이 밝아온다.)

[2]道(みち)ばた : 길가.

> ほかの種(たね)は[1]土(つち)の薄(うす)い[2]石地(いしじ)に落(お)ちた。そこは土(つち)が深(ふか)くないので、すぐ[3]芽(め)を出(だ)したが、[マルコによる福音書 4:5]

(다른 씨앗은 흙이 적은 석지에 떨어졌다. 그곳은 흙이 깊지 않아서 금방 싹이 나왔지만, [4:5])

[1]土(つち)が薄(うす)い : 흙이 적다.
[2]石地(いしじ) : 석지. 돌이 많은 땅.
[3]芽(め)を出(だ)す : 발아하다. 싹이 나오다. → 「芽(め)が出(で)る ; 싹이 돋다」

[1]日(ひ)が上(のぼ)ると[2]焼(や)けて、根(ね)がないために[3]枯(か)れてしまった。[マルコによる福音書 4:6]
(해가 뜨자 타고, 뿌리가 없기 때문에 시들어 버렸다. [4:6])

[1]日(ひ)が上(のぼ)る : 해가 뜨다.
[2]焼(や)ける : 타다.
[3]枯(か)れる : 초목이 마르다. 시들다.

ほかの種(たね)は[1]いばらの中(なか)に落(お)ちた。すると、いばらが伸(の)びて、[2]塞(ふさ)いでしまったので、[3]実(み)を結(むす)ばなかった。[マルコによる福音書 4:7]
(다른 씨앗은 가시나무 속에 떨어졌다. 그러자 가시나무가 자라서, 막아 버렸기에 열매를 맺지 못했다. [4:7])

[1]いばら[茨] : 가시나무.
[2]塞(ふさ)ぐ : 막다.
[3]実(み)を結(むす)ぶ : 열매를 맺다.

> ほかの種(たね)は良(よ)い地(ち)に落(お)ちた。そして[1]生(は)えて、[2]育(そだ)って、[3]ますます実(み)を結(むす)び、三十倍(さんじゅうばい)、六十倍(ろくじゅうばい)、百倍(ひゃくばい)にもなった」。[マルコによる福音書 4:8]
> (다른 씨앗은 좋은 땅에 떨어졌다. 그리고 싹이 나고 자라서 더욱 더 열매를 맺어 30배, 60배, 100배나 되었다." [4:8])

[1]生(は)える: 초목의 싹・가지 등이 조금 나오다. 나다. 「雑草(ざっそう)が生(は)える; 잡초가 나다」「青(あお)かびが生(は)える; 파란 곰팡이가 나다」

[2]育(そだ)つ: 자라다.

[3]ますます: 점점 (더). 더욱더.

   [例]森(もり)が暗(くら)くなるにつれ、北風(きたかぜ)はますます強(つよ)くなった。
      (숲이 어두워짐에 따라 북풍은 한층 더 강해졌다.)
   仕事(しごと)のほうはこれからますます面白(おもしろ)くなっていくものと存(ぞん)じます。
      (일은 앞으로 더욱더 재미있어질 것이라고 생각합니다.)
   みんな賛成(さんせい)してくれたので、ぼくはますます強(つよ)きになった。
      (다들 찬성해 주었기 때문에 나는 점점 더 강경해졌다.)
   このごろ物価(ぶっか)がますます高(たか)くなり、とても暮(く)らしにくくなった。
      (요즘 물가가 점점 비싸져서 도저히 살기 어려워졌다.)
   祖父(そふ)は年(とし)を取(と)るに従(したが)って、ますます短気(たんき)になってきた。
      (할아버지는 나이를 먹음에 따라 더욱 더 성격이 급해졌다.)
   公害(こうがい)・交通(こうつう)・住宅(じゅうたく)・ごみ処理(しょり)など種々(しゅじゅ)の問題(もんだい)が発生(はっせい)してますます深刻化(しんこくか)している。
      (공해・교통・주택・쓰레기 처리 등 각종 문제가 발생해서 더욱 더 심각해지고 있다.)

> そして言(い)われた、「聞(き)く耳(みみ)のある者(もの)は[1]聞(き)くがよい」。[マルコによる福音書 4:9]
> (그리고 말씀하셨다. "들을 귀가 있는 자는 잘 들어라" [4:9])

[1]聞(き)くがよい : 듣는 것이 좋다. 잘 들어라. 「聞(き)くが」는 동사의 연체법이 사용된 예이다. 문어적(文語的)인 표현이나 관용적 표현에서는 동사가 뒤에 형식명사「の」등을 수반하지 않고도 쓰일 수 있는데, 이를「연체법(連体法；れんたいほう)」이라고 한다.

[例]早(はや)くやめるがいい。

　　(빨리 그만두는 것이 좋다.)

諦(あきら)めるにはまだ早(はや)い。

　　(포기하기에는 아직 이르다.)

こういうときは逃(に)げるが勝(か)ちだ。

　　(이럴 때는 도망치는 것이 최고다.)

みなの者(もの)よく聞(き)くがよい。この宇宙(うちゅう)は二(ふた)つのものから出来(でき)ている。

　　(다들 잘 들어라. 이 우주는 2개의 것으로 되어 있다.)

さあ一部始終(いちぶしじゅう)つまびらかに泥(どろ)を吐(は)くがよい。

　　(자, 자초지종을 소상히 불어라.)

福岡(ふくおか)に行(い)くには、新幹線(しんかんせん)が一番(いちばん)便利(べんり)です。

　　(후쿠오카에 가는 데에는 신칸센이 가장 편리합니다.)[37]

---

37) 李成圭·権善和(2006c)『현대일본어 문법연구Ⅱ』시간의물레. p. 291에서 인용.

〚20〛 [マルコによる福音書 4:10 - 4:12]

> イエスが[1]一人(ひとり)になられた時(とき)、そばにいた者(もの)たちが、十二弟子(じゅうにでし)と共(とも)に、[2]これらの譬(たとえ)について尋(たず)ねた。[マルコによる福音書]4:10
> (예수께서 혼자 계실 때, 주위에 있던 자들이 12제자와 함께 이들 비유에 관해 물었다. [4:10])

[1]一人(ひとり)になられる : 혼자되시다. 혼자 계시다. 「一人(ひとり)になる」의 레루형 경어.

[2]これら[此等・是等] : 이것들. 이들. 「〜ら」는 복수 접미사. 「それら ; 그것들」

> そこでイエスは言(い)われた、「あなたがたには神(かみ)の国(くに)の[1]奥義(おくぎ)が[2][3]授(さず)けられているが、ほかの者(もの)たちには、すべてが譬(たとえ)で[4]語(かた)られる。[マルコによる福音書 4:11]
> (그래서 예수께서 말씀하셨다. "너희에게는 하나님 나라의 오의(奧義)가 주어졌지만, 다른 사람들에게는 모든 것이 비유로 말해진다." [4:11])

[1]奥義(おくぎ) : 오의. 학예・기예・무예 등의 가장 중요한 사항. 「奥義(おうぎ)」

[2]授(さず)ける : ①(윗사람이 아랫사람에게) 특별히 주다. 「学位(がくい)を授(さず)ける ; 학위를 주다」 「勲章(くんしょう)を授(さず)ける ; 훈장을 수여하다」 ②스승이 제자에게 가르치다. 「弟子(でし)に秘伝(ひでん)を授(さず)ける ; 제자에게 비전을 전수하다」 「知恵(ちえ)を授(さず)ける ; 지혜를 가르치다」

[3]授(さず)けられる : 주어지다. 받다. 「授(さず)ける」의 수동.

[4]語(かた)られる : 말해지다. 「語(かた)る」의 수동.

> それは
> 『彼(かれ)らは[1]見(み)るには見(み)るが、[3]認(みと)めず、
> [2]聞(き)くには聞(き)くが、[4]悟(さと)らず、
> 悔(く)い改(あらた)めて赦(ゆる)されることがない』
> ためである」。[マルコによる福音書 4:12]
> ("그것은
> '그들은 보기는 보아도 인정하지 않고,
> 듣기는 들어도 깨닫지 않아,
> 회개해도 용서받지 못하게'
> 하기 위함이다." [4:12])

[1]見(み)るには見(み)るが : 보기는 보지만[보아도]. 「～には～が」에 의한 강조구문.
[2]聞(き)くには聞(き)くが : 듣기는 들지만[들어도]. 「～には～が」에 의한 강조구문.

[참고]

「～には～が」: 강조 구문.
「～には～が」의 형태로 동사·형용사 등을 겹쳐 사용함으로써 그 동사·형용사 등의 뜻을 강조해서 표현한다.
[例]行(い)くには行(い)くが、何(なん)の自信(じしん)もない。
　　(가기는 가는데, 아무런 자신도 없다.)
　　推薦状(すいせんじょう)は、書(か)くには書(か)くが、あまり期待(きたい)しないでくれ。
　　(추천장은 쓰기는 쓰지만, 너무 기대하지 마라.)
　　ほしいにはほしいが、いっこうくれそうにもない。
　　(갖고 싶기는 갖고 싶지만 전혀 줄 것 같지도 않다.)
　　涼(すず)しいには涼(すず)しいが、ちょっと冷(ひ)えすぎる。
　　(시원하기는 시원한데 조금 너무 쌀쌀하다.)

[3]認(みと)めず : 인정하지 않고. 「認(みと)める ; 인정하다」에 부정의 조동사 「ず」가 접속된 것.

[4]悟(さと)らず : 깨닫지 않고. 깨닫지 않아. 「悟(さと)る ; 깨닫다」에 부정의 조동사 「ず」가 접속된 것.

《21》[マルコによる福音書 4:13 – 4:20]

> また彼(かれ)らに言(い)われた、「あなたがたはこの譬(たとえ)がわからないのか。それでは、[1]どうしてすべての譬(たとえ)が[2]わかるだろうか。[マルコによる福音書 4:13]
> (그리고 그들에게 말씀하셨다. "너희는 이 비유를 모르느냐? 그러면 어찌하여 모든 비유를 이해할 수 있겠느냐?" [4:13])

[1]どうして : 어찌하여.

[2]譬(たとえ)がわかる : 비유를 이해할 수 있다.

> 種(たね)まきは[1]御言(みことば)を蒔(ま)くのである。[マルコによる福音書 4:14]
> (씨를 뿌리는 사람은 하나님의 말씀을 뿌리는 것을 의미한다. [4:14])

[1]御言(みことば) : 하나님의 말씀.

> [1]道(みち)ばたに御言(みことば)が蒔(ま)かれたとは、[2]こういう人(ひと)たちのことである。すなわち、御言(みことば)を聞(き)くと、すぐにサタンが来(き)て、彼(かれ)らの中(なか)に蒔(ま)かれた御言(みことば)を、[3]奪(うば)って行(い)くのである。[マルコによる福音書 4:15]

163

> (길가에 말씀이 뿌려진 것이란 이런 사람들을 말하는 것이다. 즉 하나님의 말씀을 들으면, 바로 사탄이 와서 그들 속에 뿌려진 말씀을 빼앗아간다. [4:15])

[1] 道(みち)ばたに御言(みことば)が蒔(ま)かれたとは : 길가에 말씀이 뿌려진 것이란.

[참고]

「〜とは」의 의미・용법
「〜とは」: 격조사「と」에 계조사(係助詞)「は」가 접속된 연어(連語)인데 다음과 같은 용법이 있다.

1.「〜고 함은」「〜라고 하는 것은(〜というのは)」의 뜻으로 정의나 명제 등의 주제를 나타낼 때 쓰이는데, 회화체에서는 별로 안 쓰인다.
[例] 世界(せかい)の平和(へいわ)とは、いったい実現(じつげん)可能(かのう)であろうか。
(세계 평화라는 것은 도대체 실현 가능할까요?)
人間(にんげん)とは、ことばを持(も)った動物(どうぶつ)であるということができる。
(인간이라고 함은, 말을 가진 동물이라고 할 수 있다.)
六三制(ろくさんせい)とは、小学校(しょうがっこう)六年(ろくねん)、中学校(ちゅうがっこう)三年(さんねん)の義務教育(ぎむきょういく)の制度(せいど)のことである。
(「육삼제」라고 하는 것은 초등학교 6년, 중학교 3년의 의무교육 제도를 말한다.)
東京(とうきょう)とは、こんな汚(きたな)い町(まち)だと思(おも)わなかった。
(도쿄라는 데가 이렇게 더러운 도시라고는 생각하지 않았다.)

A：坂本(さかもと)さん、この名字(みょうじ)、何(なん)と読(よ)むんでしょうか。

(사카모토 씨, 이 성(姓), 뭐라고 읽습니까?)

B：あ、これね、「九十九(つくも)」と言(い)うんですよ。

(아, 이것은 「쓰쿠모」라고 해요.)

A：あら、日本(にほん)には珍(めずら)しい名字(みょうじ)が多(おお)いんですね。

(어머, 일본에는 특이한 성(姓)이 많군요.)

B：そうですね。日本(にほん)の名字(みょうじ)は約(やく)10万(じゅうまん)ぐらいあるらしいですよ。この中(なか)でよく聞(き)く名字(みょうじ)は大体(だいたい)4,000(よんせん)ぐらいだそうです。

(그래요. 일본의 「성(姓)」은 약 10만 정도 있다고 해요. 그 중에서 자주 듣는 성은 대개 4,000개 정도라고 합니다.)

A：それにしても、「九十九(つくも)」とは、一(ひと)つ足(た)りない感(かん)じがしますね。

(그렇다고 하더라도 「구십구(쓰쿠모)」라는 것은 하나 부족한 느낌이 드네요.)

B：だから、「できそこない」というあだ名(な)がつくんですよ。

(그래서 「얼뜨기(팔푼이)」라는 별명이 붙어요.)

2. 그리고 「～とは」 중에는 상대를 나타내는 「～と」에 「～は」가 붙어 「～と」의 강조형으로 쓰이는 용법도 있는데 한국어로는 「～과(와)는」 「～도」에 해당한다.

[例] 君(きみ)とはもう絶交(ぜっこう)だ。

(자네와는 이제 절교다.)

田中(たなか)さんとはまだ話(はな)したことがありません。

(다나카 씨와는 아직 이야기한 적이 없습니다.)

ここから近(ちか)くて、タクシーで10分(じゅっぷん)とはかからない。

(여기에서 가까워서 택시로 10분도 채 안 걸린다.)

3. 「～とは」는 체언이나 용언에 두루 접속되어 화자의 놀라움·분노·감동 등의 기분을 나타내는데, 한국어로는 「～이라니」 「～하다니」에 해당한다.
[例] こともあろうに彼(かれ)が<u>真犯人(しんはんにん)だったとは</u>。

  (하필이면 그가 진범이었다니.)

A : 忙(いそが)しいとて朝(あさ)から晩(ばん)まで<u>食事(しょくじ)抜(ぬ)きとは</u>、わたしだったらとっくにグロッキーですよ。

  (바쁘다고 해서 아침부터 저녁까지 밥을 안 먹다니, 저라면 벌써 그로기예요.)

B : 驚(おどろ)くことないですよ。彼女(かのじょ)は間食(かんしょく)が食事(しょくじ)なんですから。

  (놀랄 거 없어요. 그녀는 간식이 식사이니까요.)

A : あ、そうでしたか。そういう人(ひと)もいるんですね。

  (아, 그래요? 그런 사람도 있군요.)

B : そうですよ。お菓子(かし)で育(そだ)った人(ひと)も最近(さいきん)ではざらですから。

  (그래요. (밥은 안 먹고) 과자로 자란 사람도 요즘은 흔하니까요.)

まさか<u>優勝(ゆうしょう)するとは</u>思(おも)わなかった。
(설마 우승하리라고는 생각지 않았다.)
あんなに勝手(かって)なことを<u>言(い)うとは</u>、彼(かれ)は全(まった)くリーダーらしくない。
(그렇게 제멋대로 말하다니 그는 전혀 리더답지 않다.)
そんな方法(ほうほう)で<u>お金(かね)を集(あつ)めているとは</u>、全(まった)く政治家(せいじか)らしい汚(きたな)いやり方(かた)だ。
(그런 방법으로 돈을 모이고 있다니, 정말 정치가다운 더러운 방식이다.)
まさかあんなブスに先(さき)に<u>結婚(けっこん)されるとは</u>、夢(ゆめ)にも思(おも)って

いませんでした。

(설마 저런 못생긴 애가 나보다 먼저 결혼할 줄은 꿈에도 생각하지 못했어요.)

A : 午後(ごご)の降水(こうすい)確率(かくりつ)が100％と天気予報(てんきよほう)でも言(い)っていたのに、傘(かさ)も持(も)たずに出(で)て来(く)るとは、ただならぬ人(ひと)ですね。

(오후에 비가 올 확률이 100％라고 일기예보에서도 말하고 있는데, 우산도 안 가지고 나오다니 보통 사람이 아니군요.)

B : いや、彼(かれ)は家(いえ)から会社(かいしゃ)まで地下鉄(ちかてつ)一本(いっぽん)で来(こ)られるうえに、地上(ちじょう)に出(で)ずに会社(かいしゃ)に来(こ)れるんですよ。

(아뇨, 그 사람은 집에서 회사까지 지하철을 한 번만 타면 올 수 있는데다가 지상으로 나오지 않고 회사에 올 수 있으니까요.)

A : あっ、そっか。わたしが田舎(いなか)に住(す)んでいるのを暴露(ばくろ)しちゃったみたいですね。

(아, 그런가? 내가 시골에서 살고 있는 것을 폭로하고 만 것 같군요.)

A : 猫(ねこ)の手(て)でも借(か)りたいくらい忙(いそが)しいのに、あんなところで女性(じょせい)社員(しゃいん)とぺちゃくちゃしゃべっていられるとは…。何様(なにさま)のつもりだ。

([고양이 손이라도 빌리고 싶을 정도로] 매우 바쁜데 저런 데서 여자사원과 재잘재잘 잡담을 하며 있을 수 있다니……. 자기가 뭐라도 되는 사람인 줄 아는 모양이지.)

B : 田中(たなか)さん、彼(かれ)はうちの社員(しゃいん)ではありませんよ。

(다나카 씨, 그 사람은 우리 회사 사원이 아니에요.)

A : あ、そうか。つい私(わたくし)としたことが…。

(아, 그래? 그만 나도 모르게, 참 나란 사람은 말이야.)[38]

[2]こういう[人(ひと)たち] : 이런 [사람들]. 「こういう」는 「こう(부사)」에 「いう(동사)」가 접속되어 연체사로 전성된 것으로 「こういう(이런)·そういう(그런)·ああいう(저런·그런)·どういう(어떤)」와 같이 계열을 이루고 있다.

[3]奪(うば)う : 빼앗다.

> [1]同(おな)じように、石地(いしじ)に蒔(ま)かれたものとは、こういう人(ひと)たちのことである。御言(みことば)を聞(き)くと、すぐに[2]喜(よろこ)んで受(う)けるが、[マルコによる福音書 4:16]
> (마찬가지로 석지에 뿌려진 것이란, 이런 사람들을 가리킨다. 말씀을 들으면 금방 기쁘게 받아들이지만, [4:16])

[1]同(おな)じように : 마찬가지로. ←「同(おな)じだ＋ように」
[2]喜(よろこ)んで : 기쁘게. 기꺼이. 「喜(よろこ)ぶ」의 テ형인 「喜(よろこ)んで」가 부사화된 말.

> 自分(じぶん)の中(なか)に根(ね)がないので、しばらく続(つづ)くだけである。[1]そののち、[2]御言(みことば)のために[3]困難(こんなん)や[4]迫害(はくがい)が[5]起(お)こってくると、すぐ[6]つまずいてしまう。[マルコによる福音書 4:17]
> (자기 속에 뿌리가 없어서 잠시만 계속될 뿐이다. 그 후, 말씀 때문에 환난이나 박해가 생기면 금방 좌절하고 만다. [4:17])

---

38) 李成圭等著(1997)『홍익일본어독해2』홍익미디어. pp. 61-63에서 인용하여 일부 수정함.

[1]そののち[その後・其の後] : 그 뒤. 그 후.

[2][御言(みことば)]のために : [말씀] 때문에. 이때의 「～ため(に)」는 원인・이유를 나타낸다.

[3]困難(こんなん) : 곤란. 환난. 근심과 재난.

[4]迫害(はくがい) : 박해.

[5]起(お)ってくる : 생기다. 일어나다. 이때의 「～てくる」는 상태변화를 나타내는 데 한국어로는 번역이 안 되는 경우가 많다.

[6]つまずく[躓く] : ①발에 걸려 넘어지다. 발이 무엇에 채이다. 「けつまず<」; 「つまずく」의 강조형」 「石(いし)につまずいて転(ころ)ぶ ; 돌에 채어 넘어지다」 ②일이 중도에 장애를 만나 잘 안 되게 되다. 중도에서 실패하다. 좌절하다. 「不況(ふきょう)で事業(じぎょう)がつまずく ; 불황으로 사업이 실패하다」 「人事(じんじ)問題(もんだい)でつまずく ; 인사 문제로 좌절하다」 「一度(いちど)つまずくと、なかなか立(た)ち直(なお)れない ; 한 번 실패하면 좀처럼 다시 일어나기가 어렵다」 → [「現代仮名遣(げんだいかなづか)い ; 현대어 철자법」에서는 「つまづく」와 같이 「づ」를 사용해서 쓸 수도 있다]

また、いばらの中(なか)に蒔(ま)かれたものとは、こういう人(ひと)たちのことである。御言(みことば)を聞(き)くが、[マルコによる福音書 4:18]
(그리고 가시나무 속에 뿌려진 것이란, 이런 사람들을 말한다. 하나님의 말씀을 듣지만, [4:18])

世(よ)の[1]心(こころ)づかいと、[2]富(とみ)の惑(まど)わしと、その他(た)いろいろな[3]欲(よく)とが入(はい)って来(き)て、御言(みことば)を塞(ふさ)ぐので、実(み)を結(むす)ばなくなる。[マルコによる福音書 4:19]
(세상에 대한 염려와 재물에 대한 유혹, 그리고 그 밖에 여러 가지 욕심이 들어와서 말씀을 막기 때문에 열매를 맺지 못하게 된다. [4:19])

[1]心(こころ)づかい : 마음을 쓰는 것. 걱정하는 것. 심려. 배려.
[2]富(とみ)の惑(まど)わし : 재물에 대한 유혹.「惑(まど)わし」는「惑(まど)わす ; 혼란시키다. 어지럽히다. 유혹하다」의 연용형이 전성명사적으로 쓰인 예.
[3]欲(よく) : 욕심.

> また、良(よ)い地(ち)に蒔(ま)かれたものとは、こういう人(ひと)たちのことである。御言(みことば)を聞(き)いて受(う)け入(い)れ、三十倍(さんじゅうばい)、六十倍(ろくじゅうばい)、百倍(ひゃくばい)の実(み)を結(むす)ぶのである」。[マルコによる福音書 4:20]
> (또한 좋은 땅에 뿌려진 것이란, 이런 사람을 가리킨다. 말씀을 듣고 받아들여 30배, 60배, 100배의 결실을 보는 것을 말한다." [4:20])

《22》 [マルコによる福音書 4:21 - 4:25]

> また彼(かれ)らに言(い)われた、「[1]升(ます)の下(した)や[2]寝台(しんだい)の下(した)に置(お)くために、[3]灯(あか)りを[4]持(も)って来(く)ることがあろうか。[5]燭台(しょくだい)の上(うえ)に置(お)くためではないか。[マルコによる福音書]
> (그리고 그들에게 말씀하셨다. "되의 아래나 침대 밑에 두기 위해 등불을 가져오는 일이 있겠느냐? 촛대 위에 두기 위함이 아닌가? [4:21])

[1]升(ます) : 곡물이나 액체의 양을 되는 그릇. 홉. 되. 말.
[2]寝台(しんだい) : 침대.
[3]灯(あか)り : 등불.

[4]持(も)って来(く)ることがあろうか：가져오는 일이 있겠느냐?「あろうか」는「ある」의 미연형에 추측의「～う」와 질문의「～か」가 결합한 것으로 문어적 말씨이다. →「あるだろうか」

[5]燭台(しょくだい)：촉대. 촛대.

> 何(なん)でも、[1][2]隠(かく)されているもので、[3]現(あらわ)れないものはなく、[4]秘密(ひみつ)にされているもので、[5]明(あか)るみに出(で)ないものはない。[マルコによる福音書 4:22]
> (무엇이든지 숨겨진 것 중에서 드러나지 않는 것은 없고, 비밀로 하고 있는 것 중에서 세상에 알려지지 않는 것은 없다. [4:22])

[1]隠(かく)す：숨기다. 감추다.
[2]隠(かく)される：숨겨지다.「隠(かく)す」의 수동.
[3]現(あらわ)れる：나타나다. 드러나다.
[4]秘密(ひみつ)にされている：비밀로 하고 있다.「秘密(ひみつ)にしている」의 수동.
[5]明(あか)るみに出(で)る：알려지지 않았거나 숨겨져 있던 것이 세상에 알려지다.

> 聞(き)く耳(みみ)のある者(もの)は聞(き)くがよい」。[マルコによる福音書 4:23]
> (들을 귀가 있는 자는 들어라." [4:23])

> また彼(かれ)らに言(い)われた、「聞(き)く[1]事柄(ことがら)に[2]注意(ちゅうい)しなさい。あなたがたの[3]量(はか)るその[4]量(はかり)で、自分(じぶん)にも[5][6]量(はか)り与(あた)えられ、[7]その上(うえ)になお[8][9]増(ま)し加(くわ)えられるであろう。[マルコによる福音書 4:24]
> (다시 그들에게 말씀하셨다. "듣는 내용에 주의하여라. 너희가 재는

> 저울질로 자기에게도 재서 주어질 것이고 그 위에 더 늘려 받을 것이다. [4:24])

[1] 事柄(ことがら) : 사항. 일.

[2] 注意(ちゅうい)する : 주의하다. 유의하다.

[3] 量(はか)る : 재다.

[4] 量(はか)り : 저울질. 「量(はか)る」의 연용형이 전성명사화한 것.

[5] 量(はか)り与(あた)える : 재서 주다. 복합동사 「量(はか)り＋与(あた)える」

[6] 量(はか)り与(あた)えられる : 재서 주어지다. 「量(はか)り与(あた)える」의 수동.

[7] その上(うえ)に : 그 위에.

[8] 増(ま)し加(くわ)える : 가증하다. 더한 데에 늘리다. 복합동사 「増(ま)し＋加(くわ)える」

[9] 増(ま)し加(くわ)えられる : 늘려 더해지다. 늘려 받다. 「増(ま)し加(くわ)える」의 수동.

> だれでも、[1]持(も)っている人(ひと)は更(さら)に与(あた)えられ、持(も)っていない人(ひと)は、持(も)っているものまでも[2][3]取(と)り上(あ)げられるであろう」。[マルコによる福音書 4:25]
> (누구든지 가지고 있는 사람은 더 받을 것이고, 가지고 있지 않은 사람은 가진 것마저도 빼앗길 것이다." [4:25])

[1] [持(も)っているもの]までも : [가지고 있는 것]까지도(마저도).

부조사 「まで」에 계조사(係助詞) 「も」가 접속된 것으로 사태가 미치는 한계를 나타내는데, 「も」에 의해 「まで」의 의미가 강조된다.

[例] そして一般(いっぱん)に確実(かくじつ)と考(かんが)えられている数学的(すうがくてき)な真理(しんり)までも疑(うたが)ってみた。

(그리고 일반적으로 확실하다고 생각되고 있는 수학적인 진리까지도 의

심해 보았다.)

日本(にほん)の風土(ふうど)から生(う)まれた日本画(にほんが)は、自然(しぜん)の美(び)を描写(びょうしゃ)すると共(とも)にそこに作者(さくしゃ)の心(こころ)までも表現(ひょうげん)しようとした。

(일본 풍토에서 태어난 일본화는 자연의 미를 묘사함과 동시에 거기에 작자의 마음마저도 표현하려고 했다.)

そう思(おも)う切(せつ)なさに加(くわ)えて、責任(せきにん)のないその場(ば)きりのことばで子供(こども)のようにあやしなだめられなければならぬ自分(じぶん)を思(おも)う惨(みじ)めさは彼(かれ)の心(こころ)に僅(わず)かに残(のこ)る最後(さいご)の自制(じせい)までも奪(うば)い去(さ)り、……。

(그렇게 생각하는 안타까운 심정에 더해 책임감이 없는 그 순간만의 말로 어린아이처럼 달래고 위로받아야 하는 자신을 생각하는 참담함은 그의 마음에 약간 남아 있는 마지막 자제력마저도 빼앗아 가고, …….)

[2] 取(と)り上(あ)げる : ①집어 들다. 들어 올리다. ②빼앗다. ③거둬들이다. 복합동사「取(と)り+上(あ)げる」

[3] 取(と)り上(あ)げられる : 빼앗기다. 거둬들여지다.「取(と)り上(あ)げる」의 수동.

《23》[マルコによる福音書 4:26 - 4:32]

> また言(い)われた、「神(かみ)の国(くに)は、ある人(ひと)が[1]地(ち)に種(たね)を蒔(ま)くようなものである。[マルコによる福音書 4:26]
> (또 말씀하셨다. "하나님의 나라는 어떤 사람이 땅에 씨를 뿌리는 것과 같은 것이다. [4:26])

[1] 地(ち)に種(たね)を蒔(ま)くようなものである : 땅에 씨를 뿌리는 것과 같은 것이다.

「～ような」는 불확실한 판단을 나타내는 「～ようだ」의 연체형이다.

[참고]

「～ようだ」: 불확실한 판단을 나타내는 조동사.
「～ようだ」는 「みたいだ」와 마찬가지로 「어떤 일의 진상에 대해 확실한 단정은 내릴 수는 없지만 주위 상황이나 화자 자신의 내성에 비추어보아 아마 그럴 것이다」와 같은 의미를 나타낸다.
[例]おや、雨(あめ)が降(ふ)りはじめたようですね。

   (어, 비가 내리기 시작한 것 같군요.)

   野球(やきゅう)は日本人(にほんじん)にとても人気(にんき)があるようですね。

   (야구는 일본인에게 무척 인기가 있는 것 같군요.)

   朝(あさ)7時(しちじ)に出発(しゅっぱつ)すれば、午後(ごご)1時(いちじ)には目的地(もくてきち)に到着(とうちゃく)できるようです。係(かかり)の人(ひと)がそう言(い)ってました。

   (아침 7시에 출발하면 오후 1시에는 목적지에 도착할 수 있을 것 같습니다. 담당자가 그렇게 말했습니다.)[39]

그리고 「～ようだ」가 연체형 「～ような」로 명사를 수식할 때 한국어로는 「～같은 그런」「～하는 그런」과 같이 번역하는 것이 자연스러운 경우가 많다.
[例]これはどこにでもあるようなものではない。

   (이것은 어디에나 흔히 있는 그런 물건이 아니다.)

   何(なに)か申告(しんこく)するようなものはありませんか。

   (뭐 신고할 만한 그런 것은 없습니까?)

   なかなか思(おも)うような部屋(へや)が見(み)つかりませんでした。

---

39) 李成圭等著(1996) 『홍익나가누마 일본어3 해설서』 홍익미디어. pp. 19-20에서 인용.

(좀처럼 마음에 드는 그런 방을 찾지 못했습니다.)

本人(ほんにん)の身分(みぶん)を証明(しょうめい)できるようなものがないと、お金(かね)は引(ひ)き出(だ)せないことになっておりますが。
(본인의 신분을 증명할 수 있는 그런 것이 없으면 돈은 찾을 수 없게 되어 있습니다만.)

彼(かれ)の顔(かお)を見(み)ると、嬉(うれ)しいような、悲(かな)しいような、表情(ひょうじょう)ですね。
(그 사람 얼굴을 보니, 기쁜 것 같기도 하고 슬픈 것 같기도 하는 그런 표정이네요.)

山田(やまだ)さんにも一応(いちおう)聞(き)いてみたんですが、行(い)くような、行(い)かないような、曖昧(あいまい)な返事(へんじ)でした。
(야마다 씨에게도 일단 물어 보았는데, 갈 것 같기도 하고 안 갈 것 같기도 하는 그런 애매모호한 대답을 하더군요.)

---

[1]夜昼(よるひる)、[2]寝起(ねお)きしている[3]間(あいだ)に、種(たね)は芽(め)を出(だ)して[4]育(そだ)っていくが、どうしてそうなるのか、その人(ひと)は知(し)らない。[マルコによる福音書 4:27]
(늘 자고 일어나는 동안에 씨는 싹을 내고 자라지만, 어째서 그렇게 되는지 그 사람은 모른다. [4:27])

---

[1]夜昼(よるひる) : 밤낮으로. 늘. 끊임없이.

[2]寝起(ねお)きする : 자고 일어나다. 복합명사「寝(ね)+起(お)き」에 형식동사 「する」가 붙어 동사화한 것으로「寝(ね)起(お)きる」와 같은 동사의 형태는 존재하지 않는다.

[3]～間(あいだ)に : ～동안에. ～사이에.

[4]育(そだ)っていく : 자라나다. 「～ていく」는 현 시점에서 미래로의 상태변화를 나

타내는데 한국어로 번역해서 어색하면 굳이 번역할 필요는 없다.

> 地(ち)は[1]おのずから実(み)を[2][3]結(むす)ばせるもので、初(はじ)めに[4]芽(め)、次(つぎ)に[5]穂(ほ)、次(つぎ)に穂(ほ)の中(なか)に豊(ゆた)かな[6]実(み)ができる。[マルコによる福音書 4:28]
> (땅은 저절로 열매를 맺게 하는 것으로, 처음에는 싹을, 다음에는 이삭을, 그 다음에는 이삭 속에 넉넉한 열매가 생긴다. [4:28])

[1]おのずから[自ずから] : 저절로. → 「自(みずか)ら; 스스로. 친히.」
[2]実(み)を結(むす)ばせる : 열매를 맺게 하다. 「実(み)を結(むす)ぶ」의 사역.
[3][実(み)を結(むす)ばせる]もので : 「~もので」는 원인・이유를 나타내는 접속조사로도, 혹은 「もの(형식명사)＋で(원인・이유)」로도 해석이 가능하다.
[4]芽(め) : 싹.
[5]穂(ほ) : 이삭.
[6]実(み)ができる : 열매가 생기다.

> [1]実(み)が入(い)ると、すぐに[2]鎌(かま)を入(い)れる。[3]刈入(かりい)れ時(どき)が来(き)たからである」。[マルコによる福音書 4:29]
> (열매가 여물면 곧 낫을 댄다. 수확할 때가 왔기 때문이다." [4:29])

[1]実(み)が入(い)る : 열매가 들다. 열매가 여물다. 「入(い)る」는 「入(はい)る」의 문어형으로 현대어에서는 「気(き)に入(い)る; 마음에 들다」「身(み)が入(い)る; 흥미가 나서 열의를 보이다」「佳境(かきょう)に入(い)る; 가경에 들다. 점입가경하다」「堂(どう)に入(い)る; 학술・기예가 더없이 뛰어나다」와 같은 관용표현에 그 흔적을 남기고 있다.
[2]鎌(かま)を入(い)れる : 낫을 넣다. 낫을 대다.
[3]刈入(かりい)れ時(どき) : 수확 때. 추수 때. 복합명사. 「刈入(かりい)れ」는 「刈入

(かりい)れる;수확하다. 거둬들이다」의 연용형이 전성명사화된 것. 그리고 「刈入(かりい)れ」에 「時(とき)」가 붙어 3항 구조의 복합명사가 된다.

> また言(い)われた、「神(かみ)の国(くに)を何(なに)に[1][2]比(くら)べようか。また、どんな譬(たとえ)で[3][4]言(い)い表(あら)わそうか。[マルコによる福音書 4:30]
>
> (다시 말씀하셨다. "하나님의 나라는 무엇에 비할까? 그리고 어떤 비유로 표현할까? [4:30])

[1]比(くら)べる : 비교하다. 대조하다.

[2]比(くら)べようか : 비할까? 「比(くら)べる」의 미연형 「比(くら)べ」에 추측의 「~よう」와 질문의 「~か」가 결합된 것.

[3]言(い)い表(あら)す : 말로 나타내다. 표현하다. 복합동사 「言(い)い＋表(あらわ)す」

[4]言(い)い表(あら)そうか : 표현할까? 「言(い)い表(あら)わす」의 미연형 「言(い)い表(あら)そ」에 추측의 「~う」와 질문의 「~か」가 결합된 것.

> それは[1]一粒(ひとつぶ)の[2]芥子種(からしだね)のようなものである。地(ち)に蒔(ま)かれる時(とき)には、地上(ちじょう)の[3]どんな種(たね)よりも小(ちい)さいが、[マルコによる福音書 4:31]
>
> (그것은 겨자씨의 한 낟알과 같은 것이다. 땅에 뿌려질 때에는 지상의 어떤 씨보다도 작지만, [4:31])

[1]一粒(ひとつぶ) : 한 알. 한 낟알.

[2]芥子種(からしだね) : 겨자씨.

[3]どんな種(たね)よりも小(ちい)さい : 어떤 씨보다도 작다.

> 蒔(ま)かれると、成長(せいちょう)してどんな野菜(やさい)よりも[1]大(おお)きくなり、[2]大(おお)きな[3]枝(えだ)を張(は)り、その陰(かげ)に空(そら)の鳥(とり)が[4]宿(やど)るほどになる」。[マルコによる福音書 4:32]
> (뿌려지면 성장해서 어떤 야채보다도 커지고 큰 가지를 뻗어 그 그늘에 하늘의 새들이 둥지를 틀 수 있을 정도가 된다." [4:32])

[1] 大(おお)きくなる : 커지다.

[2] 大(おお)きな枝(えだ) : 커다란 (큰) 가지. [형용동사]「おおき(なり)」의 연체형(連体形)에서. 현대어에서는 「大(おお)きな山(やま) ; 큰 산」「規模(きぼ)の大(おお)きな会社(かいしゃ) ; 규모가 큰 회사」와 같이 연체형 「おおきな」 형태만이 사용된다. →「大(おお)きい」↔「小(ちい)さな」 한편, 「大(おお)きな」를 연체사(連体詞)로 보는 설도 있지만, 이 말은 「耳(みみ)の大(おお)きな人(ひと) ; 귀가 큰 사람」 등과 같이 술어로서의 기능도 가지고 있는 점이 일반 연체사와는 성격이 다르다.

[참고]

「大(おお)きい」와 「大(おお)きな」

小松英雄(2001)에서는

일본어 화자의 대부분은 「大(おお)きい家(いえ) / 大(おお)きな家(いえ) ; 큰 집」「小(ちい)さい犬(いぬ) / 小(ちい)さな犬(いぬ) ; 작은 개」 사이에 각각 완전한 호환성이 있다고 굳게 믿고 있지만, 다음과 같이 비교해 보면 「大(おお)きな / 小(ちい)さな」는 절대적 대소(大小)의 판단이고, 「大(おお)きい / 小(ちい)さい」는 상대적 대소의 판단이다.

① 川上(かわかみ)から大(おお)きな桃(もも)が流(なが)れてきました。
　(강 상류로부터 커다란 복숭아가 떠내려 왔습니다.)

②川上(かわかみ)から桃(もも)が二(ふた)つ流(なが)れてきました。おばあさんは<u>小(ちい)さい</u>ほうを取(と)りました。

(강 상류에서 복숭아가 2개 떠내려 왔습니다. 할머니는 작은 것을 집어 들었습니다.)

③おばあさんは欲張(よくば)って<u>大(おお)きい</u>ほうのツヅラを選(えら)び、ひどいめにあいました。

(할머니는 욕심을 부리고 큰 쪽의 옷농을 고르고 큰 봉변을 당했습니다.)

「大(おお)きな / 小(ちい)さな」가 명사에 전접(前接)하는 용법밖에 없는 것은 표현 대상이 되는「사물 / 상태」가 비교의 대상을 가지지 않고, 절대적으로 〈大〉이라든가, 절대적으로 〈小〉라든가 하는 판단을 나타내는 말이기 때문이다.〈?動物園(どうぶつえん)に大(おお)きいゾウがいました ; 동물원에 커다란 코끼리가 있었습니다〉라는 표현이 어딘가 부자연스러운 느낌을 주는 것은 그 때문이다.

平安(へいあん ; 헤이안)시대의 일본어에서는 〈大〉를 나타내는 말이「オホキナリ」이고〈小〉를 나타내는 말이「チヒサシ」이었다. 국문법의 용어로 말하면 전자는 형용동사이고 후자는 형용사였다.

「大 / 小」와 같이 의미가 쌍을 이루는 세트는 문법형식도 일치하는 쪽이 사용하기 쉽기 때문에「小(ちい)さい」의 쌍으로서「大(おお)きい」가 형성되고,〈大(おお)きな〉는 불필요해졌다. 이 사실이 체계를 재편성하는 출발점이 되었다. ……

〈大(おお)きい〉가 형성되어〈大(おお)きな〉가 불필요해졌지만 소멸하지 않고 새로운 기능을 담당하며 살아남았다. 그것은 <大(おお)きい〉가 상대적인〈大〉를 나타내고〈大(おお)きな〉가 절대적인〈大〉를 나타낸다고 하는 분담을 말한다.

〈大〉쪽에 생긴 이런 사용상의 구별에 유도(induce)되어〈小〉쪽에도〈小(ちい)さな〉가 형성되고 상대적인〈小〉와 절대적인〈小〉가 구별되게 되었다. ……

「大(おお)きい / 大(おお)きな」「小(ちい)さい / 小(ちい)さな」는 동의어의 병존이 아니기 때문에 〈ゆれ ; 동요 ; 언어 등에 있어서 일정하지 않고 불안정한 상태〉가 아니다.[40)]

[참고]

「大(おお)きい車(くるま) ; 큰 차」와「大(おお)きな車(くるま) ; 큰 차」
확실히 이「大(おお)きな」는 국문법에서는 연체사라고 불리고 있고, 형용사인「大(おお)きい」와는 문법적으로는 다르지만 그런 것을 의식하고 있는 일본인은 거의 없고, 일상회화에서 곤란을 겪는 일도 전혀 없다.「大(おお)きい車(くるま)」와「大(おお)きな車(くるま)」에 의미상의 차이 등은 거의 없고 그런 것은 어찌되든 상관없다고 하는 것이 현실이다. ……

하지만, 차나 집 등 눈에 보이는 것은「大きい」도「大きな」도 둘 다 쓸 수 있지만, 확실히 눈에 보이지 않는 마음으로 느끼는 추상적인「出会(であ)い ; 만남」이나「喜(よろこ)び ; 기쁨」,「悲(かな)しみ ; 슬픔」등에는 왠지 모르지만「大きい」나「小さい」는 쓰지 않고「大きな」나「小さな」를 사용하게 된다. ……

「愛情(あいじょう) ; 애정」등도「大(おお)きな愛情(あいじょう)を感(かん)じる ; 큰 애정을 느끼다」쪽이 자연스럽다.[41)]

[3] 枝(えだ)を張(は)る : 가지를 뻗다.
[4] 宿(やど)る : 살다. 거처로 삼다. 둥지를 틀다.

---

40) 小松英雄(2001)『日本語はなぜ変化するか』笠間書院. pp. 45-46에서 적의 인용해서 번역함.
41) http://www.yano.bc.ca/vansin/vansinpo048.htm에서 적의 인용하여 번역함.

⟪24⟫ [マルコによる福音書 4:33 - 4:34]

> イエスはこのような多(おお)くの譬(たとえ)で、人々(ひとびと)の[1]聞(き)く力(ちから)にしたがって、[2]御言(みことば)を語(かた)られた。[マルコによる福音書 4:33]
> (예수께서는 이와 같은 많은 비유로 사람들의 들을 수 있는 힘에 따라 하나님의 말씀을 전파하셨다. [4:33])

[1]聞(き)く力(ちから)にしたがって : 듣는 힘에 따라. 들을 수 있는 힘에 따라. 「〜にしたがって ; 〜에 따라」는 격조사 「〜に」에 「従(したが)う」의 テ형인 「したがって」가 접속되어 복합조사화한 말이다.

[2]御言(みことば)を語(かた)られた : 하나님의 말씀을 전파하셨다. 「語(かた)られる」는 「語(かた)る」의 レル형 경어.

> [1][2]譬(たとえ)によらないでは語(かた)られなかったが、自分(じぶん)の弟子(でし)たちには、[3]ひそかにすべてのことを[4][5]解(と)き明(あ)かされた。[マルコによる福音書 4:34]
> (비유에 의하지 않고는 말씀하시지 않았지만, 자기 제자들에게는 넌지시 모든 것을 설명하셨다. [4:34])

[1]譬(たと)えによる : 비유에 의하다.
[2]譬(たと)えによらないでは : 비유에 의하지 않고는.
[3]ひそかに[密かに] : 가만히. 몰래. 넌지시.
[4]解(と)き明(あ)かす : 해명하다. 설명하다. 복합동사 「解(と)き+明(あ)かす」
[5]解(と)き明(あ)かされる : 「解(と)き明(あ)かす」의 レル형 경어.

⟪25⟫ [マルコによる福音書 4:35 - 4:41]

> さて、その日(ひ)、夕方(ゆうがた)になると、イエスは弟子(でし)たちに、「[1]向(む)こう岸(ぎし)へ渡(わた)ろう」と言(い)われた。[マルコによる福音書 4:35]
> (그런데 그 날 저녁이 되자, 예수께서는 제자들에게 "바닷가 건너편으로 건너가자."고 말씀하셨다. [4:35])

[1]向(む)こう岸(ぎし) : 바닷가 건너편. 복합명사. ←「向(む)こう+岸(きし)」

> そこで、彼(かれ)らは群衆(ぐんしゅう)を[1]あとに残(のこ)し、イエスが舟(ふね)に[2]乗(の)っておられるまま、[3]乗(の)り出(だ)した。ほかの舟(ふね)も一緒(いっしょ)に行(い)った。[マルコによる福音書 4:36]
> (그래서 그들은 군중을 뒤에 남겨두고, 예수께서 배에 타신 채로 나아갔다. 다른 배도 함께 갔다. [4:36])

[1]あとに残(のこ)す : 뒤에 남겨두다.
[2]乗(の)っておられる : 타고 계시다. 「乗(の)っている」의 レル형 경어.
[3]乗(の)り出(だ)す : ①타고 나아가다. ②타기 시작하다.

> すると、[1]激(はげ)しい[2]突風(とっぷう)が起(お)こり、波(なみ)が舟(ふね)の中(なか)に[3]打(う)ち込(こ)んできて、舟(ふね)に[4][5]満(み)ちそうになった。[マルコによる福音書 4:37]
> (그러자 세찬 돌풍이 일어, 파도가 배 안에 덮쳐 들어오는 바람에 배에 물이 가득 찰 지경이 되었다. [4:37])

[1] 激(はげ)しい : 심하다. 격심하다. 세차다.

[2] 突風(とっぷう)が起(お)る : 돌풍이 일다(발생하다).

[3] 打(う)ち込(こ)む : ①박아 넣다. ②때리다. ③기세 좋게 내던지다. 복합동사「打(う)ち+込(こ)む」

[4] 満(み)ちる : 차다. 가득 차다.

[5] 〜そうになる : 〜할 것 같이 되다. 〜할 지경이 되다. 양태의 조동사「そうだ」의 연용형「そうに」에「なる」가 붙어 동작 실현 직전의 상태를 나타낸다.

[참고]

「〜そうになる」:「〜할 것 같이 되다」

「〜そうになる」는「そうだ」의 연용형「そうに」에 상태변화를 나타내는「なる」가 접속된 것으로 직역하면「〜것 같이 되다」의 뜻이 되는데 한국어로는 일대 일로 대응하지 않는 경우도 있으니 주의한다.「〜そうになる」는 화자의 통제가 미치지 않는 현상이 일어나기 직전의 상황이 된다고 하는 뜻을 의미하는데, 다음과 같이 과거사실에 대해 말하는 경우가 많다.

[例] ポケットから財布(さいふ)が落ちそうになったので、彼に教(おし)えた。

(주머니에서 지갑이 막 떨어질 것 같아서 그에게 가르쳐 주었다.)

道(みち)が凍(こお)っていて、何度(なんど)も転(ころ)びそうになった。

(길이 얼어붙어서 몇 번이나 넘어질 뻔했다.)

急(きゅう)にめまいがして、倒(たお)れそうになった。

(갑자기 현기증이 나서 쓸러질 뻔했다.)

車(くるま)にぶつかりそうになって、あわてて道(みち)の端(はし)に飛(と)び退(の)いた。

(차와 부딪힐 것 같아서 서둘러 길가로 몸을 날려 피했다.)

雨がやみそうになったので、試合(しあい)は再開(さいかい)することになりました。

(비가 그칠 것 같아서 시합은 재개하기로 되었습니다.)[42]

> ところがイエス自身(じしん)は、[1]艫(とも)の方(ほう)で[2]枕(まくら)をして、[3]眠(ねむ)っておられた。そこで、弟子(でし)たちはイエスを[4]起(お)こして、「先生(せんせい)、[5]わたしどもが[6]溺(おぼ)れ死(し)んでも、[7][8]おかまいにならないのですか」と言(い)った。[マルコによる福音書 4:38]
> (그런데 예수 자신은 고물에서 베개를 베고 주무시고 있었다. 그러자 제자들이 예수를 깨워, "선생님, 저희가 물에 빠져 죽어도 아무렇지도 않으십니까?"라고 말했다. [4:38])

[1]艫(とも) : 선미(船尾). 고물. ↔「艫先(へさき) ; 이물. 뱃머리」

[2]枕(まくら)をする : 베개를 베다.

[3]眠(ねむ)っておられる : 주무시고 있다.「眠(ねむ)っている」의 レル형 경어.

[4]起(お)こす : 일으키다. 깨우다.

[5]わたしども : 저희.「わたし＋ども(겸양의 복수 접미사)」

[6]溺(おぼ)れ死(し)ぬ : 물에 빠져 죽다. 복합동사「溺(おぼ)れ＋死(し)ぬ」.「死(し)ぬ」와 관련된 복합동사에는「凍(こご)え死(し)ぬ : 얼어 죽다. 동사하다.」「焼(や)け死(し)ぬ : 불에 타서 죽다. 소사(焼死)하다.」도 있다.

  [例]寒波(かんぱ)で凍(こご)え死(し)ぬ者(もの)も出(で)た。

    (한파로 얼어서 죽는 사람도 나왔다.)

    火事(かじ)で焼(や)け死(し)ぬ。

    (화재로 타서 죽다.)

[7]かまう : 상관하다. 구애하다. 신경을 쓰다.

[8]おかまいにならない : 아무렇지도 않으시다. 신경을 쓰시지 않다.「かまう」의 ナル형 경어「おかまいになる」의 부정.

---

42) 李成圭·権善和(2006a)『일본어 조동사 연구Ⅲ』不二文化. pp. 209-210에서 인용하여 일부 수정함.

> イエスは[1]起(お)き上(あ)がって風(かぜ)を叱(しか)り、海(うみ)に向(む)かって、「[2]静(しず)まれ、[3]黙(だま)れ」と言(い)われると、[4]風(かぜ)は止(や)んで、[5]大凪(おおな)ぎになった。[マルコによる福音書 4:39]
> (예수께서 일어나서 바람을 꾸짖고 바다를 향해, "가라앉아라. 잠잠해져라."고 말씀하시자, 바람은 그치고 아주 잔잔해졌다. [4:39])

[1]起(お)き上(あ)がる : 일어나다. 일어서다. 복합동사 「起(お)き+上(あ)がる」
[2]静(しず)まる : 가라앉다. 진정되다. 「静(しず)まれ」는 명령형
[3]黙(だま)る : 가만히 있다. 잠자코 있다. 「黙(だま)れ」는 명령형
[4]風(かぜ)が止(や)む : 바람이 그치다(멎다).
[5]大凪(おおな)ぎ : 바람이 멎고 아주 잔잔해지는 것. 凪(な)ぎ : 바람이 멎고 물결이 잔잔해지는 것. ↔ 「時化(しけ)」: 거센 비바람 때문에 바다가 거칠어지는 것.

> イエスは彼(かれ)らに言(い)われた、「なぜ、そんなに[1]こわがるのか。どうして[2]信仰(しんこう)がないのか」。[マルコによる福音書 4:40]
> (예수께서 그들에게 말씀하셨다. "왜 그렇게 무서워하느냐? 어째서 믿음이 없느냐?" [4:40])

[1]こわがる : 무서워하다. 「怖(こわ)い ; 무섭다」의 어간에 동사화 접사 「～がる」가 접속된 것.

[참고]

「어간+がる」: 동사화 접사
감정이나 일부 감각을 나타내는 형용사의 어간에 동사화접사 「～がる」가 접속되면 동사가 된다. 이때는 한국어의 「～어 하다」와 같이 제3자의 감정이나 감각을 나타내거나 한다.

[例]「怖(こわ)い；무섭다」 → 「怖(こわ)がる；무서워하다」
　　　「ほしい；갖고 싶다」 → 「ほしがる；갖고 싶어 하다」
　　　「寂(さび)しい；외롭다」 → 「寂(さび)しがる；외로워하다」
　　　「羨(うらや)ましい；부럽다」 → 「羨(うらや)ましがる；부러워하다」
　　　「寒(さむ)い；춥다」 → 「寒(さむ)がる；추위를 타다」
　　　「暑(あつ)い；덥다」 → 「暑(あつ)がる；더위를 타다」

[2]信仰(しんこう)がない：신앙이 없다. 믿음이 없다.

> 彼(かれ)らは[1]恐(おそ)れおののいて、互(たが)いに言(い)った、「いったい、この方(かた)はだれだろう。風(かぜ)も[2][3]海(うみ)も従(したが)わせるとは」。[マルコによる福音書 4:41]
> (그들은 무서워서 벌벌 떨며 서로 말했다. "도대체 이 분은 누구일까? 바람도 바다도 복종하게 만들다니." [4:41])

[1]恐(おそ)れおののく：무서워 벌벌 떨다. 무서워하다. 복합동사「恐(おそ)れ＋おののく」

[2]海(うみ)も従(したが)わせる：바다도 복종하게 하다. 「従(したが)う；따르다. 복종하다」의 사역.

[3]風(かぜ)も海(うみ)も従(したが)わせるとは：바람도 바다도 복종하게 만들다니. 「～とは」는 화자의 놀라움・분노・영탄 등의 기분 등을 나타낸다.

　　[例]あの方(かた)が名(な)の売(う)れた会社(かいしゃ)の上役(うわやく)さんとは……。いよいよ世(よ)も末(すえ)でしょうかね。
　　(저 분이 유명한 회사의 상사라니…….세상도 말세인가 보지요.)
　　そんなことにこだわるとは、男(おとこ)らしくない。
　　(그런 일에 구애받다니 남자답지 않다.)
　　こんな寒(さむ)い日(ひ)に薄着(うすぎ)で出(で)てくるとは、田中(たなか)さんの

気(き)が知(し)れないよ。
(이렇게 추운 날에 얇은 옷을 입고 나오다니, 다나카 씨 생각을 모르겠어.)
ライバル会社(がいしゃ)を土壇場(どたんば)でひっくり返(かえ)すとは、さすがは宮城(みやぎ)さんですね。
(라이벌 회사를 막판에 뒤집어 버리다니, 역시 미야기 씨는 다르군요.)
あんな格好(かっこう)で結婚式(けっこんしき)に参加(さんか)するとは……。
みんなあきれて目(め)が点(てん)になってしまいました。
(저런 모습으로 결혼식에 참석하다니…….다들 어이가 없어 시선이 그 사람에게 고정된 채 움직이지 않았습니다.)
結婚式(けっこんしき)当日(とうじつ)にお嫁(よめ)さんに逃(に)げられるとは、彼(かれ)も苦(にが)い経験(けいけん)があるんですね。さぞ辛(つら)かったんでしょうね。
(결혼식 당일에 신부가 도망가다니, 그도 쓰라린 경험이 있군요. 필시 괴로웠겠지요.)[43]

---

43) 李成圭等著(1997)『홍익일본어독해2』홍익미디어. pp. 75-76에서 인용.

V. マルコによる福音書 第5章

⟪26⟫ [マルコによる福音書 5:1 - 5:13]

> こうして彼(かれ)らは海(うみ)の向(む)こう岸(ぎし)、ゲラサ人(びと)の地(ち)に着(つ)いた。[マルコによる福音書 5:1]
> (이렇게 해서 그들은 바다 건너편 거라사 사람이 사는 지역에 도착했다. [5:1])

> それから、イエスが[1]舟(ふね)から上(あ)がられる[2]とすぐに、[3]汚(けが)れた霊(れい)につかれた人(ひと)が[4]墓場(はかば)から出(で)て来(き)て、イエスに[5]出会(であ)った。[マルコによる福音書 5:2]
> (그리고 예수께서 배에서 내리시자마자 악령이 들린 사람이 무덤에서 나와서 예수와 만났다. [5:2])

[1]舟(ふね)から上(あ)がる:배에서 나오다. 배에서 내리다.

[2]〜とすぐに:〜하자마자. 〜하기 무섭게.

[3]汚(けが)れた霊(れい)につかれる:악령이 들리다[씌다].

[4]墓場(はかば):묘지. 산소. 무덤.

[5]出会(であ)う:우연히 만나다. 마주치다.

> この人(ひと)は墓場(はかば)を[1]住(す)み処(か)としており、もはやだれも、[2][3]鎖(くさり)でさえも彼(かれ)を[4]繋(つな)ぎ止(と)め[5]ておけなか

った。[マルコによる福音書 5:3]

(이 사람은 무덤을 거처로 하고 있는데 이제 그 누구도 쇠사슬로도 붙들어 매어 둘 수가 없었다. [5:3])

[1] 住(す)み処(か) : 거처. 살고 있는 곳. 집. → 「在処(ありか) ; 있는 곳. 소재」

[2] 鎖(くさり) : (쇠)사슬.

[3] [鎖(くさり)]〜さえ : 극단적인 사항을 제시하여 다른 일반적인 것을 추량하는 뜻을 나타낸다. 특히 「〜でさえ」의 형태로 「〜でも ; 〜도. 〜마저도」의 뜻을 표현한다.

[例] 科学(かがく)の進(すす)んだ今日(こんにち)でさえ、まだ分(わ)からないことはたくさんある。

(과학이 발달한 현재도 아직 모르는 일은 많이 있다.)

大学者(だいがくしゃ)でさえ解(と)けない問題(もんだい)だから、一般(いっぱん)の人(ひと)に分(わ)かるはずがない。

(대학자도 풀지 못하는 문제니, 일반 사람들이 알 리가 없다.)

[4] 繋(つな)ぎ止(と)める : 끈이나 밧줄 등으로 묶어 놓다[꽉 매다·붙들어 매다]. 복합동사「繋(つな)ぎ + 止(と)める」

[5] 〜ておけなかった : 〜해 둘 수 없었다. 「〜ておく」의 가능 부정인 「〜ておけない」의 과거.

彼(かれ)は[1]たびたび[2]足枷(あしかせ)や鎖(くさり)で[3]繋(つな)がれたが、[4]鎖(くさり)を引(ひ)きちぎり、足(あし)かせを[5]砕(くだ)くので、だれも彼(かれ)を[6][7]押(おさ)え付(つ)けることができなかったからである。[マルコによる福音書 5:4]

(그는 여러 번 족가나 쇠사슬로 묶였지만, 쇠사슬을 잡아당겨 끊고 족가도 부수어서 아무도 그를 억누를 수 없었기 때문이다. [5:4])

[1]たびたび : 여러 번. 자주. 몇 번이고.

[2]足枷(あしかせ) : 족가. 차꼬.

[3]繫(つな)ぐ : (끈이나 밧줄 등으로) 매다[묶어 놓다·가두다].「繫(つな)がれる」는「繫(つな)ぐ」의 수동.

[4]引(ひ)きちぎる : 무리하게 잡아당겨 떼다. 마구 잡아 찢다. 복합동사「引(ひ)き+ちぎる」

[5]砕(くだ)く : 부수다. 깨뜨리다.

[6]押(お)さえ付(つ)ける : 억누르다. 꽉[단단히] 누르다. 복합동사「押(お)さえ+付(つ)ける」

[7][押(お)さえ付(つ)ける]ことができなかった : 억누를 수 없었다. 가능표현「～ことができる」의 부정 과거.

> そして、[1]夜昼(よるひる)[2]絶(た)え間(ま)なく墓場(はかば)や山(やま)で[3]叫(さけ)びつづけて、石(いし)で自分(じぶん)のからだを[4]傷(きず)つけていた。[マルコによる福音書 5:5]
> (그리고 밤낮으로 끊임없이 무덤이나 산에서 계속 고함을 지르고, 돌로 자기 몸에 상처를 내곤 했다. [5:5])

[1]夜昼(よるひる) : 밤낮으로.

[2]絶(た)え間(ま)なく : 끊임없이.

[3]叫(さけ)びつづける : 계속해서 외치다[고함을 지르다].「叫(さけ)び」에 계속상의 후항동사「～つづける」가 접속된 것.

[4]傷(きず)つける : 상처를 입히다. 상처를 내다. 다치게 하다.

> ところが、この人(ひと)がイエスを遠(とお)くから見(み)て、[1]走(はし)り寄(よ)って[2]拝(はい)し、[マルコによる福音書 5:6]

> (그런데 이 사람이 예수를 멀리서 보고 뛰어 다가와서 몸을 굽혀 절하며, [5:6])

[1] 走(はし)り寄(よ)る : 뛰어 다가오다[다가가다]. 복합동사 「走(はし)り+寄(よ)る」
[2] 拝(はい)する : ①절하다. 「ご本尊(ほんぞん)を拝(はい)する ; 본존을 향해 몸을 굽혀 절하다.」 ②「受(う)ける」「見(み)る」 등의 겸양어I.배수하다(삼가 받다). 배견하다(우러러 뵙다) 「勅命(ちょくめい)を拝(はい)する ; 칙명을 배수하다」 「尊顔(そんがん)を拝(はい)する ; 존안을 우러러 뵙다」

> [1]大声(おおごえ)で叫(さけ)んで言(い)った、「[2][3][4]いと高(たか)き神(かみ)の子(こ)イエスよ、あなたはわたしと何(なん)の[5]係(かか)わりがあるのです。神(かみ)に[6]誓(ちか)って[7]お願(ねが)いします。どうぞ、わたしを[8][9]苦(くる)しめないでください」。[マルコによる福音書 5:7]
> (큰 소리로 외치며 말했다. "가장 높은 하나님의 아들 예수여, 당신은 저와 무슨 상관이 있습니까? 하나님께 맹서하고 부탁드립니다. 부디 저를 괴롭히지 마십시오." [5:7])

[1] 大声(おおごえ) : 큰 소리.
[2] いと : 고전어. 대단히. 극히. 매우. =「非常(ひじょう)に・たいへん・きわめて」
[3] 高(たか)き : 「高(たか)い」의 고전어 「高(たか)し」의 연체형.
[4] いと高(たか)き : 가장 높은. 「いと高(たか)き方(かた) ; 가장 높은 분 = 神(かみ) ; 하나님」
[5] 係(かか)わり : 관계. 상관. 「係(かか)わる ; 관계되다. 상관하다」의 연용형이 전성 명사화한 것.
[6] 誓(ちか)う : 맹서하다.
[7] お願(ねが)いします : 부탁드립니다. 「願(ねが)う」의 겸양어I인 「お願(ねが)いする」의 정녕체.

[8]苦(くる)しめる: 괴롭히다.

[9]苦(くる)しめないでください: 괴롭히지 마십시오. 「苦(くる)しめる; 괴롭히다」에 부정의 의뢰표현 「~ないでください」가 접속된 것.

> それは、イエスが、「[1]けがれた霊(れい)よ、この人(ひと)から[2]出(で)て行(い)け」と言(い)われたからである。[マルコによる福音書 5:8]
> (그것은 예수께서 "악령아, 이 사람으로부터 나가라."고 말씀하셨기 때문이다. [5:8])

[1][けがれた霊(れい)]よ: [악령]아. 「~よ」는 호격조사.
[2]出(で)て行(い)け: 나가라. 「出(で)て行(い)く」의 명령형.

> また彼(かれ)に、「[1]何(なん)という名前(なまえ)か」と[2][3]尋(たず)ねられると、「[4]レギオンと言(い)います。大(おお)ぜいなのですから」と答(こた)えた。[マルコによる福音書 5:9]
> (그리고 그(악령)에게 "이름이 무엇이냐?"라고 물으시자, "군단이라고 합니다. 수가 많기 때문입니다."라고 대답했다. [5:9])

[1]何(なん)という名前(なまえ)か: 무엇이라고 하는 이름이냐? 이름이 무엇이냐?

[참고]

「何(なん)という; 무엇이라고 하는」는 사물의 명칭이나 제목, 혹은 모르는 내용을 물을 때 쓰이는 표현이다.

[例]あれは何(なん)という鳥(とり)ですか。
  (저것은 뭐라고 하는 새입니까?)
  さっき食(た)べたのは何(なん)という料理(りょうり)ですか。

(아까 먹은 것은 뭐라고 하는 음식입니까?)

A : 何(なん)という映画(えいが)ですか。

　　　(무슨 영화입니까?)

B : 『エデンの東(ひがし)』という映画(えいが)です。30年(さんじゅうねん)も前(まえ)のですが……。

　　　(『에덴의 동쪽』이라는 영화입니다. 30년이나 전의 영화입니다만…….)

[2] 尋(たず)ねられる : 물으시다. 「尋(たず)ねる」의 레루형 경어.
[3] [尋(たず)ねられる]と : 「～と」는 원인・이유의 용법.
[4] レギオン(Legion) : 로마 군단을 말함. 이후, 「レギオン」은 군단을 나타내는 말이 되었다. 마가복음 제5장에 등장하는 악령.

そして、自分(じぶん)たちをこの土地(とち)から追(お)い出(だ)さないようにと、[1]しきりに[2]願(ねが)いつづけた。[マルコによる福音書 5:10]
(그리고 자기들은 이 지역에서 쫓아내지 말라고 계속해서 부탁했다. [5:10])

---

[1] しきりに : ①자주. 빈번히. ②계속해서. 끊임없이. ③열심히. 몹시.
[2] 願(ねが)いつづける : 계속해서 부탁하다. 「願(ねが)う」에 계속상의 후항동사 「つづける」가 결합한 것.

さて、そこの[1]山(やま)の中腹(ちゅうふく)に、豚(ぶた)の[2]大群(たいぐん)が[3][4][5]飼(か)ってあった。[マルコによる福音書 5:11]
(그런데 그곳 산 중턱에 사람들이 키우고 있는 돼지 떼가 있었다. [5:11])

[1]山(やま)の中腹(ちゅうふく) : 산 중턱.

[2]大群(たいぐん) : 대군. 큰 떼.

[3]飼(か)う : 기르다. 키우다. 치다.

[4]飼(か)ってある : 키워져 있다. 키우고 있다.

[5]〜てある : ①결과의 상태를 나타낼 때는「〜어 있다」, ②유지를 나타낼 때는「〜해 두다」에 대응하는데, ①의 경우, 한국어로 직역하면 부자연스러운 예도 있으니 주의한다.

霊(れい)はイエスに願(ねが)って言(い)った、「わたしどもを、[1]豚(ぶた)に[2]入(はい)らせてください。[3]その中(なか)へ[4]送(おく)ってください」。[マルコによる福音書 5:12]
(악령은 예수께 부탁하며 말했다. "저희로 하여금 돼지 속에 들어가게 해 주십시오. 그 안에 보내 주십시오. [5:12])

---

[1]豚(ぶた)に : 돼지에게.

[참고]

「〜に」:「〜에」(착점이나 도달점)

「〜に」는 동작의 착점(着点)이나 도달점을 나타내는 조사로,「ソファに座(すわ)る ; 소파에 앉다」의「〜に」는 착점을 나타내고,「部屋(へや)に入(はい)る ; 방에 들어가다」의「〜に」는 도달점을 나타낸다.「〜に」는 일반적으로「入(はい)る ; 들어가다」「着(つ)く ; 도착하다」와 같이 이동동사 중에서 도달점을 필요로 하는 동사와 같이 쓰이는 경우가 많은데, 최근에는「〜へ」와 구별 없이 쓰이는 경우가 많다.

[例]いつも8時(はちじ)ごろ{会社(かいしゃ)に・会社へ}着(つ)きます。
　　(언제나 8시경 회사에 도착합니다.)

先生(せんせい)は授業(じゅぎょう)時間(じかん)の10分前(じゅっぷんまえ)に{教室(きょうしつ)に・教室へ}入(はい)ります。

(선생님은 수업시간 10분전에 교실에 들어옵니다.)

그리고「座(すわ)る ; 앉다」나「泊(と)まる ; 묵다」도 넓은 의미에서는「入(はい)る」와 같은 부류의 동사지만,「入(はい)る」「着(つ)く」등이 이동의 종료에 주목한 동사에 대해,「座(すわ)る」등은 이동 자체보다는 이동한 결과의 상태에 초점이 놓여 있다. 따라서 이때의「～に」는 이동의 결과 주체가 존재하는 장소를 나타낸다.

[例]田中(たなか)さんはいつもこのベンチに座(すわ)ります。

   (다나카 씨는 늘 이 벤치에 앉습니다.)

   佐藤(さとう)さんはいつもこのホテルに泊(と)まります。

   (사토 씨는 언제나 이 호텔에 묵습니다.)[44]

[2]入(はい)らせてください : 들어가게 해 주십시오.「入(はい)る」의 사역「入(はい)らせる」에 의뢰의「～てください」가 접속된 것.

[3]その中(なか)へ : 그 안에.

[참고]

「～へ」:「～에・～로」(동작의 방향, 목적지)

「～へ」는 한국어의「～에」,「～로」에 해당하는 조사로 동작의 방향이나 목적지를 나타낼 때 쓴다.「～へ」뒤에는 일반적으로「行(い)く ; 가다」「帰(かえ)る ; 돌아가다」「出(で)かける ; 나가다」와 같은 이동을 나타내는 동사가 온다. 그리고 도달점을 나타내는「～に」도 이동동사(移動動詞)와 같이 쓰이면「～へ」와 마찬가지로 동작의 목적지를 나타내게 된다.

---

44) 李成圭等著(1996)『홍익나가누마 일본어2 해설서』, 홍익미디어. pp. 206-207에서 인용.

[例]今日(きょう){日本(にほん)大使館(たいしかん)へ・日本大使館に}行(い)きます。
(오늘은 일본 대사관에 갑니다.)
そのあと、午後(ごご)3時(さんじ)ごろに{家(うち)へ・家に}帰(かえ)ります。
(그 다음 오후 3시경에 집에 돌아갑니다.)
午前中(ごぜんちゅう)は家(うち)にいます。午後(ごご)は{外(そと)へ・外に}出(で)かけます。
(오전 중에는 집에 있습니다. 오후에는 밖에 나갑니다.)[45]

그리고「李(イー)さん、どちらへ」는「이승민 씨, 어디 가세요」의 뜻으로 뒤에「行(い)きますか；갑니까」,「お出(で)かけですか；나가십니까」에 상당하는 표현이 생략된 채 쓰이고 있다. 동작의 목적지를 나타내는「へ」는 보통「に」로 바꿔 쓸 수 있는데,「どちらへ」와 같이 뒤에「行く」「出かける」등의 동사가 생략되어 쓰이는 경우에는「へ」쪽이 자연스럽다.
[例]奥(おく)さん、今日(きょう)は{どちらへ・? どちらに}。
(부인 오늘은 어디에 가십니까?)[46]

[4]送(おく)ってください：보내 주십시오.「送(おく)る」에 의뢰의「～てください」가 접속된 것.

イエスが[1]お許(ゆる)しになったので、けがれた霊(れい)どもは出(で)て行(い)って、豚(ぶた)の中(なか)へ[2]入(はい)り込(こ)んだ。すると、その[3]群(む)れは[4]二千匹(にせんひき)ばかりであったが、[5]崖(がけ)から海(うみ)へ[6]雪崩(なだ)れを打(う)って[7]駆(か)け下(くだ)り、海(うみ)の中(なか)でおぼれ死(し)んでしまった。[マルコによる福音書 5:13]

---

45) 李成圭等著(1996)『홍익나가누마 일본어1 해설서』홍익미디어. pp. 168-169에서 인용.
46) 李成圭等著(1996)『홍익나가누마 일본어2 해설서』홍익미디어. pp. 65-66에서 인용.

(예수께서 허락하시니, 악령들은 나와서, 돼지 속에 들어갔다. 그러자 그 떼는 2천 마리 정도였는데, 절벽에서 바다로 한꺼번에 달려 내려가서 바다 속에서 빠져 죽고 말았다. [5:13])

[1] お許(ゆる)しになる : 허락하시다. 「許(ゆる)す」의 ナル형 경어.
[2] 入(はい)り込(こ)む : 안으로 들어가다. 속으로 파고 들어가다. 복합동사. 「入(はい)り＋込(こ)む」
[3] 群(む)れ : 떼. 무리.
[4] [二千匹(にせんひき)]ばかり : [2천 마리] 정도.

[참고]

「〜ばかり」: 부조사

1. 「〜ばかり」는 수량을 나타내는 말에 붙어 대략적인 분량이나 정도를 나타내는 부조사이다.
   [例] わたしの家(うち)は駅(えき)から自転車(じてんしゃ)で5分(ごふん)ばかりのところにあります。
   (우리 집은 역에서 자전거로 5분 정도하는 데에 있습니다.)
   そればかりのことで泣(な)くなんてみっともない。
   (그 정도 일로 울다니 보기 흉해요.)[47)]
   コップの中(なか)に水(みず)が半分(はんぶん)ばかり入(はい)っています。
   (컵 안에 물이 절반 정도 들어 있습니다.)
   この本(ほん)を十日(とおか)ばかりお借(か)りしたいと思(おも)います。
   (이 책을 열흘 정도 빌렸으면 합니다.)

2. 「〜ばかり」는 체언이나 용언 등에 접속되어 ①대략의 정도(程度)나 ②한

---

47) 李成圭等著(1997)『홍익일본어독해1』홍익미디어. p. 53에서 인용.

정(限定)을 나타내는 부조사인데, 전후 문맥에 따라 다양하고 복잡한 의미・용법을 나타낸다. 정도를 나타내는 경우에는 「ほど；정도」「ぐらい；정도. 쯤」과 공통된 부분이 있고, 한정을 나타내는 경우에는 「だけ；뿐」과 겹치는 부분이 있다. 한정의 의미로 쓰이는 예를 들면 다음과 같다.

[例] みんな知(し)らない人(ひと)ばかりです。

　　(다들 모르는 사람들뿐입니다.)

　　この店(みせ)に来(く)るお客(きゃく)は、若(わか)い人(ひと)たちばかりですね。

　　(이 가게에 오는 손님은 젊은 사람들뿐입니다.)

　　新入(しんにゅう)社員(しゃいん)の高橋(たかはし)さんの仕事(しごと)と言(い)えば、雑用(ざつよう)ばかりです。

　　(신입사원인 다카하시 씨의 일이라고 하면 잡일뿐입니다.)

　　彼(かれ)の口(くち)から出(で)て来(く)る言葉(ことば)は、課長(かちょう)のぐちばかりです。

　　(그 사람 입에서 나오는 말은 과장님에 대한 푸념뿐입니다.)

　　韓国(かんこく)の技術(ぎじゅつ)発展(はってん)にはほんとうに驚(おどろ)くばかりです。

　　(한국의 기술발전에는 정말로 놀라울 따름입니다.)

◇「～ことばかりです」：「～것뿐입니다」

예를 들어「日本(にほん)の地理(ちり)も、習慣(しゅうかん)も、言葉(ことば)も、分(わ)からないことばかりです」는「일본의 지리도, 습관도 말도 모르는 것뿐입니다」의 뜻으로 형식명사「こと」에「～ばかりです」가 접속되어 한정의 의미로 쓰이고 있다.

[例] 今度(こんど)の仕事(しごと)は難(むずか)しいことばかりです。

　　(이번 일은 어려운 일뿐입니다.)

　　この部署(ぶしょ)の仕事(しごと)は、つまらないことばかりです。

(이 부서에서 하는 일은 시시한 것뿐입니다.)

課長(かちょう)から頼(たの)まれる仕事(しごと)は面白(おもしろ)くないことばかりです。

(과장님에게서 부탁받는 일은 재미없는 것뿐입니다.)

最近(さいきん)はついていないのか、よくないことばかりですよ。

(요즘은 운이 없는지 안 좋은 일뿐입니다.)

お茶(ちゃ)に行(い)きましたが、わたしの知(し)らないことばかりでした。

(다도(茶道)에 갔습니다만, 내가 모르는 것뿐이었습니다.)[48]

[5] 崖(がけ) : 낭떠러지. 벼랑. 절벽.
[6] 雪崩(なだ)れを打(う)つ : 일시에 많은 것이 이동하다.
[7] 駆(か)け下(くだ)る : 전속력으로 달려 내려가다. 뛰어 내려가다. 복합동사 「駆(か)け＋下(くだ)る」

⟪27⟫ [マルコによる福音書 5:14 - 5:20]

豚(ぶた)を飼(か)う者(もの)たちが[1]逃(に)げ出(だ)して、町(まち)や村(むら)に[2]触(ふ)れ回(まわ)ったので、人々(ひとびと)は[3]何事(なにごと)が起(お)こったのかと[4]見(み)に来(き)た。[マルコによる福音書 5:14]
(돼지를 치는 사람들이 도망쳐서 마을과 촌에 말을 퍼뜨리고 다녔기 때문에 사람들은 무슨 일이 생겼는지 보러 왔다. [5:14])

[1] 逃(に)げ出(だ)す : 도망치다. 도망치기 시작하다. 복합동사 「逃(に)げ＋出(だ)す」
[2] 触(ふ)れ回(まわ)る : 말을 퍼뜨리며 다니다. 복합동사 「触(ふ)れ＋回(まわ)る」
[3] 何事(なにごと)が起(お)こる : 무슨 일이 생기다.

---

48) 李成圭等著(1996) 『홍익나가누마 일본어3 해설서』 홍익미디어. pp. 187-188에서 인용.

[4]見(み)に来(く)る : 보러 오다.

> そして、イエスのところに来(き)て、悪霊(あくれい)につかれた人(ひと)が[1]着物(きもの)を着(き)て、[2]正気(しょうき)になって[3]座(すわ)っており、[4]それが[5]レギオンを宿(やど)していた者(もの)であるのを見(み)て、[6]恐(おそ)れた。[マルコによる福音書 5:15]
> (그리고 예수가 계신 곳에 와서, 악령이 들린 사람이 옷을 입고 제정신이 들어 앉아 있고 그 자가 군단이 안에 들어가 있었던 사람이라는 것을 보고 두려워했다. [5:15])

[1]着物(きもの)を着(き)る : 옷을 입다.
[2]正気(しょうき)になる : 제정신이 되다.
[3]座(すわ)っており、 : 앉아 있고. 「～ており、」는 「～ている」의 연용중지법. 「～ている」의 연용중지법으로는 「～てい、」가 언어 전달 상 불안정하기 때문에 「～ておる」의 연용중지법인 「～ており、」가 대용 표현으로 사용된다.

[例]いつも大変(たいへん)お世話(せわ)になっており、ほんとうにありがとうございます。
(늘 대단히 신세를 져서 정말 고맙습니다.)

瀬戸内海(せとないかい)は台風(たいふう)の通過(つうか)に伴(ともな)い、沖(おき)は大(おお)しけとなっており、沿岸(えんがん)一帯(いったい)は波(なみ)がだんだん高(たか)くなっています。
(세토나이카이는 태풍이 통과함에 따라 먼 바다에서는 비바람으로 물결이 거세지고 있고, 연안 일대는 파도가 점차 높아지고 있습니다.)

浅間(あさま)神社(じんじゃ)は子供(こども)のための神様(かみさま)といわれており、七歳(ななさい)まで子供(こども)の無事(ぶじ)な成育(せいいく)を祈願(きがん)して参拝(さんぱい)した。
(아사마 신사는 어린이를 위한 신이라고 불려서 7살까지의 어린이의 아

　　　　무 탈 없는 성장을 기원하며 참배했다.)

[4]それがレギオンを宿(やど)していた者(もの)である : 그 자가 군단이 안에 들어가 있었던 사람이다. 「それ」는 사물을 나타내는 지시대명사인데 여기에서는 인칭대명사로 사용되고 있다.

[5]レギオンを宿(やど)す : 군단을 품다[지니다].

[6]恐(おそ)れる : 무서워하다. 두려워하다.

また、それを見(み)た人(ひと)たちは、[1]悪霊(あくれい)につかれた人(ひと)の身(み)に起(お)った事(こと)と豚(ぶた)のこととを、彼(かれ)らに[2]話(はな)して聞(き)かせた。[マルコによる福音書 5:16]
(또 그것을 본 사람들은 악령이 들린 사람 몸에 생긴 일과 돼지에 관한 것을 그들에게 이야기해서 들려주었다. [5:16])

---

[1]霊(あくれい)につかれた人(ひと)の身(み)に起(お)った事(こと)と豚(ぶた)のこととを : 악령이 들린 사람 몸에 생긴 일과 돼지에 관한 것을. 「〜と」는 두 개 이상의 사물을 열거할 때 쓰는 조사인데, 본문의 「〜と〜とを」와 같이 열거하는 사물 뒤에 전부 「〜と」를 붙이고 그 뒤에 목적격 조사 「〜を」로 연결시키는 경우도 있다. 그런데 한국어에서는 뒤의 「〜とを」의 「〜と」는 번역에 반영되지 않는다.

[2]話(はな)して聞(き)かせる : 이야기해서 들려주다.

そこで、人々(ひとびと)はイエスに、この地方(ちほう)から[1]出(で)て行(い)っていただきたいと、[2]頼(たの)みはじめた。[マルコによる福音書 5:17]
(그러자 사람들은 예수에게 이 지역에서 나가 달라고 부탁하기 시작했다. [5:17])

---

[1]出(で)て行(い)っていただきたい : 나가 주었으면 한다. 「〜ていただきたい」는 동

사에 접속되어 화자의 희망을 나타내는「～てもらいたい；～해 주었으면 한다」의 겸양어I.
[2] 頼(たの)みはじめる : 부탁하기 시작하다.「頼(たの)む」에 개시상을 나타내는 후항동사「～はじめる」가 접속된 것.

> イエスが舟(ふね)に[1]乗(の)ろうとされると、悪霊(あくれい)につかれていた人(ひと)が[2]お供(とも)をしたいと[3]願(ねが)い出(で)た。[マルコによる福音書 5:18]
> (예수께서 배에 타려고 하실 때, 악령이 들린 사람이 모시고 따라가고 싶다고 간청했다. [5:18])

[1] 乗(の)ろうとされる : 타려고 하시다.「乗(の)ろうとする」의 レル형 경어.

[참고]

「～うとする・～ようとする」;「～하려고 하다」
「～うとする・～ようとする」는 동사의 미연형에 접속되어 한국어의「～하려고 하다」에 해당하는 형식인데, 5단동사에는「～うとする」가, 그 밖의 동사에는「～ようとする」가 붙는다.

1. 화자의 의지나 노력 또는 시도를 나타내는 경우.
   [例] 彼女(かのじょ)は一人(ひとり)で食事(しょくじ)をするのを味気(あじけ)ながって、いつもわたしを誘(さそ)い出(だ)そうとする。
   (그녀는 혼자서 식사를 하는 것을 따분하다고 생각해서 언제나 나를 같이 식사하자고 불러내려고 한다.)
   終電(しゅうでん)に乗(の)ろうとしたが、間(ま)に合(あ)わなかった。
   (마지막 전철을 타려고 했는데 타지 못했다.)

彼(かれ)は病気(びょうき)の時(とき)も仕事(しごと)を休(やす)もうとはしなかった。
(그는 아플 때도 일을 쉬려고는 하지 않았다.)
試験(しけん)の時(とき)、となりの学生(がくせい)の答(こた)えを見(み)ようとした人(ひと)が先生(せんせい)に見(み)つかった。
(시험 때 옆에 있는 학생의 답을 보려고 한 학생이 선생님에게 적발되었다.)
人間(にんげん)は物事(ものごと)を経験(けいけん)によって理解(りかい)しようとする。
(인간은 사물을 경험에 의해 이해하려고 한다.)
いつも一度(いちど)にすべてのことをしようとするから、全部(ぜんぶ)中途半端(ちゅうとはんぱ)になってしまうんですよ。
(언제나 한꺼번에 모든 것을 하려고 하니까, 전부 어중간하게 끝나 버리는 거예요.)

2. 어떤 일이 일어나기 직전의 상태나 어떤 동작을 실현하기 직전의 상태임을 나타내는 경우.
[例]電話(でんわ)に出(で)ようとしたら、切(き)れてしまった。
(전화를 받으려고 했더니 끊어져 버렸다.)
先生(せんせい)が出席(しゅっせき)をとろうとした時(とき)、一人(ひとり)の学生(がくせい)が教室(きょうしつ)に入(はい)って来(き)た。
(선생님이 출석을 부르려고 했을 때 한 학생이 교실로 들어왔다.)
お風呂(ふろ)に入(はい)ろうとすると、必(かなら)ず誰(だれ)かから電話(でんわ)がかかってくるんです。
(목욕을 하려고 하면 꼭 누군가로부터 전화가 걸려옵니다.)[49]

---

49) 李成圭等著(1996)『홍익나가누마 일본어3 해설서』홍익미디어. p. 77에서 인용하여 일부 수정함.

[2]お供(とも)をする: 모시고 가다[따라가다].
[3]願(ねが)い出(で)る: 간청하다. 청원하다.

> しかし、イエスはお許(ゆる)しにならないで、彼(かれ)に言(い)われた、「あなたの家族(かぞく)のもとに帰(かえ)って、[1]主(しゅ)がどんなに[2][3]大(おお)きなことをしてくださったか、またどんなに[4][5]哀(あわ)れんでくださったか、それを知(し)らせなさい」。[マルコによる福音書 5:19]
> (그러나 예수께서는 허락하지 않으시고 그에게 말씀하셨다. "네 가족 곁에 돌아가서 주께서 얼마나 큰일을 해 주셨는지 또 얼마나 너를 측은하게 여기셨는지 그것을 알려라." [5:19])

[1]主(しゅ): 주. 하나님. 예수님.
[2]~してくださる: ~해 주시다. ~하시다. 수수동사「~てくれる; ~해 주다・~하다」의 존경표현. 일본어 수수동사는 언어적으로 세밀하게 분화되어 있는데 이에 대해 한국어가 대응하지 않는 경우가 있다.
[例] そう<u>してくださる</u>と、助(たす)かります。
　　(그렇게 해 주시면 대단히 고맙겠습니다.)
　　推薦状(すいせんじょう)は北原(きたはら)先生(せんせい)が書(か)<u>いてくださる</u>ことになっています。
　　(추천장은 기타하라 선생님께서 써 주시기로 되어 있습니다.)
　　仕事(しごと)を紹介(しょうかい)<u>してくださる</u>人(ひと)もあるが、わたしもう70だ。この歳(とし)になって、いまさら会社勤(かいしゃづと)めでもあるまい。
　　(일을 소개해 주시는 사람도 있는데, 나도 이제 나이가 70이다. 이 나이에 새삼스레 회사에 다니는 것도 뭐할 것 같고.)
　　担当(たんとう)の方(かた)がお戻(もど)りになったら、カタログを送(おく)<u>ってくださる</u>ように伝(つた)えていただけませんか。

(담당하시는 분이 돌아오시면 카탈로그를 보내 달라고 전해 주시지 않겠습니까?)

[3] 大(おお)きなことをしてくださる : 큰일을 해 주시다. 큰일을 하시다.
[4] 哀(あわ)れむ : 불쌍히[측은하게] 여기다.
[5] 哀(あわ)れんでくださる : 측은하게 여기시다.

そこで、彼(かれ)は立(た)ち去(さ)り、そして自分(じぶん)にイエスがしてくださったことを、[1]ことごとくデカポリスの地方(ちほう)に[2]言(い)い広(ひろ)め出(だ)したので、人々(ひとびと)はみな[3]驚(おど)き怪(あや)しんだ。[マルコによる福音書 5:20]
(그러자 그는 떠나가서, 그리고 예수께서 자기에게 해 주신 일을 죄다 데가볼리 지역에 말을 퍼뜨리기 시작했기 때문에 사람들은 놀라며 의아해했다. [5:20])

---

[1]ことごとく[尽く] : 전부. 모두. 죄다.
　[例]打(う)つ手(て)、打(う)つ手(て)のことごとくが破(やぶ)られ、相手(あいて)に手(て)の内(うち)を読(よ)まれているに違(ちが)いない。
　(쓰는 수마다 전부 깨지는 것을 보니 상대방이 이쪽 수를 알고 있음에 틀림없다.)
　ぼくは、今(いま)まで両手(りょうて)では数(かぞ)え切(き)れないほど、お見合(みあ)いをしてきたんです。それが、ことごとく断(ことわ)られちゃったんです。
　(나는 지금까지 양손으로는 다 셀 수 없을 정도로 선을 봤습니다. 그게 말이죠, 죄다 딱지를 맞았어요.
[2] 言(い)い広(ひろ)め出(だ)す : 말을 퍼뜨리기 시작하다. 복합동사「言(い)い広(ひろ)める」에 개시상의「出(だ)す」가 접속된 3항 복합동사.「[言(い)い + 広(ひろ)

め]+出(だ)す」
[3]驚(おどろ)き怪(あや)しむ : 놀라며 의아해하다. 복합동사「驚(おどろ)き+怪(あや)しむ」

⟪28⟫ [マルコによる福音書 5:21 - 5:24]

> イエスがまた舟(ふね)で向(む)こう岸(ぎし)へ[1]渡(わた)られると、大(おお)ぜいの群衆(ぐんしゅう)がみもとに集(あつ)まって来(き)た。イエスは海(うみ)べに[2]おられた。[マルコによる福音書 5:21]
> (예수께서 다시 배로 바다 건너편으로 건너가시자, 많은 군중이 예수가 계신 곳으로 모여들었다. 예수께서는 바닷가에 계셨다. [5:21])

[1]渡(わた)られる : 건너가시다.「渡(わた)る」의 レル형 경어.
[2]おられる : 계시다.「いる」의 レル형 경어. 구어역 신약성서에서는「いる」의 특정형 경어인「いらっしゃる」는 등장하지 않고 그 대신「おいでになる」가 최고위 경어로 쓰이고 있다.

　한편, 北原保雄編(2001)에서는〈おる〉의 본동사 용법 중에서 ③「お客様は今別室におられます ; 손님은 지금 별실에 계십니다」등은 현재는 서부 일본적인 말씨로 동일본에서는 일반적으로「いらっしゃいます」「おいでになります」가 된다[50]고 기술하고 있다.

　그리고 藤井俊博(2001)는「おる」의 의미・용법에 관해,「현대어에서는「おる」의 정녕어적(丁寧語的)인 용법의 발달과 함께「おります」(정중체)「おられる」(존경체)의 말씨가 증가하고 있다. 이것은 공통어의「いる」에서「いられる」(존경체)를 만들기 어렵다는 점,「いらっしゃる」(존경어 ; 계시다, 오시다, 가시다)가 여성어적이어서 남성이 사용하기 어렵다는 점 등이 배경에 있겠지만,「おる」

---

50) 北原保雄(2001)『明鏡国語辞典』明治書院. p. 262에서 인용하여 번역.

의 정녕어(丁寧語)로서의 용법의 증가라고 하는 점과 무관계하지는 않을 것이다.[51]고 설명하고 있다.

구어역 신약성서 성격상 굳이 서부 일본 방언적인 말씨를 채택할 적극적인 이유가 없고, [존대어(尊大語)]나 [경비어(軽卑語)]로서의「おる」나 화자 자신을 낮추는 소위 겸양어(謙讓語)1로서의「おる」를 사용할 필요도 인정되지 않는다.

구어역 신약성서에서는「おられる」(중위 경어)가「おいでになる」(고위 경어)와 한 쌍을 이루면서 존재의 존경표현으로 쓰이고 있다.

> そこへ、[1]会堂司(かいどうづかさ)のひとりであるヤイロという者(もの)が来(き)て、イエスを[2]見(み)かけると、その足(あし)もとに[3]ひれ伏(ふ)し、[マルコによる福音書 5:22]
> (거기로 회당장 중의 한 사람인 야이로라는 자가 와서, 예수를 만나자, 그 발아래에 넙죽 엎드리고, [5:22])

[1]会堂司(かいどうづかさ) : 회당장.
[2]見(み)かける : 눈에 띄다. 만나다.「見(み)かけると」의「~と」는 기정조건으로 쓰이고 있다.
[3]ひれ伏(ふ)す[平伏(ひれふ)す] : 부복하다. 넙죽 엎드리다.

> しきりに願(ねが)って言(い)った、「わたしの幼(おさな)い娘(むすめ)が[1]死(し)にかかっています。どうぞ、その子(こ)がなおって[2]助(たす)かりますように、[3]おいでになって、[4]手(て)をおいてやってください」。[マルコによる福音書 5:23]
> (계속 간청하며 말했다. "제 어린 딸이 막 죽어가고 있습니다. 부디 이 아이가 병에서 나아서 살아나도록, 오셔서 손을 얹어 주십시오." [5:23])

---

51) 藤井俊博(2001)「おる」『日本語文法辞典』(山口明穂・秋本守英編)에 所収 明治書院. p. 112에서 인용하여 번역.

[1] 死(し)にかかる : 막 죽어가다. 「～かかる」는 동사의 연용형에 접속되어 개시상을 나타내는 후항동사이다. ①막[마침] ～다. ②바야흐로 ～하게 되다. ～하려 하다. 「溺(おぼ)れかかる : 막 물에 빠지려 하다」

[참고]

「～かかる」: 시간상의 후항동사

「～かかる」는 주로 순간동사에 접속되어 전체를 계속동사로 만드는 기능을 하는데 한국어로는 ①「막(마침) ～하다」, ②「바야흐로 ～하다」에 대응하는 경우가 많다. 이때의 「～かかる」는 「～かける」와 호환성이 있으며, 일본어로는 「～しようとする」「～しそうになる」와 치환 관계에 있다.

[例] 小鳥(ことり)が窓(まど)から部屋(へや)に{入(はい)りかかった・入りかけた}が、すぐ飛(と)び去(さ)った。
(작은 새가 창을 통해 방으로 막 들어오려다가 금방 날아가 버렸다.)
{沈(しず)みかかった・沈みかけた}船(ふね)から、乗客(じょうきゃく)たちが次々(つぎつぎ)とボートに乗(の)り移(うつ)った。
(막 가라앉으려는 배에서 승객들이 계속해서 보트에 옮겨 탔다.)
私は、交通事故(こうつうじこ)で{死(し)にかかった・死にかけた}んですが、幸(さいわい)にこのように元気(げんき)になりました。
(나는 교통사고로 거의 죽을 뻔했습니다만, 다행히 이와 같이 건강해졌습니다.)
やっと、かぜが治(なお)りかかったのに、また引(ひ)きなおしたらしい。
(겨우 감기가 나으려고 했는데 또 다시 걸릴 것 같다.)
これはもう壊(こわ)れかかっていますね、新(あたら)しいのを買(か)いましょう。
(이것은 이제 고장이 나려고 하는군요. 새 것을 삽시다.)
このページが切(き)れかかっているね。直(なお)しておいたほうがいいね。
(이 페이지가 찢어질 것 같군요. 고쳐 두는 게 좋겠군.)[52]

---

52) 李成圭(2003a)『도쿄 비즈니스 일본어1』不二文化. p. 63에서 인용.

[2]助(たす)かる : ①살아나다. ②부담·노력·고통 등이 경감되어 도움이 되다.
[3]おいでになる : 오시다. 「来(く)る」의 특정형 경어로 레루형 경어 「来(こ)られる」보다 경의도가 높다.
[4]手(て)をおいてやってください : 손을 얹어 주십시오. 양방면적(両方面的) 수수표현. 「手(て)をおく ; 손을 얹다」에 「〜てやる」가 접속된 것은 「예수 → 어린 딸」에로의 수수표현(의뢰표현)을, 그것에 「〜てください」가 접속되면 「회당장 → 예수」에로의 수수표현을 나타내는데 한국어에서는 이와 같은 복합적인 수수표현이 언어적으로 분화되어 있지 않다.

> そこで、イエスは彼(かれ)と一緒(いっしょ)に[1]出(で)かけられた。[マルコによる福音書 5:24]
> (그래서 예수께서는 그와 함께 나가셨다. [5:24])

[1]出(で)かけれる : 「出(で)かける」의 레루형 경어.

⟪29⟫ [マルコによる福音書 5:24 - 5:34]

> 大(おお)ぜいの群衆(ぐんしゅう)もイエスに[1][2]押(お)し迫(せま)りながら、[3]ついて行(い)った。[マルコによる福音書 5:24]
> (많은 군중도 예수를 뒤따라오면서 따라갔다. [5:24])

[1]押(お)し迫(せま)る : 다가오다. 박두하다. 뒤따라오다. 복합동사 「押(お)し+迫(せま)る」
[2]〜ながら : 〜하면서. 동시진행.
[3]ついて行(い)く : 따라가다.

209

> さて[1]ここに、[2]十二年間(じゅうにねんかん)も[3]長血(ながち)を[4]患(わずら)っている女(おんな)がいた。[マルコによる福音書 5:25]
> (그런데 여기 12년간이나 적대하를 앓고 있는 여자가 있었다. [5:25])

[1]ここ : 여기. 문맥지시의 용법.「ここ」는 현장지시의 경우, 화자가 현재 있는 장소를 가리키는데, 문맥지시의 경우에는 화제의 중심이 되는 장소를 가리킨다.
[2]十二年間(じゅうにねんかん)も : 12년간이나.「～も」는 의외성을 나타낸다.

[참고]

「～も」;「～이나」(의외성)
본문의「十二年間(じゅうにねんかん)も」는「12년간이나」의 뜻으로 이때의「～も」는 의외성을 나타낸다. 의외성을 나타내는「～も」는 대개 수량을 나타내는 말에 붙는다.
[例] 彼(かれ)の身長(しんちょう)は2(に)メートルもあります。
　　(그의 키는 2미터나 됩니다.)
　　この辞書(じしょ)は神田(かんだ)の本屋(ほんや)で1万円(いちまんえん)もした。
　　(이 사전은 간다 책방에서 만 엔이나 했다.)
　　雨(あめ)は十日間(とおかかん)も降(ふ)り続(つづ)いた。
　　(비는 10일간이나 계속 내렸다.)
　　山村(やまむら)さんは、この会社(かいしゃ)に三十年(さんじゅうねん)も勤(つと)めている。
　　(야마무라 씨는 이 회사에 30년이나 근무하고 있다.)
　　A : じゃ、日本(にほん)の歌(うた)も歌(うた)えますね。
　　　(그럼, 일본 노래도 부를 수 있겠군요.)
　　B : ええ、もちろん。20曲(にじゅっきょく)ぐらいは歌(うた)えますよ。
　　　(네, 물론이죠. 20곡 정도는 부를 수 있어요.)

A：20曲(にじゅっきょく)も。よく覚(おぼ)えましたね。

　　(20곡이나요. 많이 배웠군요.)

그리고 동질성이나 첨가를 나타내는「～も」의 예를 들면 다음과 같다.
[例]ここは外国人(がいこくじん)もよく旅行(りょこう)に来(き)ます。
　　(여기는 외국인들도 자주 여행하러 옵니다.)
　　わたしの家(いえ)では父(ちち)も時々(ときどき)料理(りょうり)をします。
　　(우리 집에서는 아버지도 가끔 음식을 만듭니다.)
　　水野(みずの)さんはテニスが上手(じょうず)ですが、野球(やきゅう)も上手(じょうず)です。
　　(미즈노 씨는 테니스를 잘 합니다만, 야구도 잘 합니다.)[53]

[3]長血(ながち) : 자궁에서 불규칙적인 출혈이 장기간 계속되는 것. 적대하(赤帯下 ; しゃくたいげ).
[4]患(わずら)う : 병을 앓다. 병이 나다.

多(おお)くの[1]医者(いしゃ)にかかって、[2]さんざん[3]苦(くる)しめられ、その[4]持(も)ち物(もの)をみな[5]費(ついや)してしまったが、[6]何(なん)の甲斐(かい)もない[7]ばかりか、かえってますます[8]悪(わる)くなる一方(いっぽう)であった。[マルコによる福音書 5:26]
(많은 의사의 치료를 받으면서 호되게 고생을 하고, 그녀가 가지고 있는 것을 전부 써서 없애고 말았지만, 아무런 효과도 없을 뿐 아니라, 오히려 점점 계속해서 나빠지기만 했다. [5:26])

---

[1]医者(いしゃ)にかかる : 의사의 진찰을[치료를] 받다.

---

53) 李成圭等著(1996)『홍익나가누마 일본어2 해설서』홍익미디어. pp. 195-196에서 인용.

[2]さんざん : 정도부사로 쓰일 경우에는 정도가 극심한 모양을 나타내는데, 한국어로는 「몹시·실컷·호되게」에 상당하는 뜻을 나타낸다.

[例]先生(せんせい)にさんざん叱(しか)られた。

(선생님한테 호되게 꾸중을 들었다.)

いままで、あたしは、さんざん情報(じょうほう)を外部(がいぶ)に流(なが)してきた…。

(지금까지 저는 상당히 많이 정보를 외부로 유출시켜 왔다….)

大学(だいがく)を出(で)る時(とき)にさんざん悩(なや)んで決(き)めたことですから、全(まった)く行(い)く気(き)はなかった。

(대학을 나올 때 몹시 고민하고 결정한 일이니까, 전혀 갈 생각은 없었다.)

さんざん働(はたら)かせて、あとになってお金(かね)を払(はら)わないとは、我慢(がまん)ができない。

(실컷 일을 시키고 나서 나중이 되어 돈을 지불하지 않다니, 참을 수 없다.)

下請(したうけ)の町工場(まちこうば)は、これまでさんざん苦杯(くはい)をなめさせられてきた。

(마을의 하청 공장은 지금까지 온갖 고배를 맛보아야만 했었다.)

昨年(さくねん)さんざんお世話(せわ)になった田中(たなか)ですが、中村(なかむら)さん、おいででしょうか。

(작년에 신세를 많이 진 다나카입니다만, 나카무라 씨 계십니까?)

[3]苦(くる)しめられる : 고통을 받다. 괴롭힘을 당하다. 「苦(くる)しめる」의 수동.

[4]持(も)ち物(もの) : 소유물. 소지품.

[5]費(つい)やす : 쓰다. 써 없애다.

[6]何(なん)の甲斐(かい)もない : 아무런 보람(효과)도 없다. 「甲斐(かい)」는 행동의 결과로서 나타나는 표시나 노력한 결과를 의미한다. 「苦心(くしん)した甲斐(かい)がない ; 고심한 보람이 없다」「我慢(がまん)した甲斐(かい)があった ; 참은 보람이 있었다」

[7][何(なん)の甲斐(かい)もない]ばかりか : 아무런 효과도 없을 뿐 아니라.

[참고]

「～ばかりか」: ～뿐만 아니라

「～ばかりか」는 부조사「ばかり」에 계조사(係助詞)「か」가 접속한 것으로, 한국어의「～뿐만 아니라」에 상당하는 뜻을 나타내는데, 유의표현으로는 「～だけでなく」가 있다.

[例] 風(かぜ)ばかりか、雨(あめ)まで降(ふ)ってきた。

(바람뿐만 아니라, 비까지 내리기 시작했다.)

いくら呼(よ)んでも、返事(へんじ)をしないばかりか、うるさいぞとどなり返(かえ)してきた。

(아무리 불러도 대답을 하지 않을 뿐만 아니라, 시끄럽다고 호통으로 되받아쳤다.)

次(つぎ)の契約(けいやく)が取(と)りやすくなるばかりか、ほかの顧客(こきゃく)を紹介(しょうかい)してもらえることもあるからだ。

(다음 계약을 따기 쉬울 뿐만 아니라, 다른 고객을 소개 받을 수 있는 일도 있기 때문이다.)

どうやら、家(いえ)の者(もの)には、自分(じぶん)の姿(すがた)が見(み)えないばかりか、声(こえ)も聴(き)こえてはいないらしい。

(아무래도 집에 있는 사람에게는 자신의 모습이 안 보일 뿐만 아니라, 소리도 들리고 있지는 않는 것 같다.)

不思議(ふしぎ)なのは、日本(にほん)でのオードリー人気(にんき)が本人(ほんにん)の死後(しご)も衰(おとろ)えないばかりか、高(たか)まりさえ見(み)せていることである。

(이상한 것은 일본에서의 오드리 햅번의 인기가 본인의 사후에도 쇠퇴되지 않을 뿐만 아니라, 고조되는 것처럼 보이고 있다는 점이다.)

そうなると、免疫(めんえき)機能(きのう)が低下(ていか)して、さまざまな病気(びょうき)にかかりやすくなるばかりか、腸(ちょう)の老化(ろうか)をさらに進(すす)めてしまいます。
(그렇게 되면, 면역 기능이 저하되어 갖가지 병에 걸리기 쉬워질 뿐만 **아니라**, 장의 노화를 더욱 진행시켜 버립니다.)

[8] 悪(わる)くなる一方(いっぽう)だ : 계속해서 나빠지기만 하다. 「一方(いっぽう)」에는 「一方(いっぽう)だ・一方(いっぽう)です」의 형태로 쓰여 하나의 상태가 더욱 강해지는 것을 나타내는 용법이 있는데, 한국어로는 「계속 ~하기만 하다」 「~일로이다」에 상당한다.

[例] 車(くるま)の事故(じこ)は増(ふ)える一方(いっぽう)だ。
(차 사고는 증가 추세이다.)
しばらく学校(がっこう)へ行(い)けなかったので、漢字(かんじ)を忘(わす)れる一方(いっぽう)です。
(한 동안 학교에 가지 못해서 한자를 계속 잊어버리기만 합니다.)
最近(さいきん)は高校生(こうこうせい)の中(なか)にも隠(かく)れてタバコをやる人(ひと)が増(ふ)える一方(いっぽう)です。
(요즘은 고교생 중에도 숨어서 담배를 피우는 학생이 계속 늘고 있습니다.)
以下(いか)で示(しめ)すように、我(わ)が国(くに)の出生率(しゅっしょうりつ)は下(さ)がる一方(いっぽう)である。
(이하에서 제시하는 바와 같이, 우리나라의 출생률은 계속해서 감소되는 추세이다.)

この女(おんな)がイエスのことを聞(き)いて、群衆(ぐんしゅう)の中(なか)に[1]紛(まぎ)れ込(こ)み、後(うし)ろから、[2]み衣(ころも)にさわった。[マルコによる福音書 5:27]
(이 여자가 예수에 관한 이야기를 듣고 군중 속에 끼어 들어와서 뒤에서 예수님의 옷에 손을 댔다. [5:27])

[1]紛(まぎ)れ込(こ)む : 혼잡한 틈을 타서 잠입하다. 잘못 섞여 들다. 복합동사 「紛(まぎ)れ+込(こ)む」

[2]み衣(ころも) : 「衣(ころも)」에 존경의 접두사 「み」가 접속된 것으로 예수의 옷을 높이고 있다.

それは、[1]せめて、み衣(ころも)にでもさわれば、[2]治(なお)していただけるだろうと、思(おも)っていたからである。[マルコによる福音書 5:28]
(그것은 적어도 예수님의 옷이라도 손을 대면 병이 나을 것이라고 생각하고 있었기 때문이다. [5:28])

---

[1]せめて : 하다못해. 적어도. 최소한.
  [例]100点(ひゃくてん)ではなくても、せめて90点(きゅうじゅってん)は取(と)りたかった。
    (100점은 아니더라도 적어도 90점은 따고 싶었다.)
  このごろは忙(いそが)しくて休(やす)めないんです。せめて日曜日(にちようび)
  ぐらいはゆっくり休(やす)みたいものです。
    (요즘 바빠서 쉬지 못합니다. 하다못해 일요일만큼은 푹 쉬었으면 합니다.)
  外国(がいこく)へ行(い)けなくても、せめて北海道(ほっかいどう)や
  九州(きゅうしゅう)へは行(い)きたいと思(おも)います。
    (외국에 갈 수 없어도 적어도 홋카이도나 규슈에는 갔으면 합니다.)
  もうお帰(かえ)りになるんですか。せめてお茶(ちゃ)ぐらい飲(の)んで
  いらっしゃればいいのに。
    (벌써 돌아가십니까? 하다못해 차 정도는 들고 가시면 좋을 텐데요.)

[2]治(なお)していただける : 수수표현 「治(なお)していただく」의 가능형으로 한국어로 직역하면 「삼가 고쳐 받을 수 있다」이지만, 「[예수께서] 고쳐 주실 수 있다 → (그 결과) 나을 수 있다 → 낫다」로 번역해 두었다.

> すると、[1]血(ち)の元(もと)がすぐに乾(かわ)き、女(おんな)は[2]病気(びょうき)が治(なお)ったことを、[3]その身(み)に感(かん)じた。[マルコによる福音書 5:29]
> (그러자, 출혈의 근원이 곧 마르고, 여자는 병이 나은 것을 그 몸으로 느꼈다. [5:29])

[1]血(ち)の元(もと)が乾(かわ)く : 피[출혈]의 근원이 마르다.

[2]病気(びょうき)が治(なお)る : 병이 낫다.

[3]その身(み)に感(かん)じる : 그 몸으로 느끼다. 「感(かん)ずる[불규칙동사]・感(かん)じる[1단동사]」는 목적격을 취해「느끼다」의 뜻을 나타낸다. 「感(かん)ずる」는「感(かん)じる」보다도 다소 고풍스럽고 무거운 느낌을 수반하기 때문에「感(かん)じる」는 구어체나 문장체 다 사용하지만, 「感ずる」는 논문 등의 문장체에서만 사용된다.

[例] 李(イー)、世界中(せかいじゅう)の料理(りょうり)が日本(にほん)にいながらにして食(た)べられることを感(かん)じる。
(이승민, 전 세계의 요리를 해외에 나가지 않고 일본에 있으면서도 먹을 수 있다는 것을 느낀다.)

毎年(まいねん)正月(しょうがつ)、子供(こども)たちに会(あ)うたびに、立派(りっぱ)になっているのを感(かん)じる。
(매년 설날에 아이들을 만날 때마다 훌륭하게 성장하는 것을 느낀다.)

両親(りょうしん)は子供(こども)の成長(せいちょう)に喜(よろこ)びを感(かん)じるものだ。
(부모님은 아이의 성장에 기쁨을 느끼는 법이다.)

科学者(かがくしゃ)の実験(じっけん)によると、動物(どうぶつ)たちは人間(にんげん)よりずっとすぐれた感覚(かんかく)を持(も)っていて、人間(にんげん)にはとうてい感(かん)じられないような自然(しぜん)の変化(へんか)を感(かん)じ取(と)ることができるらしいのです。
(과학자의 실험에 의하면, 동물들은 인간보다 훨씬 뛰어난 감각을 지니고

있어, 인간으로는 도저히 느낄 수 없는 그런 자연의 변화를 감지할 수가 있다고 합니다.)

習(なら)ってはじめて、外国語(がいこくご)の勉強(べんきょう)の難(むずか)しさを<u>感(かん)じさせられました</u>。

(배우고 나서야 비로소 외국어 공부의 어려움을 알게 되었습니다.)

「寒(さむ)いと感(かん)ずる；춥다고 느끼다」

「痛(いた)みを感(かん)ずる；고통을 느끼다」

「春(はる)を感(かん)ずる；봄을 느끼다」

「無(な)くても不便(ふべん)を感(かん)じない；없어도 불편을 느끼지 않는다」

<u>感(かん)ずる所(ところ)</u>があって、行(おこな)いを改(あらた)める。

(느끼는 바가 있어 행동을 고치다.)

イエスはすぐ、自分(じぶん)の内(うち)から力(ちから)が出(で)て行(い)ったことに[1][2]気(き)づかれて、群衆(ぐんしゅう)の中(なか)で[3]振(ふ)り向(む)き、「[4]わたしの着物(きもの)にさわったのはだれか」と言(い)われた。 [マルコによる福音書 5:30]

(예수께서는 곧 자기 안에서 힘이 나간 것을 알아차리시고, 군중 속에서 뒤돌아보고 "내 옷에 손을 댄 사람은 누구냐?"고 말씀하셨다. [5:30])

---

[1] 気(き)づく: 깨닫다. 눈치 채다. 알아차리다.

[2] 気(き)づかれる: 눈치 채시다. 알아차리시다. 「気(き)づく」의 レル형 경어.

[3] 振(ふ)り向(む)く: (되)돌아보다.

[4] わたしの着物(きもの)にさわったのはだれか: 내 옷에 손을 댄 사람은 누구냐? 「だれがわたしの着物(きもの)にさわったのか」를 「～のは～{だ・です}」 형식을 이용하여 강조구문으로 만든 것이다.

[참고]

「~のは~です」: 강조구문(분열문)

문 성분을 「~のは~{だ・です}」 형식을 이용하여 강조구문 또는 분열문(分裂文)을 만드는 예를 들면 다음과 같다.

[例] 李(イー)さんは来月(らいげつ)国(くに)へ帰(かえ)ります。
　　(이승민 씨는 다음 달에 고국에 돌아갑니다.)
　　→ 李(イー)さんが国(くに)へ帰(かえ)るのは、来月(らいげつ)です。
　　(이승민 씨가 고국에 돌아가는 것은 다음 달입니다.)

わたしはお昼(ひる)にうなぎを食(た)べた。
(나는 점심에 장어를 먹었다.)
→ わたしがお昼(ひる)に食(た)べたのは、うなぎだ。
(내가 점심에 먹은 것은 장어다.)

わたしはきのう田中(たなか)さんに会(あ)いました。
(나는 어제 다나카 씨를 만났습니다.)
→ わたしがきのう会(あ)ったのは、田中(たなか)さんです。
(내가 어제 만난 사람은 다나카 씨입니다.)

サッカーはスポーツの中(なか)でいちばん人気(にんき)があります。
(축구는 스포츠 중에서 가장 인기가 있습니다.)
→ スポーツの中(なか)でいちばん人気(にんき)があるのは、サッカーです。
(스포츠 중에서 가장 인기가 있는 것은 축구입니다.)

高橋(たかはし)さんがクラスでいちばん背(せ)が高(たか)いです。
(다카하시 씨가 반에서 가장 키가 큽니다.)
→ クラスでいちばん背(せ)が高(たか)いのは、高橋(たかはし)さんです。

(반에서 가장 키가 큰 사람은 다카하시 씨입니다.)

みかんは果物(くだもの)の中(なか)でいちばんビタミンCが多(おお)いです。
(귤은 과일 중에서 가장 비타민C가 많습니다.)
→ 果物(くだもの)の中(なか)でいちばんビタミンCが多(おお)いのは、みかんです。
(과일 중에서 가장 비타민C가 많은 것은 귤입니다.)

この機種(きしゅ)がいちばん操作(そうさ)が簡単(かんたん)です。
(이 기종이 가장 조작이 간단합니다.)
→ 操作(そうさ)がいちばん簡単(かんたん)なのは、この機種(きしゅ)です。
(조작이 가장 간단한 것은 이 기종입니다.)

わたしは食(た)べ物(もの)の中(なか)で焼(や)き肉(にく)がいちばん好(す)きです。
(나는 음식 중에서 불고기를 가장 좋아합니다.)
→ わたしが食(た)べ物(もの)の中(なか)でいちばん好(す)きなのは、焼(や)き肉(にく)です。
(내가 음식 중에서 가장 좋아하는 것은 불고기입니다.)[54]

そこで弟子(でし)たちが言(い)った、「[1][2]ごらんのとおり、群衆(ぐんしゅう)が[3]あなたに押(お)し迫(せま)っていますのに、だれがさわったかと、[4]おっしゃるのですか」。[マルコによる福音書 5:31]
(그러자 제자들이 말했다. "보시는 바와 같이 군중들이 선생님을 바싹 뒤따라오고 있는데, 누가 손을 댔느냐고 말씀하시는 것입니까?" [5:31])

---

54) 李成圭等著(1996)『홍익나가누마 일본어2 해설서』홍익미디어. pp. 39-40에서 인용.

[1]ごらんのとおり: 보시는 바와 같이.

[2]ごらん[御覧(ごらん)] : 「見(み)ること: 보는 것」의 경어.

[例]御覧(ごらん)のとおり、この町(まち)にはカやハエがいません。

(보시는 바와 같이 이 도시에는 모기나 파리가 없습니다.)

御覧(ごらん)なさい。あれが富士山(ふじさん)です。

(봐요. 저게 후지산입니다.)

これを御覧(ごらん)ください。

(이것을 보십시오.)

[3]あなたに押(お)し迫(せま)っていますのに : 선생님을 바싹 뒤따라오고 있는데.「~のに」는 용언의 연체형에 접속되어 역접을 나타내는 접속조사인데, 본문에서는 「押(お)し迫(せま)っていますのに」와 같이 정녕체 말씨인 「~ます」에 접속되어 쓰이고 있다.

[例]え? 五日分(いつかぶん)もらってありますのに、こんなにもらっちゃっていいんですか。

(넷? 5일분을 받았는데, 이렇게 많이 받아도 됩니까?)

よく見(み)ると、画面(がめん)には66個(ろくじゅうろっこ)出(で)ていますのに、3個(さんこ)しかそのブランドの物(もの)が無(な)いのです。

(잘 보니, 화면에는 66개 나와 있는데, 3개밖에 그 브랜드 상품이 없습니다.)

志(こころざし)を得(え)ないまま歳月(さいげつ)が過(す)ぎ、老(お)いが目前(もくぜん)に迫(せま)っておりますのに、功業(こうぎょう)を建(た)てることもできません。

(뜻을 이루지 못한 채 세월이 지나, 어느덧 늙는 것이 목전에 다가오고 있는데 공업을 세울 수도 없습니다.)

[4]おっしゃる : 말씀하시다.「言(い)う」의 특정형 경어로 대화문에 쓰이고 있는데, レル형 경어인「言(い)われる」보다 경의도가 높다.

しかし、イエスはさわった者(もの)を[1][2]見(み)つけようとして、[3]見回(みまわ)しておられた。[マルコによる福音書 5:32]

(그러나 예수께서는 자기 옷에 손을 댄 사람을 찾으려고 둘러보고 계셨다. [5:32])

[1] 見(み)つける : 찾다. 찾아내다. 발견하다.
[2] [見(み)つけ]ようとして : [찾으]려고 해서. 「見(み)つける」의 미연형 「見(み)つけ」에 화자의 의도나 의향을 나타내는 「～ようとする ; ～하려고 하다」의 テ형인 「～ようとして」가 접속된 것.

[참고]

「～{う・よう}として」: 「～하려고 하여」

[例] こっそり抜(ぬ)け出(だ)して遊(あそ)びに行(い)こうとしていたら、母(はは)と目(め)が合(あ)ってしまった。
(살짝 빠져나와 놀러 가려고 하고 있었는데, 어머니와 눈이 마주쳤다.)
あの手(て)この手(て)を使(つか)い、彼女(かのじょ)の気(き)を引(ひ)こうとしてきたが、彼女(かのじょ)が突然(とつぜん)来年(らいねん)の春(はる)に結婚(けっこん)することを聞(き)いて、もう人生(じんせい)の目標(もくひょう)を失(うしな)ってしまった。
(온갖 수단을 써서 그녀의 마음을 끌려고 했지만, 그녀가 갑자기 내년 봄에 결혼한다는 것을 듣고 이제 인생의 목표를 잃어버렸다.)
足(あし)もとに重(かさ)ね合(あ)わされた黒(くろ)い襞(ひだ)や金属板(きんぞくばん)は絶(た)えず激(はげ)しく振動(しんどう)して私(わたし)を振(ふ)り落(お)とそうとしている。
(발밑에 겹겹이 접혀 있는 검은 주름과 금속판은 쉬지 않고 거세게 진동해서 나를 떨어뜨리려고 하고 있다.)
わたしが行(い)ったときにはもう会(かい)が終(お)わろうとしていた。
(내가 갔을 때는 이미 모임은 끝나려고 하고 있었다.)
彼(かれ)らは賑(にぎ)やかな夢(ゆめ)を見(み)ようとして、夢の殻(から)ばかりを掴(つか)まされたわけである。
(그들은 화려한 꿈을 보려고 하다가 꿈의 빈 껍질만을 잡고 만 것이다.)
出(で)かけようとして玄関(げんかん)まで出(で)て来(き)たら、中田(なかた)

さんが訪(たず)ねて来(き)た。
(나가려고 현관까지 나왔는데 나카타 씨가 찾아왔다.)
車(くるま)を車庫(しゃこ)に入(い)れようとして、塀(へい)にぶつけてしまった。
(차를 차고에 넣으려고 하다가 담에 부딪치고 말았다.)
社長(しゃちょう)に抜擢(ばってき)され、傾(かたむ)いた会社(かいしゃ)を再建(さいけん)しようとしてきたが、わたしの力不足(ちからぶそく)で結局(けっきょく)、倒産(とうさん)してしまった。
(사장님에게 발탁되어 기울어진 회사를 재건하려고 해 왔는데, 제 능력 부족으로 결국 도산하고 말았다.)
秋(あき)の日(ひ)はつるべ落(お)としを言(い)われるが、日(ひ)は早(はや)くも西(にし)の山(やま)に没(ぼっ)しようとしている。
(가을 해는 두레박 떨어지듯 빨리 저문다고 하는데 해는 빨리도 서쪽 산에 지려고 하고 있다.)

[3]見回(みまわ)しておられる : 둘러보고 계시다. 「見(み)ましている」의 레루형 경어.

その女(おんな)は自分(じぶん)の身(み)に起(お)ったことを知(し)って、恐(おそ)れおののきながら[1]進(すす)み出(で)て、[2]みまえにひれ伏(ふ)して、すべて[3]ありのままを[4]申(もう)し上(あ)げた。[マルコによる福音書 5:33]
(그 여자는 자기 몸에 일어난 것을 알고 무서워 벌벌 떨면서 앞으로 나아가 예수님 앞에 넙죽 엎드리고 모든 것을 사실대로 말씀드렸다. [5:33])

[1]進(すす)み出(で)る : 앞으로 나아가다[나오다]. 복합동사「進(すす)み+出(で)る」
[2]みまえ[御前] : 신불(神仏)이나 귀인(貴人)의 앞.
[3]ありのまま : 있는 그대로. 사실대로.

[예]弁護士(べんごし)にはありのまま打(う)ち明(あ)けたほうがいいと思(おも)います。
(변호사에게는 있는 그대로 털어놓는 게 좋을 것 같습니다.)
部長(ぶちょう)にはその時(とき)の模様(もよう)をありのままお話(はな)しいたしました。
(부장님에게 그 때의 상황을 있는 그 대로 말씀드렸습니다.)
わたしはこれらのけやきを眺(なが)めるたびに、自然(しぜん)のありのままの姿(すがた)を感(かん)じるとともに、人間(にんげん)相互(そうご)の信頼(しんらい)と友情(ゆうじょう)をこれらのけやきが受(う)け継(つ)いでいるように思(おも)えてなりません。
(나는 이들 느티나무를 바라볼 때마다 자연의 있는 그대로의 모습을 느끼면서 동시에 인간 상호간의 신뢰와 우정을 이들 느티나무가 이어받고 있는 것 같은 생각이 들어 견딜 수가 없었습니다.)

[4]申(もう)し上(あ)げる: 말씀드리다.「言(い)う」의 겸양어I.
[예]開会(かいかい)に際(さい)して一言(ひとこと)ご挨拶(あいさつ)を申(もう)し上(あ)げます。
(개회에 즈음하여 한 마디 인사 말씀을 올리겠습니다.)
そのようなことを課長(かちょう)に申(もう)し上(あ)げた記憶(きおく)はございません。
(그와 같은 것을 과장님께 말씀드린 기억은 없습니다.)
あのう、こんなこと、申(もう)し上(あ)げるのは何(なん)ですけど、もう結婚(けっこん)なんて諦(あきら)めて一人(ひとり)で優雅(ゆうが)な生活(せいかつ)を送(おく)ればいいのにと思(おも)うんですけど。
(저, 이런 말씀 드리는 것은 뭣합니다만, 이제 결혼 같은 거 포기하고 혼자서 우아한 생활을 보내면 좋을 것 같은데요.)
A: 私(わたし)はこれから取引先(とりひきさき)に行(い)って来(く)るから、社長(しゃちょう)がお見(み)えになったら、そう申(もう)し上(あ)げてくれないか。
(나는 거래처에 갔다가 올 테니까, 사장님께서 오시면 그렇게 말씀드려 줘.)

223

B: かしこまりました。そのように申(もう)し上(あ)げます。

(알겠습니다. 그렇게 말씀드리겠습니다.)[55]

イエスはその女(おんな)に言(い)われた、「[1]娘(むすめ)よ、あなたの信仰(しんこう)があなたを[2]救(すく)ったのです。[3]安心(あんしん)して行(い)きなさい。すっかり治(なお)って、[4]達者(たっしゃ)でいなさい」。[マルコによる福音書 5:34]

(예수께서는 그녀에게 말씀하셨다. "딸아, 그대의 믿음이 그대를 구했어요. 안심하고 가요. 병이 다 나서 건강하게 지내요." [5:34])

---

[1]娘(むすめ)よ: 딸아. 「〜よ」는 호격조사.
[2]救(すく)う: 구하다.
[3]安心(あんしん)する: 안심하다.
[4]達者(たっしゃ)だ: ①건강하다. 튼튼하다. ②잘하다. 능숙하다.

《30》[マルコによる福音書 5:35 - 5:43]

イエスが、[1]まだ[2]話(はな)しておられる(2)うちに、会堂司(かいどうづかさ)の家(いえ)から人々(ひとびと)が来(き)て言(い)った、「[3]あなたの娘(むすめ)は[4]亡(な)くなりました。[5]このうえ、先生(せんせい)を[6]煩(わずら)わす[7]には及(およ)びます[8]まい」。[マルコによる福音書 5:35]

(예수께서 계속 이야기를 하고 계시는 동안, 회당장 집에서 사람들이 와서 말했다. "따님께서 죽었습니다. 더 이상 선생님께 수고를 끼칠 필요는 없을 것입니다." [5:35])

---

55) 李成圭等著(1996)『홍익나가누마 일본어3 해설서』홍익미디어. p. 335에서 인용.

[1]まだ話(はな)しておられる : 계속 이야기하고 계시다. 「まだ」에는 이전 상태가 그 때까지 계속되고 있는 것을 나타내는 용법이 있는데, 한국어로는 「계속」「아직도」에 상당한다. 「未(ま)だ雨(あめ)が降(ふ)っている ; 계속 비가 내리고 있다」「未(ま)だ寝(ね)ている ; 아직도 자고 있다」

[2]話(はな)しておられる : 이야기하고 계시다. 「話(はな)している」의 レル형 경어.

[3]あなたの娘(むすめ) : 따님. 「あなた」는 「会堂司(かいどうづかさ) ; 회당장」을 지칭하는 것으로 여기에서는 경어적 하위자가 상위자에게 사용하고 있다.

[4]亡(な)くなる : 죽다. 돌아가다. 사람이 죽는 것을 「死(し)ぬ ; 죽다」보다도 다소 완곡하게 말하는 말. → 「無(な)くなる : 없어지다」

 [例]先生(せんせい)が亡(な)くなる。

  (선생님이 죽다.)

  亡(な)くなった母(はは)がこう申(もう)しました。

  (돌아가신 어머니가 이렇게 말했습니다.)

[5]このうえ : 더 이상.

 [例]この上(うえ)迷惑(めいわく)をかけるな。

  (더 이상 폐를 끼치지 마.)

  この上(うえ)、成績(せいせき)をよくするのは、とても大変(たいへん)です。

  (더 이상 성적을 좋게 하는 것은 몹시 힘듭니다.)

  わたしはあの人(ひと)にじゅうぶんお礼(れい)を言(い)いました。この上(うえ)、何(なに)をする必要(ひつよう)があるのでしょうか。

  (저는 그 사람에게 충분히 고맙다는 인사를 했습니다. 더 이상 무엇을 할 필요가 있을까요?)

[6]煩(わずら)わす : ①정신적으로 괴롭히다. 걱정을 끼치다. ②수고를 끼치다. 귀찮은 일을 부탁하다.

[7]～には及(およ)ばない : 주로 「～するには及(およ)ばない」의 형태로 「～할 필요가 없다」「～하지 않아도 좋다」의 뜻을 나타낸다.

[例]自分(じぶん)で行(い)くには及(およ)ばない。

(직접 갈 필요는 없다.)

いえ、それには及(およ)びません。

(아뇨, 그럴 필요가 없습니다.)

心配(しんぱい)するには及(およ)ばん。

(걱정할 필요는 없다.)

手紙(てがみ)を出(だ)すには及(およ)びません。電話(でんわ)をかけますから。

(편지를 보낼 필요는 없습니다. 전화를 걸 테니까요.)

言(い)うにや及(およ)ぶ。

(말할 필요도 없는 일이다. 말해서 무엇 하리.)

[8] ~には及(およ)びますまい : ~할 필요가 없을 것입니다. 「~まい」는 ①부정의지. ②부정추량을 나타내는 조동사인데, 여기에서는 동사의 정녕체에 접속되어 쓰이고 있다. 「~には及(およ)びますまい＝~には及(およ)ばないでしょう」

[例]雨(あめ)にはなりますまい。[＝雨にはならないでしょう]

(비는 오지 않겠지요.)

もう二度(にど)と{行(い)くまい・行(い)きますまい}。

(이제 두 번 다시 {가지 않겠다・가지 않겠습니다}.)

終戦後(しゅうせんご)、男女(だんじょ)の風儀(ふうぎ)がすたったとは申(もう)せ、何(なに)も、そこまで流行(りゅうこう)を模倣(もほう)することもありますまい。

(패전 후 남녀의 풍기가 무너졌다고 해도 그렇게까지 유행을 모방할 필요도 없을 것이다.)

他(ほか)ならぬ坂田(さかた)さんのご依頼(いらい)ですから、父(ちち)もまさか いやとは言(い)いますまい。

(다른 아닌 사카타 씨의 의뢰이니, 아버지도 설마 싫다고는 하지 않을 것이다.)

> イエスはその話(はなし)している言葉(ことば)を[1]聞(き)き流(なが)して、会堂司(かいどうづかさ)に言(い)われた、「[2]恐(おそ)れることはない。[3]ただ信(しん)じなさい」。[マルコによる福音書 5:36]
> (예수께서는 그가 하는 말을 귀담아 듣지 않고, 회당장에게 말씀하셨다. "무서워하지 마라. 다만 믿기만 해라." [5:36])

[1] 聞(き)き流(なが)す : 건성으로 듣다. 한 귀로 듣고 한 귀로 흘려버리다. 귀담아 듣지 않다. 복합동사 「聞(き)き+流(なが)す」
[2] 恐(おそ)れることはない : 무서워할 것은 없다. 무서워하지 마라. 「〜ことはない」는 부정 명령의 뜻으로 쓰이고 있다.
[3] ただ : 그냥. 단지. 다만.
　[例] 親(おや)を亡(な)くした子供(こども)はただ泣(な)いてばかりいた。
　　　(부모를 잃은 어린이는 그냥 울기만 하고 있었다.)
　　　ただ、フランス語で佐川(さがわ)君の足取(あしど)りを書(か)き込(こ)んだその地図(ちず)を見(み)ながら、わたしは、パリというこの都(みやこ)がチェスの盤(ばん)に似(に)ていることにびっくりさせられた。
　　　(단지 프랑스어로 사가와 군의 행적을 적은 그 지도를 보면서, 나는 파리라고 하는 이 수도가 체스 판과 닮은 것을 알고 깜짝 놀랐다.)
　　　ただ、万一(まんいち)病気(びょうき)した時(とき)など、現地(げんち)係員(かかりいん)がいるのといないのとでは大違(おおちが)いですよ。。
　　　(다만, 만약 병이 났을 때와 같은 경우에는 현지 담당자가 있는 것과 없는 것은 큰 차이가 있어요.)
　　　A:「君(きみ)は会社(かいしゃ)の方針(ほうしん)に従(したが)えないというのか」
　　　　(자네는 회사 방침에 따를 수 없다고 하는 것인가?)
　　　B:「とんでもない。ただ、影響(えいきょう)を申(もう)し上(あ)げているのです」
　　　　(천만의 말씀입니다. 다만 영향을 말씀드리고 있는 것입니다.)

> そしてペテロ、ヤコブ、ヤコブの兄弟(きょうだい)ヨハネのほかは、[1]ついて来(く)ることを、だれにも[2]お許(ゆる)しにならなかった。[マルコによる福音書 5:37]
> (그리고 베드로, 야고보, 야고보의 형제 요한 이외에는 따라오는 것을 그 누구에게도 허락하지 않으셨다. [5:37])

[1]ついて来(く)る : 따라오다. 「ついて行(い)く ; 따라가다」
[2]お許(ゆる)しにならなかった : 허락하지 않으셨다. 「許(ゆる)す」의 ナル형 경어「お許(ゆる)しになる」의 부정 과거.

> 彼(かれ)らが会堂司(かいどうづかさ)の[1]家(いえ)に着(つ)くと、イエスは人々(ひとびと)が[2]大声(おおごえ)で泣(な)いたり、叫(さけ)んだりして、[3]騒(さわ)いでいるのをごらんになり、[マルコによる福音書 5:38]
> (그들이 회당장 집에 도착하자, 예수께서는 사람들이 큰소리로 울거나 소리치거나 하며 떠드는 것을 보시고, [5:38])

[1]家(いえ)に着(つ)くと : 집에 도착하자. 「～と」는 발견의 용법.
[2]大声(おおごえ)で泣(な)く : 큰소리로 울다.
[3]騒(さわ)ぐ : 떠들다. 소동을 피우다.

> 内(うち)に入(はい)って、彼(かれ)らに言(い)われた、「なぜ[1]泣(な)き騒(さわ)いでいるのか。子供(こども)は死(し)んだのではない。[2]眠(ねむ)っているだけである」。[マルコによる福音書 5:39]
> (안에 들어가서 그들에게 말씀하셨다. "왜 울며 떠들고 있느냐? 아이는 죽은 것이 아니다. 자고 있을 뿐이다." [5:39])

[1]泣(な)き騒(さわ)ぐ : 울며 떠들다. 복합동사「泣(な)き＋騒(さわ)ぐ」
[2]眠(ねむ)っているだけである : 자고 있을 뿐이다. 「～ている」에 한정의「～だけ」

가 접속된 것으로 같은 유형의 예를 들면 다음과 같다.

[例] 病気(びょうき)じゃなく、神経(しんけい)がちょっと疲(つか)れているだけですよ。
(병이 아니고 신경이 좀 피곤했을 뿐이에요.)

A: 長谷川(はせがわ)さん、何(なに)か買(か)うんですか。
(하세가와 씨, 뭐 삽니까?)

B: いや、ただ見(み)ているだけですよ。わたしには手(て)が出(で)ませんからね。
(아뇨, 그냥 보고 있는 거예요. 저는 살 엄두가 안 나서요.)

あの人(ひと)がやさしいなんて、笑(わら)わせないでください。初(はじ)めての人(ひと)には猫(ねこ)をかぶっているだけです。
(그 사람이 상냥하다니, 웃기지 마세요. 처음 만나는 사람에게는 본성을 감추고 착한 척하고 있는 것 뿐이에요.)

外国人(がいこくじん)で髪(かみ)や目(め)の色(いろ)が違(ちが)う人(ひと)は、外(そと)を歩(ある)いているだけでも目立(めだ)ちます。
(외국인 중에서 머리카락이나 눈 색깔이 다른 사람은 밖을 걸어 다니기만 해도 눈에 띕니다.)

人々(ひとびと)はイエスを[1]あざ笑(わら)った。しかし、イエスはみんなの者(もの)を[2]外(そと)に出(だ)し、子供(こども)の[3]父母(ふぼ)と[4][5]供(とも)の者(もの)たちだけを連(つ)れて、子供(こども)のいる所(ところ)に[6]入(はい)って行(い)かれた。[マルコによる福音書 5:40]
(사람들은 예수를 비웃었다. 그러나 예수께서는 모든 사람들은 밖으로 내보내고, 아이 부모와 예수를 따라온 사람들만 데리고, 아이가 있는 곳에 들어가셨다. [5:40])

---

[1] あざ笑(わら)う: 조소하다. 비웃다.
[2] 外(そと)に出(だ)す: 밖으로 내보내다.
[3] 父母(ふぼ): 부모. 아버지와 어머니. 일본어에서 「父母(ふぼ); 부모」는 문장체적 말씨이고 구어체에서는 일반적으로 「両親(りょうしん); 부모」가 쓰인다. 한

국어에서「両親；양친」은 문장체 언어이고「父母；부모」가 구어적 언어라는 점에서 대비된다.

[例] 父母(ふぼ)の恩(おん)は山(やま)よりも高(たか)く海(うみ)よりも深(ふか)し。

　　(부모님의 은혜는 산보다 높고 바다보다도 깊다.)

[4] 供(とも) : 귀인이나 윗사람을 따라가는 것. 또는 그 사람.

[5] 供(とも)の者(もの) : 수행하는 사람. 따라온 사람.

[6] 入(はい)って行(い)かれる : 들어가시다.「入(はい)って行(い)く」의 レル형 경어.

そして子供(こども)の手(て)を取(と)って、「[1]タリタ、クミ」と言(い)われた。それは、「少女(しょうじょ)よ、さあ、起(お)きなさい」という意味(いみ)である。[マルコによる福音書 5:41]

(그리고 아이 손을 잡고, "달리다굼(다리타 쿠미)"라고 말씀하셨다. 이것은 "소녀야 자 일어나거라."라는 의미이다. [5:41])

---

[1] タリタ クミ(Talitha cumi : 다리타 쿠미) : 달리다굼(표준새번역에 의함). 예수 그리스도가 야이로의 딸을 부활시킬 때 사용한 셈어 표현.「소녀여, 그대에게 말합니다. 일어나시오!」이 표현의 번자(翻字)는 그리스어 사본에서도 각각 다르게 나타난다. 이것은 아람어(Aramaic)라고 하지만, [Vines Expository Dictionary of Old and New Testament Words ; 바인의 구신약성서용어해설사전(旧新約聖書用語解説辞典)](1981年, 第4巻, 109페이지)에 의하면, 적어도 이 표현의 후반「クミ」는 히브리어로도 아람어로도 해석된다고 한다.[56]

すると、少女(しょうじょ)はすぐに起(お)き上(あ)がって、[1]歩(ある)き出(だ)した。十二歳(じゅうにさい)にもなっていたからである。彼(かれ)らは[2]たちまち[3][4]非常(ひじょう)な驚(おどろ)きに打(う)たれた。[マルコによる福音書 5:42]

---

56) https://wol.jw.org/ja/wol/d/r7/lp-j/1200004310에서 적의 인용하여 번역함.

(그러자, 소녀는 곧 바로 일어나서 걷기 시작했다. 12살이나 되었기 때문이다. 그들은 갑자기 커다란 놀라움에 충격을 받았다. [5:42])

[1]歩(ある)き出(だ)す : (갑자기) 걷기 시작하다.「歩(ある)く」에 개시상의 후항동사인「~出(だ)す」가 접속된 것.

[2]たちまち : 갑자기. 홀연히. 금세.

[3]非常(ひじょう)な : 대단한. 보통이 아닌. 심상치 않은. 형용동사「非常(ひじょう)だ」의 연체형.「非常(ひじょう)な悲(かな)しみ ; 대단한 슬픔」「非常(ひじょう)に嬉(うれ)しい ; 대단히 기쁘다」

[4]非常(ひじょう)な驚(おどろ)きに打(う)たれる : 커다란 놀라움에 충격을 받다. 몹시 놀라다.

イエスは、だれにもこの事(こと)を[1][2]知(し)らすなと、厳(きび)しく彼(かれ)らに命(めい)じ、また、少女(しょうじょ)に食物(しょくもつ)を[3]与(あた)えるようにと言(い)われた。[マルコによる福音書 5:43]
(예수께서는 아무에게도 이 일을 알리지 말라고 엄히 그들에게 명하고 그리고 소녀에게 먹을 것을 주라고 말씀하셨다. [5:43])

[1]知(し)らす : 알리다.「知(し)らせる」의 단축형.

[2][知(し)らす]な : [알리자] 마. 동사의 종지형에 부정명령이나 금지를 나타내는 종조사「~な」가 접속된 것.

[참고]

「~な」: 부정명령(금지)
「~な」는 동사의 종지형에 접속되어 한국어의「~마」「~말라」와 같은 부정명령, 즉 금지를 나타내는 종조사이다.「~な」는「~してはいけない」(~해서는 안 된다)와 같은 금지의 뜻을 나타내는데, 회화체에서는「~なよ」의 형태가 많이 쓰인다. 「～よ」가 붙으면 어감이 부드러워지고 「～しないほうが いい」(～하지 않는 것이 좋다)와 같은 기분을 나타낸다.

[例] 勘違(かんちが)いするなよ。

　　(착각하지 말라고.)

　　あまり人(ひと)をばかにしたようなことを言(い)うな。

　　(너무 사람을 무시하는 말을 하지 마.)

　　もうすんでしまったことだから、泣(な)くなよ。

　　(이미 끝난 일이니까 울지 마.)

　　私が、来(き)てもよいと言(い)うまでは、決(けっ)して来(く)るな。

　　(내가 와도 좋다고 말할 때까지는 절대 오지 마.)

　　試験(しけん)に失敗(しっぱい)したからって、あまりがっかりするな。

　　(시험에 실패했다고 해서 너무 실망하지 마.)

「～な」에는 다음과 같이 현수막 또는 표어에 쓰이는 문어체적인 용법도 있다.

[例] [踏切(ふみきり)の垂(た)れ幕(まく)] (건널목 현수막)

　　くぐるな。

　　(밑으로 지나가지 마시오.)

　　[標語(ひょうご)] (표어)

　　酒(さけ)を飲(の)んだら、車(くるま)に乗(の)るな。車に乗るなら、酒(さけ)は飲(の)むな。

　　(술을 마시면 차를 타지 맙시다. 차를 타려면 술은 마시지 말자.) [57]

[3] 与(あた)えるようにと言(い)われる : 주라고 말씀하시다. 「与(あた)えるようにと」는 「与(あた)える」에 동작의 목적을 나타내는 「ように」와 인용을 나타내는 격조사 「と」가 접속한 것.

---

57) 李成圭·権善和 (2006e) 『현대일본어 문법연구Ⅳ』 시간의물레. pp.104-105에서 인용.

A Linguistic Anlaysis of the Colloquial

Japanese Version of the Gospel of Mark I

부 록

Ⅰ. 구어역 신약성서에 있어서의 경어의 사용실태

Ⅱ. 복합동사

Ⅰ. 구어역 신약성서에 있어서의 경어의 사용실태

　이하, 구어역 신약성서에 있어서의 경어의 사용실태를 살펴보면 다음과 같다.

[1] [특정형(特定形)]의 존경어

1. 존재동사「いる」에서는
　①「いる:います」〈하나님〉[지문][설교][기도]·
　　「いる:います」〈예수〉[지문]·
　　「～でいる:～でいます」〈하나님〉[지문]·
　②「いる:おいでになる」〈하나님〉[지문]·
　　「～ている:ておいでになる」〈하나님〉[지문]·〈예수〉[지문][대화]·

2. 이동동사「行(い)く」「来(く)る」에서는
　「行(い)く:おいでになる」〈예수〉[지문][대화]·
　「来(く)る:おいでになる」〈예수〉[지문][대화][설교]·

3. 행위동사「する」에서는
　「する:なさる」〈하나님〉[지문][대화][설교][기도]·〈예수〉[지문][대화]·
　*특이사항으로는「동사의 연용형＋なさる」유형의 일반형이 사용되고 있다.
　「Vする:Vなさる」〈하나님〉[지문][설교]·〈예수〉[대화][기도]·

4. 발화동사「言(い)う」에서는
　①「言(い)う:仰(おお)せになる」〈하나님〉[지문][설교]・〈예수〉[지문]・
　②「言(い)う:仰(おお)せられる」〈하나님〉[지문][대화]・〈예수〉[대화]・
　③「言(い)う:おっしゃる」〈예수〉[대화]・〈일반인〉[대화]・
　　그리고「仰(おお)せの＋명사」〈예수〉[대화]・〈일반인〉[대화]・

5. 수수동사「くれる」에서는
　①「くれる:賜(たまわ)る」〈하나님〉[지문][기도]・
　②「くれる:賜(たま)う」〈하나님〉[지문][설교]・
　③「くれる:下(くだ)さる」〈하나님〉[지문][설교]・〈일반인〉[설교]・
　　「くれ:ください」〈예수〉[지문]・〈일반인〉[지문]・
　　그리고 수수동사「もらう」에서는
　　「もらう:賜(たまわ)る」〈하나님〉[지문][대화]・〈예수〉[지문]・

6. 수수표현「～てくれる」에서는
　①「～てくれる:お～下(くだ)さる」〈하나님〉[대화][설교][기도]・
　②「～てくれる:～てくださる」〈하나님〉[지문][대화][설교][기도]・
　　〈예수〉[지문][대화][기도]・〈御霊(みたま):성령〉[지문]・
　　「来(き)てくれる:おいで下(くだ)さる」〈하나님〉[지문]・〈예수〉[지문]・

7. 의뢰표현「～てくれ」에서는
　①「～てくれ:お～ください」〈하나님〉[기도]・〈예수〉[대화]・〈일반인〉
　　[대화][설교]
　②「～てくれ:～てください」〈하나님〉[기도]・〈예수〉[대화]・〈일반인〉
　　[대화]・

③「존경＋てください」〈하나님〉[대화]・〈예수〉[대화]・

8. 부정의 의뢰표현 「～ないでくれ」에서는

　「～ないでくれ：～ないでください」〈예수〉[대화][기도]・〈일반인〉[대화]・

9. 지각동사 「知(し)っている」에서는

　「知(し)っている：ご存(ぞん)じだ」〈하나님〉[지문][설교]・〈예수〉[대화][기도]・

10. 시각동사 「見(み)る」에서는

　「見(み)る：ご覧(らん)になる」〈예수〉[지문]・〈일반인〉[대화][설교]・

11. 「見(み)てくれ」에 상당하는 표현에 있어서는

　①「見(み)て下(くだ)さい：ごらん下(くだ)さい」〈예수〉[대화]・〈요한〉[대화]・

　②「見なさい：ごらんなさい」는 [대화]에 쓰이고 있는데,

　②-1 : 상위자에서 하위자에 대한 발화,

　②-2 : 동등한 관계에서의 발화,

　②-3 : 하위자에서 상위자에 대한 발화에서 모두 사용되고 있다는 점에서 현대일본어의 사용 영역과 차이를 보이고 있다.

　③「～てみなさい：～てごらんなさい」도 [대화]에 쓰이고 있는데,

　③-1 : 상위자에서 하위자에 대한 발화에만 사용되고 있고,

　③-2 : 동등한 관계에서의 발화와,

　③-3 : 하위자에서 상위자에 대한 발화에서 사용된 예는 발견되지 않는다.

12. 식음(食飮)에 관여하는 「食(た)べる」「飮(の)む」에서는

「食(た)べる・飲(の)む:召(め)し上(あ)がる」〈예수〉[대화]와 같이 사용되고 있다.

[2] 일반형 [ナル형]의 존경표현

일반형 [ナル형]의 존경표현으로는 다음과 같은 예가 사용되고 있다.

「洗(あら)う:お洗(あら)いになる」〈예수〉[대화]・
「つかわす:おつかわしになる」〈하나님〉[설교]・〈예수〉[지문][대화]・
　　　　　　　　　　　　　　　〈아버지, 아브라함〉[대화]
「思(おも)う:お思(おも)いになる」〈예수〉[대화]・
「買(か)う:お買(か)いになる」〈예수〉[대화]・
「かまう:おかまいになる」〈예수〉[대화]・
「願(ねが)う:お願(ねが)いになる」〈예수〉[대화]・
「住(す)まう:お住(す)まいになる」〈하나님〉[지문]・〈예수〉[지문]・
「聞(き)く:お聞(き)きになる」〈예수〉[대화]・
「裂(さ)く:お裂(さ)きになる」〈예수〉[대화]・
「まく:おまきになる」〈일반인〉[대화]・
「招(まね)く:お招(まね)きになる」〈하나님〉[지문]・〈예수〉[지문]・
「愛(あい)す:お愛(あい)しになる」〈하나님〉[지문]・
「いやす:おいやしになる」〈하나님〉[지문]・
「移(うつ)す:お移(うつ)しになる」〈하나님〉[地の문]・
「帰(かえ)す:お帰(かえ)しになる」〈하나님〉[지문]・
「捜(さが)す:お捜(さが)しになる」〈부모〉[대화]・
「示(しめ)す:お示(しめ)しになる」〈하나님〉[지문]・〈예수〉[지문]・
「話(はな)す:お話(はな)しになる」〈예수〉[지문]・

「果(は)たす:お果(は)たしになる」〈하나님〉[지문]・

「召(め)す:お召(め)しになる」〈하나님〉[지문]・

「渡(わた)す:お渡(わた)しになる」〈예수〉[지문]・

「許(ゆる)す:お許(ゆる)しになる」〈하나님〉[설교]・〈예수〉[지문]・

「育(そだ)つ:お育(そだ)ちになる」〈예수〉[지문]・

「持(も)つ:お持(も)ちになる」〈하나님〉[설교]・〈예수〉[대화]・

「選(えら)ぶ:お選(えら)びになる」〈하나님〉[설교]・〈예수〉[지문]・

「呼(よ)ぶ:お呼(よ)びになる」〈예수〉[지문]・

「住(す)む:お住(す)みになる」〈하나님〉[지문]・

「帰(かえ)る:お帰(かえ)りになる」〈예수〉[지문]・〈일반인〉[대화]・

「かかる:おかかりになる」〈예수〉[대화]・

「語(かた)る:お語(かた)りになる」〈하나님〉[지문][기도]・

「下(くだ)る:お下(くだ)りになる」〈신들〉[대화]・

「叱(しか)る:お叱(しか)りになる」〈예수〉[지문]・

「造(つく)る:お造(つく)りになる」〈하나님〉[설교]・

「通(とお)る:お通(とお)りになる」〈예수〉[지문]・

「取(と)る:お取(と)りになる」〈예수〉[지문]・

「乗(の)る:お乗(の)りになる」〈예수〉[지문]・

「入(はい)る:お入(はい)りになる」〈예수〉[지문]・

「やる:おやりになる」〈예수〉[지문]・

「分(わ)かる:お分(わ)かりになる」〈예수〉[대화]・〈각하(閣下)〉[대화]・

「〜てやる:〜ておやりになる」〈예수〉[대화]・

「降(お)りる:お降(お)りになる」〈예수〉[지문]・

「命(めい)じる:お命(めい)じになる」〈하나님〉[지문]・〈예수〉[지문][대화]・

「預(あず)ける:お預(あず)けになる」〈주인님〉[대화]・

「与(あた)える:お与(あた)えになる」〈하나님〉[지문]・〈예수〉[지문]・

「植(う)える：お植(う)えになる」〈하나님〉[설교]・
「受(う)ける：お受(う)けになる」〈하나님〉[설교]・〈예수〉[지문][대화][설교]・
「生(う)まれる：お生(う)まれになる」〈예수〉[지문][대화]・
「教(おし)える：お教(おし)えになる」〈예수〉[지문]・
「かける：おかけになる」〈예수〉[지문]・
「聞(き)かせる：お聞(き)かせになる」〈하나님〉[설교]・
「聞(き)き入(い)れる：お聞(き)き入(い)れになる」〈하나님〉[대화]・
「答(こた)える：お答(こた)えになる」〈예수〉[지문]・
「定(さだ)める：お定(さだ)めになる」〈하나님〉[대화]・
「授(さず)ける：お授(さず)けになる」〈하나님〉[설교]・
「調(しら)べる：お調(しら)べになる」〈閣下〉[대화]・
「責(せ)める：お責(せ)めになる」〈예수〉[지문]・
「すえる：おすえになる」〈하나님〉[설교]・
「尋(たず)ねる：お尋(たず)ねになる」〈예수〉[지문]・
「立(た)てる：お立(た)てになる」〈하나님〉[지문][설교]・〈예수〉[지문]・
「備(そな)える：お備(そな)えになる」〈하나님〉[설교]・
「仕(つか)える：お仕(つか)えになる」〈예수〉[지문]・
「告(つ)げる：お告(つ)げになる」〈하나님〉[지문]・〈예수〉[대화]・〈성령〉[설교]・
「出(で)かける：お出(で)かけになる」〈예수〉[지문]・
「任(まか)せる：お任(まか)せになる」〈예수〉[지문]・
「見捨(みす)てる：お見捨(みす)てになる」〈하나님〉[기도]・
「見(み)せる：お見(み)せになる」〈예수〉[지문]・
「分(わ)ける：お分(わ)けになる」〈예수〉[지문]・
「忘(わす)れる：お忘(わす)れになる」〈하나님〉[지문]・
「飲(の)ませる：お飲(の)ませになる」〈예수〉[대화]・

[3] 일반형 [レル형]의 존경표현

일반형 [レル형]의 존경표현으로는 다음과 같은 예가 사용되고 있다.

1. 존재동사「いる」에서는,
  「いる:おられる」〈하나님〉[지문]・〈예수〉[지문][대화]・
  「~ている:~ておられる」〈하나님〉[지문]・〈일반인・요한〉[지문][대화]・

2. 이동동사「行(い)く」「来(く)る」에서는
  「行(い)く:行(い)かれる」〈예수〉[지문][대화]・〈일반인〉[지문][대화]・
  「~て行(い)く:~て行(い)かれる」〈예수〉[지문][대화]・
  「来(く)る:来(こ)られる」〈예수〉[지문][대화][설교]・〈일반인〉[설교]・
  「~て来(く)る:~て来(こ)られる」〈예수〉[지문]・

3. 행위동사「する」에서는
  「する:される」〈하나님〉[지문]・〈예수〉[지문]・

4. 발화동사「言(い)う」「話(はな)す」「語(かた)る」에서는
  「言(い)う:言(い)われる」〈하나님〉[지문]・〈예수〉[지문]・〈천사〉[지문]・
  「話(はな)す:話(はな)される」〈예수〉[지문]・
  「語(かた)る:語(かた)られる」〈하나님〉[지문][대화]・〈예수〉[지문]・

5. 지각동사「知(し)っている」에서는
  「知(し)る:知(し)られる」〈예수〉[지문]・

6. 시각동사「見(み)る」에서는
　「見(み)る：見(み)られる」〈예수〉[지문]・
7. 식음(食飮)에 관여하는「食(た)べる」에서는
　「食(た)べる：食(た)べられる」〈예수〉[지문]・

　그리고 그밖에 다음과 같은 예도 사용되고 있다.

「教(おし)える：教(おし)えられる」〈예수〉[지문]・
「つかわす：つかわされる」〈하나님〉[지문][대화]・〈예수〉[지문]・
「～にあう：～にあわれる」〈예수〉[지문]・
「味(あじ)わう：味(あじ)わわれる」〈예수〉[지문]・
「負(お)う：負(お)われる」〈예수〉[지문]・
「行(おこな)う：行(おこな)われる」〈하나님〉[지문]・〈예수〉[지문]・
「思(おも)う：思(おも)われる」〈하나님〉[지문]・〈예수〉[대화]・
「吸(す)う：吸(す)われる」〈일반인〉[대화]・
「出会(であ)う：出会(であ)われる」〈예수〉[지문]・
「呪(のろ)う：呪(のろ)われる」〈예수〉[대화]・
「呼(よ)ばう：呼(よ)ばわれる」〈예수〉[지문]・
「歩(ある)く：歩(ある)かれる」〈예수〉[지문]・
「置(お)く：置(お)かれる」〈하나님〉[지문]・〈예수〉[지문]・
「気(き)づく：気(き)づかれる」〈예수〉[지문]・
「さばく：さばかれる」〈하나님〉[지문]・
「退(しりぞ)く：退(しりぞ)かれる」〈예수〉[지문]・
「近(ちか)づく：近(ちか)づかれる」〈예수〉[지문]・
「着(つ)く：着(つ)かれる」〈예수〉[지문]・
「座(ざ)に着(つ)く：座(ざ)に着(つ)かれる」〈예수〉[지문]・
「食卓(しょくたく)に着(つ)く：食卓(しょくたく)に着(つ)かれる」〈예수〉[지문]・

「席(せき)に着(つ)く：席(せき)に着(つ)かれる」〈예수〉[지문]・

「説(と)く：説(と)かれる」〈예수〉[지문]・

「愛(あい)す：愛(あい)される」〈하나님〉[지문]・

「あらわす：あらわされる」〈예수〉[지문]・

「いやす：いやされる」〈예수〉[지문]・

「起(お)こす：起(お)こされる」〈예수〉[지문]・

「帰(かえ)す：帰(かえ)される」〈예수〉[지문]・

「くつがえす：くつがえされる」〈예수〉[지문]・

「示(しめ)す：示(しめ)される」〈하나님〉[지문]・〈예수〉[지문]・

「過(す)ごす：過(すご)ごされる」〈예수〉[지문]・

「出(だ)す：出(だ)される」〈예수〉[지문]・

「[涙(なみだ)を]流(なが)す：[涙(なみだ)を]流(なが)される」〈예수〉[지문]・

「なす：なされる」〈하나님〉[지문]・〈예수〉[지문]・

「残(のこ)す：残(のこ)される」〈하나님〉[설교]・〈예수〉[지문]・

「滅(ほろ)ぼす：滅(ほろ)ぼされる」〈하나님〉[설교]・

「召(め)す：召(め)される」〈하나님〉[설교]・

「渡(わた)す：渡(わた)される」〈하나님〉[설교]・〈예수〉[지문]・

「立(た)つ：立(た)たれる」〈예수〉[지문]・

「鞭打(むちう)つ：鞭打(むちう)たれる」〈하나님〉[지문]・

「死(し)ぬ：死(し)なれる」〈예수〉[지문]・

「あわれむ：あわれまれる」〈예수〉[지문]・

「苦(くる)しむ：苦(くる)しまれる」〈예수〉[지문]・

「好(この)む：好(この)まれる」〈하나님〉[지문]・〈예수〉[지문]・

「憎(にく)む：憎(にく)まれる」〈하나님〉[지문]・

「望(のぞ)む：望(のぞ)まれる」〈하나님〉[지문]・

「休(やす)む：休(やす)まれる」〈하나님〉[지문]・

「帰(かえ)る:帰(かえ)られる」〈예수〉[지문]・
「上(あ)がる:上(あ)がられる」〈예수〉[지문]・
「祈(いの)る:祈(いの)られる」〈예수〉[지문]・
「送(おく)る:送(おく)られる」〈하나님〉[지문]・
「かえりみる:かえりみられる」〈하나님〉[지문]・
「憤(いきどお)る:憤(いきどお)られる」〈하나님〉[지문]・
「さわる:さわられる」〈예수〉[지문]・
「座(すわ)る:座(すわ)られる」〈예수〉[지문]・
「近寄(ちかよ)る:近寄(ちかよ)られる」〈예수〉[지문]・
「立(た)ち寄(よ)る:立(た)ち寄(よ)られる」〈예수〉[지문]・
「造(つく)る:造(つく)られる」〈하나님〉[지문]・〈예수〉[지문]・
「通(とお)る:通(とお)られる」〈예수〉[지문]・
「止(とど)まる:止(とど)まられる」〈예수〉[지문]・
「なくなる:なくなられる」〈일반인〉[대화]・
「なる:なられる」〈하나님〉[지문]・〈예수〉[지문]・
「登(のぼ)る:登(のぼ)られる」〈예수〉[지문]・
「乗(の)る:乗(の)られる」〈예수〉[지문]・
「入(はい)る:入(はい)られる」〈예수〉[지문]・
「はばかる:はばかられる」〈예수〉[대화]・
「[息(いき)を]引(ひ)き取(と)る:[息(いき)を]引(ひ)き取(と)られる」〈예수〉[지문]・
「蘇(よみがえ)る:蘇(よみがえ)られる」〈예수〉[지문][대화]・
「[명사]である:[명사]であられる」〈하나님〉[대화]・〈예수〉[지문]・
「[형용동사]である:[형용동사]であられる」〈하나님〉[지문]・〈예수〉[지문]・
「[형용사]くある:[형용사]くあられる」〈하나님〉〈예수〉・
「注(そそ)ぐ:注(そそ)がれる」〈하나님〉[지문]・〈예수〉[지문]・

「選(えら)ぶ:選(えら)ばれる」〈하나님〉[지문]・
「叫(さけ)ぶ:叫(さけ)ばれる」〈예수〉[지문]・
「忍(しの)ぶ:忍(しの)ばれる」〈하나님〉[지문]・
「結(むす)ぶ:結(むす)ばれる」〈하나님〉[지문]・
「喜(よろこ)ぶ:喜(よろこ)ばれる」〈하나님〉[지문]・
「報(むく)いる:報(むく)いられる」〈하나님〉[지문]・
「命(めい)じる:命(むく)じられる」〈예수〉[지문][대화]・
「上(あ)げる:上(あ)げられる」〈하나님〉[지문]・
「与(あた)える:与(あた)えられる」〈하나님〉[지문]・〈예수〉[지문]・
「当(あ)たる:当(あ)たられる」〈예수〉[지문]・
「合(あ)わせる:合(あ)わせられる」〈하나님〉[지문]・
「言(い)い聞(き)かせる:言(い)い聞(き)かせられる」〈예수〉[지문]・
「戒(いまし)める:戒(いま)められる」〈예수〉[설교]・
「受(う)ける:受(う)けられる」〈예수〉[설교]・
「得(え)る:得(え)られる」〈예수〉[지문]・
「[空腹(くうふく)を]覚(おぼ)える:[空腹(くうふく)を]覚(おぼ)えられる」〈예수〉[지문]・
「変(か)える:変(か)えられる」〈예수〉[지문]・
「かける:かけられる」〈예수〉[지문]・
「加(くわ)える:加(くわ)えられる」〈하나님〉[지문]・
「ささげる:ささげられる」〈예수〉[지문]・
「定(さだ)める:定(さだ)められる」〈하나님〉[지문]・〈예수〉[지문]・
「責(せ)める:責(せ)められる」〈하나님〉[지문]・
「備(そな)える:備(そな)えられる」〈하나님〉[지문]・
「答(こた)える:答(こた)えられる」〈예수〉[지문]・
「助(たす)ける:助(たす)けられる」〈하나님〉[지문]・

「尋(たず)ねる:尋(たず)ねられる」〈예수〉[지문]・
「立(た)てる:立(た)てられる」〈하나님〉[지문]・
「[名(な)を]つける:[名(な)を]つけられる」〈예수〉[지문]・
「伝(つた)える:伝(つた)えられる」〈예수〉[지문]・
「続(つづ)ける:続(つづ)けられる」〈예수〉[지문]・
「出(で)る:出(で)られる」〈예수〉[지문]・
「出(で)かける:出(で)かけられる」〈예수〉[지문]・
「とめる:とめられる」〈하나님〉[지문]・
「始(はじ)める:始(はじ)められる」〈하나님〉[지문]・
「任(まか)せる:任(まか)せられる」〈하나님〉[지문]・
「向(む)ける:向(む)けられる」〈예수〉[지문]・
「委(ゆだ)ねる:委(ゆだ)ねられる」〈하나님〉[지문]・
「[同情(どうじょう)を]寄(よ)せる:[同情(どうじょう)を]寄(よ)せられる」〈예수〉[지문]・
「呼(よ)び寄(よ)せる:呼(よ)び寄(よ)せられる」〈예수〉[지문]・
「～ておく:～ておかれる」〈하나님〉[지문]・
「～ておく:～ておかれる」〈일반인〉[대화]・
「～てしまう:～てしまわれる」〈하나님〉[지문]・〈예수〉[지문]・
「～はじめる:～はじめられる」〈예수〉[지문]・
「語(かた)りはじめる:語(かた)りはじめられる」〈예수〉[지문]・
「示(しめ)しはじめる:示(しめ)しはじめられる」〈예수〉[지문]・
「説(と)きはじめる:説(と)きはじめられる」〈예수〉[지문]・
「話(はな)しはじめる:話(はな)しはじめられる」〈예수〉[지문]・
「拭(ふ)きはじめる:拭(ふ)きはじめられる」〈예수〉[지문]・
「教(おし)えはじめる:教(おし)えはじめられる」〈예수〉[지문]・
「責(せ)めはじめる:責(せ)めはじめられる」〈예수〉[지문]・
「～だす(시간):～だされる」〈예수〉[지문]・

「語(かた)りだす : 語(かた)りだされる」〈예수〉[지문]・
「～だす(공간) : ～だされる」〈예수〉[지문]・
「描(えが)き出(だ)す : 描(えが)き出(だ)される」〈예수〉[지문]・
「選(えら)びだす : 選(えら)び出(だ)される」〈하나님〉[지문]・
「追(お)い出(だ)す : 追(お)い出(だ)される」〈예수〉[지문][대화]・
「導(みちび)き出(だ)す : 導(みちび)き出(だ)される」〈하나님〉[지문]・
「呼(よ)び出(だ)す : 呼(よ)び出(だ)される」〈하나님〉[지문]・
「～続(つづ)ける : ～続(つづ)けられる」〈예수〉[지문]・
「巡回(じゅんかい)し続(つづ)ける : 巡回(じゅんかい)し続(つづ)けれる」〈예수〉[지문]・
「～終(お)える : ～終(お)えられる」〈예수〉[지문]・
「語(かた)り終(お)える : 語(かた)り終(お)えられる」〈예수〉[지문]・
「～かける : ～かけられる」〈예수〉[지문]・
「帰(かえ)りかける : 帰(かた)りかけられる」〈예수〉[지문]・
「～込(こ)む : ～込(こ)まれる」〈예수〉[지문]・
「乗(の)り込(こ)む : 乗(の)り込(こ)まれる」〈예수〉[지문]・
「～込(こ)める : ～込(こ)められる」〈예수〉[지문]・
「言(い)い込(こ)める : 言(い)い込(こ)められる」〈예수〉[지문]・
「～上(あ)げる : ～上(あ)げられる」〈예수〉[지문]・
「引(ひ)き上(あ)げる : 引(ひ)き上(あ)げられる」〈하나님〉[지문]・
「～与(あた)える : ～与(あた)えられる」〈하나님〉[지문]・
「譲(ゆず)り与(あた)える : 譲(ゆず)り与(あた)えられる」〈하나님〉[지문]・
「分(わ)ける : 分(わ)け与(あた)えられる」〈하나님〉[지문]・〈성령〉[지문]・
「～返(かえ)る : ～返(かえ)られる」〈예수〉[지문]・
「生(い)き返(かえ)る : 生(い)き返(かえ)られる」〈예수〉[지문]・

[4] [특정형]의 존경어와 일반형 [レル형]의 존경표현의 혼용

한편 [특정형]의 존경어와 일반형 [レル형]의 존경표현이 혼용되고 있는 동사의 예도 존재한다.

1. 존재동사「いる」에서는

[특정형]인 ①「いる：います」〈하나님〉[지문][설교][기도]・「いる：います」〈예수〉[지문]・「～でいる：～でいます」〈하나님〉[지문] / ②「いる：おいでになる」〈하나님〉[지문]・「～ている：～ておいでになる」〈하나님〉[지문]・〈예수〉[지문][대화]와

[レル형]의「いる：おられる」〈하나님〉[지문]・〈예수〉[지문][대화] /「～ている：～ておられる」〈하나님〉[지문]・〈일반인・요한〉[지문][대화]가 함께 쓰이고 있다.

2. 이동동사「行(い)く」「来(く)る」에서는

[특정형]의「行(い)く：おいでになる」〈예수〉[지문][대화]・「来(く)る：おいでになる」〈예수〉[지문][대화][설교]와

[レル형]의「行(い)く：行(い)かれる」〈예수〉[지문][대화]・〈일반인〉[지문][대화]・「～て行(い)く：～て行(い)かれる」〈예수〉[지문][대화]・「来(く)る：来(こ)られる」〈예수〉[지문][대화][설교]・〈일반인〉[설교]・「～て来(く)る：～て来(こ)られる」〈예수〉[지문]의 2유형이 출현하고 있다.

3. 행위동사「する」에서는

[특정형]인「する：なさる」〈하나님〉[지문][대화][설교][기도]・〈예수〉[지문][대화]와

[レル형]의「する：される」〈하나님〉[지문]・〈예수〉[지문]의 2유형이 사용되고 있다.

4. 발화동사「言(い)う」에서는

[특정형]의
① 「言(い)う:仰(おお)せになる」〈하나님〉[지문][설교]・〈예수〉[지문]・
② 「言(い)う:仰(おお)せられる」〈하나님〉[지문][대화]・〈예수〉[대화]・
❸ 「言(い)う:おっしゃる」〈예수〉[대화]・〈일반인〉[대화]의 계열과
[レル형]의「言(い)う:言(い)われる」〈하나님〉[지문]・〈예수〉[지문]・〈천사〉[지문]의 계열이 쓰이고 있는 것처럼 경어 사용에 있어서 복잡한 양상을 보이고 있다.

한편,「話(はな)す」에서는「話(はな)す:話(はな)される」〈예수〉[지문]・「語(かた)る」에서는「語(かた)る:語(かた)られる」〈하나님〉[지문][대화]・〈예수〉[지문]과 같이 쓰이고 있다.

5. 지각동사「知(し)っている」에서는

[특정형]인「知(し)っている:ご存(ぞん)じだ」〈하나님〉[지문][설교]・〈예수〉[대화][기도]와
[レル형]의「知(し)る:知(し)られる」〈예수〉[지문],

6. 시각동사「見(み)る」에서는

[특정형]의「見(み)る:ご覧(らん)になる」〈예수〉[지문]・〈일반인〉[대화][설교]와
[レル형]의「見(み)る:見(み)られる」〈예수〉[지문]의 2유형이 쓰이고 있고,

7. 식음(食飮)에 관여하는「食(た)べる」「飲(の)む」에서는

[특정형]의「食(た)べる・飲(の)む:召(め)し上(あ)がる」〈예수〉[대화]와
[レル형]의「食(た)べる:食(た)べられる」〈예수〉[지문]이 혼용되고 있다.

[5] 일반형 [ナル형]의 존경표현과 [レル형]의 존경표현의 혼용

일반형 [ナル형]의 존경표현과 [レル형]의 존경표현이 혼용되고 있는 동사의 예도 다음과 같이 확인된다.

1. [ナル형] : 「つかわす : おつかわしになる」〈하나님〉[설교]・〈예수〉[지문]
   [대화]・〈아버지, 아브라함＞[대화] /
   [レル형] : 「つかわす : つかわされる」〈하나님〉[지문][대화]・〈예수〉[지문]

2. [ナル형] : 「思(おも)う : お思(おも)いになる」〈예수〉[대화] /
   [レル형] : 「思(おも)う : 思(おも)われる」〈하나님〉[지문]・〈예수〉[대화]

3. [ナル형] : 「愛(あい)す : お愛(あい)しになる」〈하나님〉[지문] /
   [レル형] : 「愛(あい)す : 愛(あい)される」〈하나님〉[지문]

4. [ナル형] : 「いやす : おいやしになる」〈하나님〉[지문] /
   [レル형] : 「いやす : いやされる」〈예수〉[지문]

5. [ナル형] : 「示(しめ)す : お示(しめ)しになる」〈하나님〉[지문]・〈예수〉[지문] /
   [レル형] : 「示(しめ)す : 示(しめ)される」〈하나님〉[지문]・〈예수〉[지문]

6. [ナル형] : 「話(はな)す : お話(はな)しになる」〈예수〉[지문] /
   [レル형] : 「話(はな)す : 話(はな)される」〈예수〉[지문]

7. [ナル형] : 「召(め)す : お召(め)しになる」〈하나님〉[지문] /
   [レル형] : 「召(め)す : 召(め)される」〈하나님〉[설교]

8. [ナル형] : 「渡(わた)す : お渡(わた)しになる」〈예수〉[지문] /
   [レル형] : 「渡(わた)す : 渡(わた)される」〈하나님〉[설교]・〈예수〉[지문]

9. [ナル형] : 「帰(かえ)る : お帰(かえ)りになる」〈예수〉[지문]・〈일반인〉[대화] /
   [レル형] : 「帰(かえ)る : 帰(かえ)られる」〈예수〉[지문]

10. [ナル형] : 「語(かた)る : お語(かた)りになる」〈하나님〉[지문][기도] /
    [レル형] : 「語(かた)る : 語(かた)られる」〈하나님〉[지문][대화]・〈예수〉[지문]

11. [ナル형] : 「造(つく)る : お造(つく)りになる」〈하나님〉[설교] /
    [レル형] : 「造(つく)る : 造(つく)られる」〈하나님〉[지문]・〈예수〉[지문]

12. [ナル형] : 「通(とお)る : お通(とお)りになる」〈예수〉[지문] /
    [レル형] : 「通(とお)る : 通(とお)られる」〈예수〉[지문]

13. [ナル형] : 「乗(の)る : お乗(の)りになる」〈예수〉[지문] /
    [レル형] : 「乗(の)る : 乗(の)られる」〈예수〉[지문]

14. [ナル형] : 「入(はい)る : お入(はい)りになる」〈예수〉[지문] /
    [レル형] : 「入(はい)る : 入(はい)られる」〈예수〉[지문]

15. [ナル형] : 「命(めい)じる : お命(めい)じになる」〈하나님〉[지문]・〈예수〉[지문][대화] /
    [レル형] : 「命(めい)じる : 命(めい)じられる」〈예수〉[지문][대화]

16. [ナル형]:「教(おし)える:お教(おし)えになる」〈예수〉[지문] /
    [レル형]:「教(おし)える:教(おし)えられる」〈예수〉[지문]

17. [ナル형]:「与(あた)える:お与(あた)えになる」〈하나님〉[지문]・〈예수〉[지문] /
    [レル형]:「与(あた)える:与(あた)えられる」〈하나님〉[지문]・〈예수〉[지문]

18. [ナル형]:「かける:おかけになる」〈예수〉[지문] /
    [レル형]:「かける:かけられる」〈예수〉[지문]

19. [ナル형]:「答(こた)える:お答(こた)えになる」〈예수〉[지문] /
    [レル형]:「答(こた)える:答(こた)えられる」〈예수〉[지문]

20. [ナル형]:「尋(たず)ねる:お尋(たず)ねになる」〈예수〉[지문] /
    [レル형]:「尋(たず)ねる:尋(たず)ねられる」〈예수〉[지문]

21. [ナル형]:「立(た)てる:お立(た)てになる」〈하나님〉[지문] /
    [レル형]:「立(た)てる:立(た)てられる」〈하나님〉[지문]

22. [ナル형]:「出(で)かける:お出(で)かけになる」〈예수〉[지문] /
    [レル형]:「出(で)かける:出(で)かけられる」〈예수〉[지문]

23. [ナル형]:「任(まか)せる:お任(まか)せになる」〈예수〉[지문] /
    [レル형]:「任(まか)せる:任(まか)せられる」〈하나님〉[지문]

II. 복합동사

■ 어구조(語構造)

　종래 사전에는 없는, 본 데이터베이스의 독자적인 특징은 **복합동사(複合動詞)의 어구조(語構造)를 표시하는 데에 있다**. 이것은 2개의 동사의 연속체를, 전항동사(前項動詞) [V1]과 후항동사(後項動詞) [V2]의 의미관계와 후항동사 [V2]의 의미기능에 기초하여 표시한 것이다. 그러나 「어구조」에 관한 생각은 작성자[影山(かげやま)]의 언어학적 분석이 배경으로 되어 있기 때문에 아직 증명된 정설(定説)은 아니다. 하나의 안(案)으로서, 향후 연구를 위해 이용되기를 바란다.

1. V V (동사+동사)

　V V 유형은 2개의 동사가 각각 본래의 의미와 격관계(格関係)를 가지고 있는 경우로, 「복합동사(複合動詞)」라는 명칭이 가장 어울리는 타입이다. 대략적인 구분 방식으로는 [V1+V2]가 「V1하고, V2」, 「V1하면서, V2」, 혹은 「V1이기 때문에, V2」와 같이 전항동사 [V1]이 후항동사 [V2]를 여하튼 어떤 관계로 수식한다고 해석되는 경우이다.
　예를 들어, 「[犬(いぬ)が草花(くさばな)を]踏(ふ)みつぶす ; 개가 화초를 짓밟아 찌그러뜨리다」라면, 「犬(いぬ)が草花(くさばな)を]踏(ふ)んでつぶす ; 개가 화초를 짓밟아서 찌그러뜨리다」로 치환할 수 있다. 이 경우, 전항(前項) 「踏(ふ)む」는 「犬(いぬ)が草花(くさばな)を踏(ふ)む ; 개가 화초를 짓밟다」, 후항(後項) 「つぶす」는 「犬(いぬ)が草花(くさばな)をつぶす ; 개가 화초를 찌그러뜨리다」와 같이 각각이 주어·목적어의 관계를 가지고 있고,

「踏(ふ)みつぶす」 전체가 「踏むことによってつぶす ; 밟음으로서 찌그러뜨리다」라는 의미를 나타낸다.

마찬가지로,

「ドアを押(お)し開(あ)ける ; 밀어서 열다」=ドアを押(お)して、開(あ)ける

「流(なが)れ着(つ)く ; 어떤 곳에 이르다[다다르다]. 표착하다」=流(なが)れて、着(つ)く(あるいは、流(なが)れながら着(つ)く

「歩(ある)き疲(つか)れる ; 걸어서 피로하다」=歩(ある)いて、疲(つか)れる

이와 같이 ＶＶ형에서는, 기본적으로 후항동사[V2]가 문 전체의 격관계(항(項) 관계)를 결정한다.

2. Ｖｓ (동사＋보조적인 동사)

전항동사(前項動詞)[V1]는 본래의 의미와 격관계를 가지지만, 후항동사(後項動詞)[V2]는 문자 그대로의 의미가 희박해져 있어, 격관계[항구조(項構造)]도 대부분 상실되어, 보조적(補助的 ; subsidiary)인 동사로 되어 있다. 그로 인해 「V1하고, V2」와 「V하면서, V」라는 형태로 치환할 수 없다. 예를 들어, 다음과 같은 치환은 할 수 없다.

「雨(あめ)が降(ふ)りしきる ; 비가 계속해서 몹시 오다」≠ ＊雨(あめ)が降(ふ)って、しきる

「空(そら)が晴(は)れ渡(わた)る ; 하늘이 활짝 개다.」≠ ＊空(そら)が晴(は)れて、渡(わた)る

「死(し)に急(いそ)ぐ；죽지 않아도 좋은데 빨리 죽으려 하다. 죽음을 재촉하다」≠ * 死(し)んで、急(いそ)ぐ

「花(はな)が咲(さ)き競(きそ)う；꽃이 앞 다퉈 피다」≠ * 花(はな)が咲(さ)いて、競(きそ)う

「花(はな)が咲(さ)き誇(ほこ)る；꽃이 화려하게 피다[한창 피다]」≠ * 花(はな)が咲(さ)いて、誇(ほこ)る

「雨(あめ)が降(ふ)り注(そそ)ぐ；비가 내리쏟아지다」≠ * 雨(あめ)が降(ふ)って、注(そそ)ぐ

오히려 역으로,

「降(ふ)りしきる」라면「しきりに[絶(た)え間(ま)なく]降(ふ)る；빈번히[끊임없이] 오다」,
「晴(は)れ渡(わた)る」라면「空(そら)の隅々(すみずみ)まで行(ゆ)き渡(わた)るように、晴(は)れる；하늘 구석구석까지 고루 미치도록 개다」,
「死(し)に急(いそ)ぐ」라면「急(いそ)いで死(し)ぬ；서둘러 죽다」,
「咲(さ)き競(きそ)う」라면「競(きそ)って[競(きそ)うように]咲(さ)く；경쟁해서[경쟁하는 듯이] 피다」,
「花(はな)が咲(さ)き誇(ほこ)る」라면「誇(ほこ)らしげに咲(さ)く；자랑스럽게 피다」,
「降(ふ)り注(そそ)ぐ」라면「注(そそ)ぐように[勢(いきお)いよく]降(ふ)る；붓듯이[기세 좋게] 오다」

와 같이 동사의 전후 관계를 역전시켜서 치환하는 것이 가능하다. 이와 같이 Vs타입의 후항동사[V2]는, 원래의 동사로서의 기능을 상실하고, 전항동사[V1]을 수식한다고 하는 보조적인 기능을 지니고 있다. 이로 인해 문 전체의 격관계는 전적으로 [V1]에 의해 결정된다.

3. pV(접두사화한 동사 + 동사)

「差(さ)し迫(せま)る ; 박두하다. 절박[임박]하다. 닥치다.」의 「差(さ)し」, 「ぶっ飛(と)ばす ; ①힘차게 내던지다[날리다]. ②마구 세차게 때리다[후려치다]. ③마구[냅다] 몰다.」의 「ぶっ(ぶつ, 打(う)つ)」, 「打(う)ち重(かさ)なる ; 몇 겹으로 겹치다.」의 「打(う)ち」, 「押(お)し隠(かく)す ; 애써 감추다. 숨기다.」의 「押(お)し」, 「ひっぱたく ; 세게 치다. 냅다 때리다.」의 「ひっ」와 같이, 전항동사 본래의 의미가 희박해져서, 접두사적 (prefix)으로 된 것. 이 경우, 전항동사[p]는 후항동사의 의미를 강화할 뿐, 격관계는 후항동사에 의해 결정된다.

4. V(일어화(一語化))

현대인의 어감(語感)으로는 2어(二語)로 구성되는 복합동사라고 하기보다, 1어(一語)로서 고정화되어 있다고 인식되는 것. 예를 들어, 「(気分(きぶん)が)落(お)ち着(つ)く ; 기분이 안정되다」, 「思(おも)い出(だ)す ; 생각해 내다. 상기하다.」, 「折(お)り入(い)る(折り入って ; 특별히. 긴히.)」.

◆주의◆
[ⅤⅤ]형인가 [Ⅴs]형인가의 판단은 상술한 바와 같이 의미와 문법적 기능에 의한 것으로, 자립형식(自立形式)인가 구속형식(拘束形式)인가의 형태적인 상위는 아니다.

예를 들어, 같은 「散(ち)らす」라고 하더라도, 「食(く)い散(ち)らす; 이것저것 찔끔찔끔 먹다. 지저분하게 먹다.」・「蹴散(けち)らす; ①한데 모여 있는 것을 발로 차서 흩뜨리다. ②적 등을 쫓아 흩뜨리다. 쫓아 해산시키다.」 등에서는 문자 그대로의 「흩뜨리다. 어지르다. 어지럽히다.」라는 의미를 지니고, 「～を散(ち)らす」라는 격관계를 유지하고 있기 때문에 「食(く)い散(ち)らす・蹴散(けち)らす」는 [ⅤⅤ형]이다. 한편, 「わめき散(ち)らす; 마구 소리쳐대다」・「怒鳴(どな)り散(ち)らす; 마구 호통을 쳐대다」의 「散(ち)らす」는, 「여기저기, 주위를 아랑곳없이」와 같은 그런 부사적인 의미로 되어 있기 때문에 [Ⅴs형]으로 분류된다.

복합동사의 후항(後項)으로 사용되는 「～込(こ)む」는 형태적으로는 구속형식(拘束形式)이지만, 의미가 2개 있다. 하나는, 「들어가다」 혹은 「넣다」와 같은 물리적인 이동을 나타내는 경우로, 이 때는 「込(こ)む」 자체가 「どこそこに」라는 착점(着点)을 취한다. 「流(なが)れ込(こ)む; ①흘러들다. ②많은 사람이 몰려오다.」, 「流(なが)し込(こ)む; 흘려서 속에 집어 넣다」 등은 물론, 「事務所(じむしょ)に怒鳴(どな)り込(こ)む[暴(あば)れ込(こ)む]; 사무실에 호통을 치며 들어가다[난입하다]」와 같이 전항(前項)이 단순한 동작동사인 경우도, 「～込(こ)む」가 접속함으로써 「어떤 장소에」라는 표현이 가능해지기 때문에, 이 「込(こ)む」는 「들어가다・넣다」와 마찬가지 기능을 지니고 있다고 간주되며, [ⅤⅤ형]로 분류된다. 한편, 「考(かんが)え込(こ)む; 골똘히 생각하다. 생각에 잠기다.」・「泊(と)まり込(こ)む; 그대로 묵다. 머무르다.」・「煮込(にこ)む; ①여러 가지 재료를 넣어서 끓이다. ②푹 끓이다. 푹 삶다.」처럼, 전항동사가 나타내는 사상(事象)의 결과를 강조하는 그런 의미의 경우는, [Ⅴs형]이다. 동일한 「走(はし)り込(こ)む」도, 「交番(こうばん)に走(はし)り込(こ)む; 파출소에 달려 들어가다[뛰어들다]」는 [ⅤⅤ형], 「試合(しあい)を目前(もくぜん)にして、走(はし)り込(こ)む; 시합을 목전에 두고 연습 달리기를 충분히 하다」와 같은 경우는 [Ⅴs형]이다.

「~去(さ)る」도 마찬가지로 문자 그대로「떠나가다」와 같은 물리적 이동을 나타내는 경우는 [ＶＶ형],「완전히」와 같이 정도를 나타내는 경우는 [Ｖｓ형]으로 분류할 수 있다. 이 기준에 의하면,「走(はし)り去(さ)る;(사람・차 등이 달려서[몰고]) 사라져 버리다. 달아나 버리다. 떠나 버리다.」・「逃(に)げ去(さ)る; 멀리 도망쳐 가다」・「運(はこ)び去(さ)る; 실어 달아나다」・「連(つ)れ去(さ)る; 속이거나 강요하거나 해서 다른 곳으로 데려가다」 등은 [ＶＶ형],「消(け)し去(さ)る; 지워 없애다」・「拭(ぬぐ)い去(さ)る;①씻어 없애다. 씻어 내다. ②완전히 없애다. 깨끗이 씻어 내다.」・「葬(ほうむ)り去(さ)る;①매장해 버리다. ②없애 버리다. 덮어 버리다. ③사회적으로 실추시키다.」 등은 [Ｖｓ형]이다.

5. [Ｖｓ형]의 [ｓ] (후항동사)의 특징

후항동사(後項動詞)[s]는, 보조동사적으로 되어 있기 때문에 다음과 같은 제한이 있다.

(1) [V2(보조동사)]는, [V1(전항)]의 개념적 의미에 대해 어떤 어휘적 애스펙트(aspect)의 의미를 첨가한다.
   [例]「空(そら)が晴(は)れ渡(わた)る; 하늘이 활짝 개다」는「空(そら)が渡(わた)る」이 아니라,「空(そら)が晴(は)れる; 하늘이 개다」라는 사상이「구석구석에 미치다」라는 의미.
(2) [V2(보조동사)]는, 단독으로 사용될 때의 동사와 의미가 다르다.
   [例]「呆(あき)れはてる; 기가 막히다. 어이없다.」・
   「晴(は)れ渡(わた)る; 활짝 개다」・
   「思(おも)い過(す)ごす; 상기하다. 생각해 내다.」・
   「待(ま)ちわびる; 애타게 기다리다. 고대하다.」・
   「褒(ほ)めちぎる; 극구 칭찬하다」

(3) [V2(보조동사)]는, 한정된 전항[V1]에만 접속된다.

[例] 현대어에서는 「~わびる」는 「待(ま)つ」에만 결합한다. 「~しきる」는 「降(ふ)る」 혹은 「鳴(な)く」에만 결합한다.

(4) [V2(보조동사)]는, 현대일본어에서는 단독으로 사용되지 않는 것이 있다.

[例] 「降(ふ)りしきる ; 계속해서 몹시 오다」・

「言(い)いふらす ; 말을 퍼뜨리다」・

「着古(きふる)す ; 오래 입어 낡게 하다」・

「呼(よ)び習(なら)わす ; 늘 불러 익숙하다」・

「黙(だま)りこくる ; 잠자코 있다」・

「眠(ねむ)りこける ; 푹 잠들어버리다. 정신없이 자다.」

(5) [V2(보조동사)]는, 동사로서의 활용 패러다임이 불완전한 것이 있다.

[例] 私(わたし)はそのドレスが届(とど)くことが待(ま)ちきれない。(* 待(ま)ちきれる)

(나는 그 드레스가 도착하는 것을 손꼽아 기다린다.)

(6) [V1]과 [V2]의 의미 해석이 단순하지 않기 때문에 유아(乳児)나 외국인 학습자는 습득하는 데에 시간이 걸린다고 생각된다. 또한, 성인도 의미를 정확히 파악하지 못해 오용이 발생하기 쉽다.

[例] 煮詰(につ)まる : (원래는 충분히 논의가 되어 결론에 근접하다」라는 의미이지만, 요즘은 「벽에 부딪쳐 결론이 안 나다 / 향후 전망이 서지 않다」고 하는 의미로 사용되는 경향이 늘었다.)

6. [Ⅴs형]이 나타내는 의미

(1) 시간적 애스펙트(aspect)[시간상](개시・계속・완료 등)

● 사건의 완료

「~やむ」:「降(ふ)り止(や)む；비나 눈이 멎다. 그치다.」
「~あげる」:「縫(ぬ)いあげる；접어 넣어 꿰매다. 꿰매서 완성시키다.」・
　　　　　　「歌(うた)いあげる；①소리 높이 노래하다. 끝까지 노래하다.
　　　　　　②시・노래로 나타내다. ③선전하다.」
「~あがる」:「縫(ぬ)いあがる；바느질이 끝나다」・
　　　　　　「干(ひ)あがる；①바싹 마르다. 말라붙다. ②가난해 살 수 없게
　　　　　　되다.」
「~詰める」:「煮詰(につ)める；바짝 조리다」
「~詰まる」:「煮詰(につ)まる；바짝 졸아 들다. 논의나 생각이 다 나와서 결
　　　　　　론을 낼 단계가 되다」

● 사건의 불완전한 완료・불성립

「~さす」:「言(い)いさす；말을 하다가 말다. 말을 중간에서 끊다.」
「~違える」:「履(は)き違(ちが)える；①바꾸어 신다. ②잘못 생각하다. 바꾸
　　　　　　어 생각하다.」
「~しぶる」:「貸(か)ししぶる；빌려주는 것을 꺼리다」
「~悩む」:「伸(の)び悩(なや)む；①침체 상태에 빠지다. ②시세가 오를 것
　　　　　　같으면서도 오르지 않다」
「~違う」:「聞(き)き違(ちが)う；잘못 듣다」

● 변화 결과의 강조

「~込む」:「寝(ね)こむ；①푹 잠 들다. 깊은 잠이 들다. ②병으로 오래 자리

　　　　　　에 눕다」·

　　　　　「上(あ)がり込(こ)む；남의 집에 마구 들어가다. 들어가서 주저
　　　　　앉다.」·

　　　　　「考(かんが)え込(こ)む；골똘히 생각하다. 생각에 잠기다.」

「~はてる」：「困(こま)りはてる；몹시 곤란을 겪다. 난감해하다.」

「~きる」：「心(こころ)が腐(くさ)りきる；생각이 썩어 빠지다」·

　　　　　「空(そら)が澄(す)みきる；아주 맑아지다. 아주 맑게 트이다.」

「~かえる」：「静(しず)まりかえる；아주 조용해지다. 아주 고요해지다.」·

　　　　　「あきれかえる；아주 어이없다. 질리다. 기가 막히다」

「~つく」：「職(しょく)にありつく；일자리가 얻어 걸리다」

　　　　　「住(す)みつく；정주(定住)하다。그 자리에 자리 잡고 살다.」·

　　　　　「さびつく；①녹슬어 엉겨 붙다. ②잔뜩 녹슬다. ③기능이 쇠퇴하
　　　　　다.」·

　　　　　「わずらいつく；병 들다」

「~あがる」：「震(ふる)えあがる；부들부들 떨다」

「~乱れる」：「花(はな)が咲(さ)き乱(みだ)れる；꽃이 난만하게 피다」

「~はらう」：「落(お)ち着(つ)きはらう；매우 침착한 모양을 보이다. 태연자약
　　　　　하다.」

● 사건의 개시 내지 개시 시도

「~かかる」：「殴(なぐ)りかかる；때리려고 덤비다」

「~つける」：「どなりつける；호통 치다」

「~そめる」：「明(あ)けそめる；날이 밝기 시작하다. 날이 밝아 오다.」

「~起こす」：「書(か)き起(お)こす；새로 쓰기 시작하다.」

「~出す」：「飛(と)び出(だ)す；①뛰어나가다[나오다]. ②뛰어나오다. ③
　　　　　별안간 나타나다. 튀어나오다.」

● 사건의 계속

「~暮らす」= 하루 종일 계속되다 :「降(ふ)り暮(く)らす ; 온종일 비나 눈이 오다.」·

「泣(な)き暮(く)らす ; 매일 울며 지내다. 울며 세월을 보내다.」

「~しきる」:「降(ふ)りしきる ; 눈이나 비가 계속해서 몹시 오다」

● 사건의 반복·습관

「~込む」:「使(つか)い込(こ)む ; 손때 나게 오래 쓰다」

「~習わす」:「言(い)い慣(なら)わす ; ①습관적으로 말하다. ②늘 말하다. 입버릇처럼 말하다.」

「~替える」:「建(た)て替(か)える ; 건물을 고쳐 짓다. 개축하다」

「~継ぐ」:「語(かた)り継(つ)ぐ ; 잇달아 말로 전해 내려가다. 구전하다」

● 동작의 강조·정도

「~たてる」:「さわぎたてる ; 요란하게 떠들어대다」·

「はやしたてる ; 시끄럽게 떠들어대다」

「~おろす」:「こきおろす ; ①깎아내리다. 헐뜯다. ②훑어 떨어뜨리다. 훑어 내리다」

「~まわす」:「いじくりまわす ; 마구 주물러대다. 들쑤시다」·

「こねまわす ; 일을 자꾸 주물러 터뜨리다. 뭉그대다」

「~かえる」:「沸(わ)きかえる ; ①들끓다. 세차게 비등하다. ②화가 나서 참을 수 없다. ③몹시 열광하다.」

「~たつ」:「沸(わ)きたつ ; ①끓어오르다. 소용돌이치다. ②흥분으로 들끓다. 열광하다.」

「~ちぎる」:「褒(ほ)めちぎる ; 극구 칭찬하다」

「~つける」:「叱(しか)りつける ; 엄하게 꾸짖다」

● 복수 사상(事象)의 상호 관계

「~あわせる」:「誘(さそ)いあわせる;서로 권유하여 함께 행동하다」・
　　　　　　 「居(い)あわせる;마침 그 자리에 있다」

「~かえる」:「電車(でんしゃ)を乗(の)りかえる;전철을 갈아타다」・
　　　　　 「靴(くつ)を履(は)きかえる;잘못하여 다른 구두를 신다」

「~かえす」:「押(お)しかえす;①제자리로 되 밀다. 되 물리치다. ②되돌아 오게 하다. ③반대로 하다」・
　　　　　 「聞(き)きかえす;①되묻다. 반문하다. ②다시 한 번 듣다.」

「~結ぶ」:「斬(き)り結(むす)ぶ;칼날을 맞부딪치며 접전하다. 칼로 맹렬히 싸우다.」

「~分ける」:「使(つか)い分(わ)ける;구별해서 사용하다」・
　　　　　 「書(か)き分(わ)ける;구별하여 쓰다. 나누어 쓰다」

(2) 공간적 애스펙트(aspect)[공간상](사상의 전개 방식을 공간(이동)의 관점에서 표현한다)

「~あげる」:「見(み)あげる;우러러 보다. 올려다 보다. 쳐다보다」
「~おろす」:「見下(みお)ろす;①내려다보다. ②아래를 보다; 굽어보다. ③얕보다. 깔보다」
「~まわす」:「見(み)まわす;둘러보다」・「なめまわす;구석구석까지 핥다」
「~わたる」:「晴(は)れわたる;활짝 개다」・
　　　　　 「鳴(な)りわたる;울려 퍼지다. 멀리까지 퍼지다」

(3) 사회적 애스펙트(aspect)(사상의 전개 방식을, 주어와 상대의 상하관계의 관점에서 표현한다.)

「~あげる」:「祭(まつ)りあげる;①추대하다. 떠받들다. ②치켜세우다」・

　　　　　「存(ぞん)じあげる;思(おも)うの 겸양어I」・

　　　　　「政府(せいふ)が民間(みんかん)から借(か)りあげる;정부가 민간으로부터 물건을 빌리다」

「～さげる」:「政府(せいふ)が民間(みんかん)に貸(か)しさげる;정부에서 민간에게 빌려 주다」

「～くだす」:「見(み)くだす;①내려다보다.②깔보다.멸시하다」

「～つける・つかる」:「申(もう)しつける;명령하다;분부하다.」・

　　　　　「申(もう)しつかる;하명을 받다」

「～やる」:「思(おも)いやる;①생각이 미치다.②추측하다.헤아리다.」[58]

7. 복합동사

　일본어의 경우 동사문의 확장은 보조동사,또는 복합동사(複合動詞;ふくごうどうし)에 의해 대부분 이루어진다.「동사의 연용형＋동사」와 같이 동사의 연용형에 다른 동사가 접속하면 다양한 복합동사를 구성하는데, 어순이나 번역에 있어서 한국어와 일치하지 않는 경우가 많으니 주의가 필요하다. 복합동사의 전항요소를 전항동사(前項動詞), 후항요소를 후항동사(後項動詞)라고 하는데, 후항요소가 생산성이 있는 경우에는 이를 일일이 사전에 등재하지 않는다. 그리고 전항동사와 후항동사의 결합에 따라 다양한 문법적・어휘적 의미를 실현한다. 의미의 중심이 전항동사 또는 후항동사에 있는 경우, 전항과 후항이 본래의 의미를 유지하고 있는 경우, 그리고 전항과 후항이 어휘적 의미를 거의 상실하고 새로운 별개의 의미를 획득하는 경우 등 복합동사에 따라 다양하기 때문에 외국인이 이를 습득하는 것이 용이하지 않다.

---

58) 国立国語研究所(2013)『複合動詞レキシコン』[語構造] https://db4.ninjal.ac.jp/vvlexicon/에서 인용하여 적의 번역함.

먼저 복합동사 중에서 대표적인 유형을 제시한다.

- (1) 시간상(時間相)을 중심으로
  雨(あめ)が降(ふ)り始(はじ)める : 비가 내리기 시작하다
  雨(あめ)が降(ふ)り出(だ)す : 비가 내리기 시작하다
  {死(し)にかける・死(し)にかかる} : 죽을 뻔하다
  話(はな)しかける : 말을 걸다
  本(ほん)を読(よ)み続(つづ)ける : 책을 계속 읽다
  雨(あめ)が{降(ふ)り続(つづ)ける・降(ふ)り続(つづ)く} : 비가 계속 내리다
  ご飯(はん)を食(た)べ終(お)わる : 밥을 다 먹다
  撮(と)り終(お)える : 다 찍다

- (2) 공간상(空間相)을 중심으로
  本(ほん)を探(さが)し出(だ)す : 책을 찾아내다
  犬(いぬ)が{飛(と)び出(だ)す・飛(と)び出(で)る} : 개가 뛰어나오다
  弱点(じゃくてん)をさらけ出(だ)す : 약점을 들춰내다
  人(ひと)を迎(むか)え入(い)れる : 사람을 맞아들이다
  土地(とち)を買(か)い入(い)れる : 토지를 사들이다
  映像(えいぞう)に見入(みい)る : 영상을 주시하다
  口座(こうざ)に振(ふ)り込(こ)む : 계좌이체하다
  荷物(にもつ)を抱(かか)え込(こ)む : 짐을 껴안다
  ピアノを運(はこ)び上(あ)げる : 피아노를 (위로) 옮기다
  火(ひ)の粉(こ)が舞(ま)い上(あ)がる : 불티가 날아오르다
  現場(げんば)を立(た)ち去(さ)る : 현장을 떠나다
  本題(ほんだい)に立(た)ち戻(もど)る : 본제로 돌아오다
  理論(りろん)を組(く)み立(た)てる : 이론을 세우다

全山(ぜんざん)が燃(も)え立(た)つ : {모든 산이 / 산 전체가} 불타오르다
戸棚(とだな)を作(つく)り付(つ)ける : 장(欌)을 붙박이로 만들다
山頂(さんちょう)に登(のぼ)り付(つ)く : 산꼭대기에 도착하다
車(くるま)の音(おと)を聞(き)き付(つ)ける : 차 소리를 듣다
寝付(ねつ)く : 잠 들다 / 住(す)み着(つ)く : 定住(정주)하다
一言(ひとこと)を付(つ)け加(くわ)える : 한마디 덧붙이다
扉(とびら)を押(お)し開(あ)ける : 문을 밀어서 열다
途中(とちゅう)から引(ひ)き返(かえ)す : 중도에 되돌아오다 / 되돌아가다
畑(はたけ)を掘(ほ)り返(かえ)す : 밭을 갈다
花瓶(かびん)が引(ひ)っくり返(かえ)っている : 꽃병이 뒤집혀 있다
女(おんな)の子(こ)を追(お)い掛(か)け回(まわ)す : 여자아이를 졸졸 쫓아다니다
部屋(へや)の中(なか)を歩(ある)き回(まわ)る : 방 안을 맴돌다
人力車(じんりきしゃ)が走(はし)り過(す)ぎていく : 인력거가 지나가다
風(かぜ)が吹(ふ)き抜(ぬ)ける : 바람이 지나가다
電車(でんしゃ)を乗(の)り越(こ)す : 하차할 역을 지나치다
人(ひと)を呼(よ)び止(と)める : 사람을 불러 세우다
立(た)ち止(ど)まってしばらく考(かんが)えた : 멈추어 서서 한동안 생각했다

- (3) 양상(樣相)・정도(程度)
  香辛料(こうしんりょう)を混(ま)ぜ合(あ)わせる : 향신료를 혼합하다
  顔(かお)を見合(みあ)わせる : 얼굴을 마주보다
  お金(かね)を出(だ)し合(あ)う : 돈을 나누어 내다
  世(よ)の趨勢(すうせい)を論(ろん)じ合(あ)う : 서로 世態(세태)를 논하다
  両県(りょうけん)があい接(せっ)している : 양 현(県)이 서로 접하고 있다

- (4) 강조(強調)의 어감
  憎(にく)らしげに見返(みかえ)す : 얄미운 듯이 되받아 보다

値(ね)が上(あ)げると見越(みこ)す : 값이 올라갈 것으로 예상하다
男(おとこ)を見込(みこ)んで頼(たの)む : 사나이라고 믿고 부탁하다
講義(こうぎ)を聞(き)き取(と)る : 강의를 듣다
荷物(にもつ)を取(と)りまとめる : 짐을 한데 모으다
取(と)り澄(す)ました顔(かお) : 천연덕스러운 얼굴
外国人(がいこくじん)を受(う)け入(い)れる : 외국인을 받아들이다
仕事(しごと)を引(ひ)き受(う)ける : 일을 떠맡다
花火(はなび)を打(う)ち上(あ)げる : 불꽃을 쏘아 올리다
交渉(こうしょう)を打(う)ち切(き)る : 교섭을 중단하다
周囲(しゅうい)の反対(はんたい)を押(お)し切(き)る : 주위의 반대를 무릅쓰다
言葉(ことば)を差(さ)し挟(はさ)む : 말참견을 하다
土俵(どひょう)の外(そと)へ突(つ)き出(だ)す : 씨름판 밖으로 밀어내다
贈(おく)り物(もの)を突(つ)き放(はな)す : 선물을 되돌려 주다

■ (5) 완수(完遂)
自説(じせつ)を押(お)し通(とお)す : 자신의 의견을 관철시키다
一気(いっき)に読(よ)み通(とお)す : 단숨에 다 읽다
大切(たいせつ)な記事(きじ)を切(き)り抜(ぬ)く : 중요한 기사를 오려내다
考(かんが)え抜(ぬ)いた上(うえ)での処置(しょち) : 깊이 생각한 끝의 처치.
廊下(ろうか)を磨(みが)き上(あ)げる : 복도를 잘 닦다.
恐(こわ)がって震(ふる)え上(あ)がる : 무서워서 부들부들 떨다
論文(ろんぶん)を仕上(しあ)げる : 논문을 완성하다
注文(ちゅうもん)の品(しな)が仕上(しあ)がる : 주문한 물건이 완성되다
綱(つな)を噛(か)みきる : 밧줄을 물어 끊다
バスを買(か)い切(き)る : 버스를 전세 내다
枝(えだ)を切(き)り落(お)とす : 가지를 잘라 내다

困難(こんなん)を切(き)り開(ひら)く : 곤란을 타개하다
この布石(ふせき)はすべて知(し)り尽(つ)くしている : 이 포석은 전부 다 알고 있다

■ (6) 재시행(再試行)・습관(習慣)
報告書(ほうこくしょ)を書(か)き直(なお)す : 보고서를 다시 쓰다
壁紙(かべがみ)を張(は)り替(か)える : 벽지를 갈다
くつの底(そこ)を取(と)り替(か)える : 구두창을 갈다
何度(なんど)も読(よ)み返(かえ)す : 몇 번이고 다시 읽다
静(しず)まり返(かえ)った夜中(よなか) : 아주 고요한 한밤중
作(つく)り直(なお)す : 다시 만들다
こういう物(もの)はふだん食(た)べつけていないから、おなかが驚(おどろ)いている。
(이런 것은 평상시 먹지 않아서 배가 놀라다.)
この土地(とち)にも大分(だいぶ)住(す)み慣(な)れた。
(이 고장에도 제법 정이 들었다.)

■ (7) 실패(失敗)・난이(難易)
手紙(てがみ)を出(だ)し忘(わす)れる : 편지 붙이는 것을 깜빡 잊다.)
失敗(しっぱい)したね。買(か)い損(そこ)なったね : 실수했어. 잘못 샀군.
電車(でんしゃ)に乗(の)り損(そこ)なった : 전철을 놓쳤다
食(た)べ過(す)ぎる : 과식하다
客(きゃく)が来(き)過(す)ぎる : 손님이 너무 많이 오다
ありうる : 있을 수 있다 / 考(かんが)えうる : 생각할 수 있다
承知(しょうち)しかねる : 승낙하기 어렵다
見(み)るに見(み)かねる : 차마 볼 수 없다[59]

---

59) 李成圭・權善和(2006c)『현대일본어 문법연구Ⅱ』시간의물레. pp. 206-214에서 인용함.

색인

■ 한국어

ㄱ

가능동사 76
가능표현 94
가상(仮想) 139
가정조건(仮定条件) 137
강조 구문 162
강조구문 218
경어적 동위자 149
경어적 상위자 147
경어적 하위자 150
계기(契機) 30
기정조건 29

ㄷ

단축형 231
동사의 연용형 33, 34
동사화 접사 185
동작의 동시진행 103
동작의 목적 109, 129

ㅁ

명사화 34
문맥지시의 용법 210

ㅂ

반사대명사(反射代名詞) 108
반사지시대명사(反射指示代名詞) 108
반조대명사(反照代名詞) 108
발견 30
보조동사 98
복합명사 34, 124
부정명령(금지) 231
분열문 218

불확실한 판단을 나타내는 조동사 174
비교 구문(1) 77
비교 구문(2) 79

ㅅ

상태동사 91
시간상의 후항동사 208

ㅇ

역접을 나타내는「ながら(も)」 104
역접의 접속조사 93
연용중지법 57
연체법(連体法;れんたいほう) 160
의외성 210
의외성(意外性) 30
이유(理由) 30

ㅈ

전건(前件) 30
전성명사 33, 34
접속법 62
정도부사 99
조언(助言) 140
종조사 231

ㅊ

착용(着用) 동사 13

ㅎ

한어(漢語) 21
한어동사의 연용중지법 61
한자음어(漢字音語) 21
항상조건 27

형식명사「の」 117
형용동사의 연용형 35
형용사의 연용형 34
호격조사 37, 224
후건(後件) 30

■ 가나

あ

あなた 10
～間(あいだ)に 175
崇(あが)める 84
上(あ)がられる 18
灯(あか)り 170
明(あか)るみに出(で)る 171
悪霊(あくれい)どもの頭(かしら) 133
悪(あく)を行(おこな)う 117
あざ笑(わら)う 229
足枷(あしかせ) 190
集(あつ)まる 47
あとに残(のこ)す 182
あなた 38, 51, 146
あなたがた 25, 77
穴(あな)をあける 73
網(あみ)を打(う)つ 24
網(あみ)を捨(す)てる 26
あらの[荒野・曠野] 11
現(あらわ)れる 171
ありのまま 223
歩(ある)き出(だ)す 231
～歩(ある)く 54
歩(ある)く 54
歩(ある)け 81
あろうか 171

269

哀(あわ)れむ 205
哀(あわ)れんでくださる 205
安心(あんしん)する 225
安息日(あんそくにち) 32

い

言(い)い表(あらわ)す 177
言(い)い聞(き)かせる 67, 143
言(い)い広(ひろ)め出(だ)す 205
言(い)い広(ひろ)めはじめる 68
怒(いか)り 118
怒(いか)りを含(ふく)む 118
行(い)かれる 24
幾日(いくにち) 69
石地(いしじ) 158
医者(いしゃ)にかかる 211
至(いた)る所(ところ) 41
一同(いちどう) 83, 132
いったい 40
いったい[一体] 106
一方(いっぽう)だ 214
一方(いっぽう)です 214
いと 191
いと高(たか)き 191
いなご[蝗] 16
命(いのち)を救(すく)う 117
祈(いの)っておられた 50
いばら[茨] 158
戒(いまし)める 67
いやされる 116
いらっしゃる 69
要(い)らない 90
要(い)る 90
入(い)れはしない 100
言(い)われる 23, 51

う

飢(う)える 107
うかがう[窺う] 116
受(う)けになる 18
打(う)ち込(こ)む 183
うちに 157
内輪(うちわ) 141
訴(うった)える 111
～うとする 202
奪(うば)い去(さ)られる 98
奪(うば)い取(と)る 142
奪(うば)う 168
海(うみ)べ 24
「～{う.～よう}」의 의미·용법 112
～{う.よう}と思(おも)う 111
～{う.よう}として 221
裏切(うらぎ)る 131
うわさが立(た)つ 69

え

永遠(えいえん) 145
永遠(えいえん)なる 145
永遠(えいえん)に 145
永遠(えいえん)の 145
永遠(えいえん)の罪(つみ) 145
枝(えだ)を張(は)る 180

お

追(お)い出(だ)される 49
おいでになる 16, 69, 209
追(お)い遣(や)る 20
大(おお)いに 83
大(おお)きい 178
大(おお)きな 178
多(おお)くの人々(ひとびと) 49
大声(おおごえ) 191

大声(おおごえ)で泣(な)く 228
大勢(おおぜい) 88
仰(おお)せになる 23
仰(おお)せられる 23
大凪(おおな)ぎ 185
「お(おん・おおん)」 21
お帰(かえ)りになる 69
おかまいにならない 184
おかまいになる 184
起(お)き上(あ)がる 83, 185
起(お)きよ 81
置(お)く 31
奥義(おくぎ) 161
「お・ご」 20
起(お)こされる 43
起(お)こす 184
起(おこ)ってくる 169
押(お)さえ付(つ)ける 190
お授(さず)けになる 17
押(お)し入(い)る 142
教(おし)えはじめられる 156
教(おし)えられる 32, 86
押(お)し迫(せま)る 123, 209
押(お)し寄(よ)せる 124
恐(おそ)れおののく 186
恐(おそ)れる 201
お立(た)てになる 129
おっしゃる 23, 221
追(お)って来(く)る 51
お供(とも)をする 204
驚(おどろ)き怪(あや)しむ 206
驚(おどろ)きに打(う)たれる 231
お願(ねが)いします 191
おのずから[自ずから] 176
夥(おびただ)しい 121
帯(おび)を締(し)める 13
溺(おぼ)れ死(し)ぬ 184
お招(まね)きになる 27
表立(おもてだ)って 68

お許(ゆる)しにならなかった 50, 228
お許(ゆる)しになる 197, 228
おられる 69, 206

甲斐(かい) 212
海上(かいじょう) 156
会堂(かいどう) 32
会堂司(かいどうづかさ) 207
飼(か)う 194
帰(かえ)れ 83
かがむ[屈む] 16
〜かかる 208
係(かか)わり 38, 191
隠(かく)される 171
隠(かく)す 171
崖(がけ) 199
駆(か)け下(くだ)る 199
かける 14
囲(かこ)む 146
風(かぜ)が止(や)む 185
頑(かたく)なだ 118
語(かた)っておられる 71
片手(かたて) 111
語(かた)られる 161
語(かた)る 68
飼(か)ってある 194
〜かどうか 116
かなう 20
被(かぶ)る 13
かまう 184
鎌(かま)を入(い)れる 176
雷(かみなり)の子(こ) 131
神(かみ)のみこころ 154
神(かみ)を汚(けが)す 143
芥子種(からしだね) 177
刈入(かりい)れ時(どき) 176
〜がる 185

271

彼(かれ)ら 25, 70
枯(か)れる 158
乾(かわ)く 216
革袋(かわぶくろ) 100
感(かん)じる 216
感(かん)ずる 216

き

気(き)が狂(くる)う 133
木々(きぎ) 32
聞(き)き流(なが)す 227
聞(き)くがよい 160
聞(き)くには聞(き)くが 162
義人(ぎじん) 91
傷(きず)つける 190
気(き)づかれる 218
気(き)づく 217
着物(きもの)を着(き)る 200
きよめ 67
きよめていただける 56
着(き)る 13

く

悔(く)い改(あらた)め 12
悔(く)い改(あらた)める 24
鎖(くさり) 189
砕(くだ)く 190
国々(くにぐに) 33
比(くら)べる 177
苦(くる)しめられる 212
苦(くる)しめる 192

け

汚(けが)す 75

けがれる 36
汚(けが)れる 35
毛(け)ごろも 13
権威(けんい) 82
権威(けんい)を持(も)たせる 129

こ

「ご＋고유어」 21
こういう 168
こうして 130
告白(こくはく)する 12
ここ 210
心(こころ)づかい 170
試(こころ)みにあわれる 22
御自身(ごじしん) 126
〜ことができない 72
〜ことができる 75
〜ことがない 84, 107
事柄(ことがら) 172
ことごとく[尽く] 205
〜ごとに 125
〜ことばかりです 198
〜ことはない 227
このうえ 225
小舟(こぶね) 124
子(こ)よ 74
来(こ)られる 38
ごらん[御覧(ごらん)] 220
ごらんなさい 146, 153
「ごらんなさい」의 의미·용법 147
ごらんになる 18
ごらんのとおり 220
これら[此等·是等] 161
殺(ころ)す 117
こわがる 185
困難(こんなん) 169

婚礼(こんれい) 93

さ

祭司(さいし) 67
盛(さか)んだ 68
叫(さけ)びつづける 190
叫(さけ)ぶ 36
避(さ)ける 123
捧(ささ)げる 67
授(さず)けられる 161
授(さず)ける 17, 161
定(さだ)められる 145
サタン 134
悟(さと)らず 163
さまざまな 48
さまざまの 47
去(さ)らせる 67
更(さら)に 121
「更(さら)に」의 의미·용법 121
去(さ)る 66
騒(さわ)ぐ 228
さんざん 212

し

しきりに 193
静(しず)まる 185
従(したが)わせる 186
支度(したく)する 124
しておられる 90
〜してくださる 204
してくださる 205
死(し)にかかる 208
縛(しば)り上(あ)げる 142
自分(じぶん) 108
姉妹(しまい) 147

締(し)める 14
主(しゅ) 110, 204
一じゅう 46
〜中(じゅう) 44
収税所(しゅうぜいしょ) 87
しゅうとめ 43
取税人(しゅぜいにん) 88
準備(じゅんび)する 124
正気(しょうき)になる 200
燭台(しょくだい) 171
知(し)らす 232
知(し)らせる 43
退(しりぞ)かれる 120
信仰(しんこう) 74
信(しん)ぜよ 24
寝台(しんだい) 170

す

〜ず 143
すきま 70
救(すく)う 224
すぐと 26
すぐに 25
進(すす)み出(で)る 222
進(すす)んで行(い)かれる 26
住(す)み処(か) 189
する[대용동사] 15
すると 18
〜するには及(およ)ばない 225
座(すわ)っており 200

せ

聖者(せいじゃ) 38
聖霊(せいれい)を汚(けが)す 143
席(せき)に着(つ)く 88

273

せめて 215
せよ 11
宣教(せんきょう)に遣(つか)わす 129
全地方(ぜんちほう) 41
善(ぜん)を行(おこな)う 117

そ

相談(そうだん)しはじめる 120
〜そうになる 183
ぞくぞく[続々](と) 12
そこで 12, 92
育(そだ)つ 159
育(そだ)っていく 175
外(そと)に出(だ)す 229
供(そな)えのパン 108
備(そな)えよ 11
その上(うえ)に 172
そののち 169
それだから 110

た

大群(たいぐん) 194
大祭司(だいさいし) 108
対立(たいりつ)する 141
絶(た)え間(ま)なく 190
高(たか)き 191
たくさん 89
〜だけ 228
助(たす)かる 209
尋(たず)ねておられる 147
尋(たず)ねられる 193
ただ 67, 227
直(ただ)ちに 66
立(た)ち上(あ)がる 87
たちまち 41, 231
~~経(た)つ 69~~

達者(たっしゃ)だ 224
譬(たと)え 134
譬(たと)えによる 181
種(たね)まき 156
頼(たの)みはじめる 202
たびたび 190
黙(だま)る 185
黙(だま)れ 38
「〜ため」의 의미・용법 52
〜ため(に) 169
〜ために 109
容易(たやす)い 81
タリタ クミ 230
〜だろうと思います 115
断食(だんじき) 92

ち

小(ちい)さい 179
小(ちい)さな 179
誓(ちか)う 191
近(ちか)づく 24
近寄(ちかよ)る 43
一中(ちゅう) 45
注意(ちゅうい)する 172
中途(ちゅうと) 86
中風(ちゅうぶ) 72
中腹(ちゅうふく) 194

つ

ついたことがあり 85
ついて行(い)く 209, 228
着(つ)いておられる 88
ついて来(く)る 228
費(つい)やす 212
仕(つか)える 22
継(つ)ぎ 98

繕(つくろ)う 26
つける 14
繋(つな)がれる 190
繋(つな)ぎ止(と)める 189
繋(つな)ぐ 190
つまずく[躓く] 169
罪(つみ)が赦(ゆる)される 74
摘(つ)みはじめる 106
罪人(つみびと) 88
罪(つみ)を犯(おか)す 143
罪(つみ)を赦(ゆる)す 74
つりおろす[吊り下ろす] 74
連(つ)れて来(く)る 72

て

出会(であ)う 188
〜てあげる 25
〜てある 194
〜であろうか 97
〜ていく 175
〜ていただきたい 201
〜ておく 189
ておく 124
〜ておけない 189
〜ておけなかった 189
出(で)かけれる 209
〜てから初(はじ)めて 142
「できる」の 의미・용법 96
〜てください 196, 209
〜でさえ 189
出(で)て行(い)かれる 86
出(で)て行(い)く 39
出(で)て行(い)け 192
出(で)て行(い)っていただきたい 201
出(で)て来(く)る 133
〜てはならぬ 106, 108
〜てもらいたい 202
〜てやる 209

手(て)をおいてやってください 209
手(て)をおく 209
手(て)を伸(の)ばす 119
天(てん)が裂(さ)ける 18

と

〜と 27
〜と言(い)った 145
〜と言(い)っていた 145
どうして 163
通(とお)って行(い)かれる 102
解(と)き明(あ)かされる 181
解(と)き明(あ)かす 181
ときに 146
戸口(とぐち) 47
床(とこ)につく 43
〜とすぐ 42
〜とすぐに 188
途中(とちゅう) 86
途中(とちゅう)で 86
突風(とっぷう)が起(おこ)る 183
整(ととの)えさせるであろう 11
とどまっておられる 68
〜とは 186
「〜とは」의 의미・용법 164
供(とも) 107, 230
艫(とも) 184
〜ども 49
供(とも)の者(もの) 230
捕(と)らえられる 23
取(と)り上(あ)げられる 173
取(と)り上(あ)げる 81, 173
取押(とりおさ)える 133
取(と)り囲(かこ)む 153
取(と)る 15

な

～な 232
内心(ないしん) 77
～ないでください 192
内部(ないぶ) 141
なえる[萎える] 111
治(なお)していただく 215
治(なお)していただける 215
長血(ながち) 211
仲間(なかま) 51
～ながら 102, 209
泣(な)き騒(さわ)ぐ 228
亡(な)くなる 225
嘆(なげ)く 119
～なさい 25
なさる 25, 123
雪崩(なだ)れを打(う)つ 199
何事(なにごと) 40
「～なら」에 의한 조건표현 134
「～なら」의 의미·용법 136
名(な)をつけられる 131
何(なん)という名前(なまえ)か 192
なんとか 119
なんとかして 119
何(なん)の甲斐(かい)もない 212

に

～に 194
～には及(およ)ばない 225
～には及(およ)びますまい 226
～には～が 162

ぬ

縫(ぬ)い付(つ)けはしない 98
縫(ぬ)い付(つ)ける 98
脱(ぬ)ぐ 15
布切(ぬのぎ)れ 98

ね

値(ね)うち 16
寝起(ねお)きする 175
願(ねが)いつづける 193
願(ねが)い出(で)る 204
寝(ね)かせる 73
熱(ねつ)が引(ひ)く 43
熱心党(ねっしんとう) 131
眠(ねむ)っておられる 184

の

「～の」 19
～のあまり 40
～のこと 153
後(のち) 23
乗(の)っておられる 182
～のに 93, 220
～のは～です 218
宣(の)べ伝(つた)える 12
野蜜(のみつ) 16
乗(の)り出(だ)す 182
乗(の)ろうとされる 202

は

拝(はい)する 191
入(はい)って行(い)かれる 42, 230
入(はい)られる 111
入(はい)り込(こ)む 197
生(は)える 159

墓場(はかば) 188
量(はか)り 172
〜ばかり 197
量(はか)り与(あた)えられる 172
量(はか)り与(あた)える 172
〜ばかりか 213
量(はか)る 172
履(は)く 13
はぐ[剥ぐ] 73
迫害(はくがい) 169
激(はげ)しい 183
運(はこ)ばせる 72
走(はし)り寄(よ)る 191
外(はず)す 16
話(はな)しておられる 225
話(はな)して聞(き)かせる 201
花婿(はなむこ) 93
母上(ははうえ) 147
バプテスマ 11
バプテスマを受(う)ける 12
はめる 14
パリサイ派(は) 90
パリサイ人(びと) 92
はり裂(さ)く 101

ひ

日(ひ)が沈(しず)む 44
日(ひ)が上(のぼ)る 158
引(ひ)きちぎる 190
ひきつけさせる 39
ひきつける 39
引(ひ)き破(やぶ)る 99
跪(ひざまず)く 56
非常(ひじょう)な 231
ひそかに[密かに] 181

人(ひと) 67
一粒(ひとつぶ) 177
人(ひと)の子(こ) 82
人々(ひとびと) 32
一人(ひとり)になられる 161
暇(ひま)もない 132
病気(びょうき)が治(なお)る 216
病苦(びょうく)に悩(なや)む 124
ひれ伏(ふ)す 125
ひれ伏(ふ)す[平伏(ひれふ)す] 207
広(ひろ)まる 41

ふ

附近(ふきん) 51
塞(ふさ)ぐ 158
舟(ふね)から上(あ)がる 188
舟(ふね)に乗(の)る 156
父母(ふぼ) 229
振(ふ)り向(む)く 218
紛争(ふんそう)する 141

へ

〜へ 195
〜べきである 101
ベルゼブル 133
ヘロデ党(とう) 119

ほ

穂(ほ) 176
方々(ほうぼう) 68
滅(ほろ)ぶ 141
穂(ほ)を摘(つ)む 106

ま

真新(まあたら)しい 98
〜まい 226
紛(まぎ)れ込(こ)む 215
枕(まくら)をする 184
増(ま)し加(くわ)えられる 172
増(ま)し加(くわ)える 172
升(ます) 170
ますます 159
まだ 225
またも 155
町々(まちまち) 51
までも 172
まとう[纏う] 13
纏(まと)う 14
惑(まど)わし 170
招(まね)く 27, 91
〜まま 73
まま 73, 156

み

身内(みうち) 133
実(み)が入(い)る 176
見(み)かける 207
実(み)ができる 176
みこころ[御心] 56
みこころにかなう 128
御言(みことば) 163
み衣(ころも) 215
御霊(みたま) 20
道(みち)ばた 157, 158
満(み)ちる 24, 183
御使(みつかい) 22
見(み)つける 51, 221
認(みと)めず 163
皆(みな) 39
見抜(みぬ)く 77

みまえ[御前] 125, 222
見回(みまわ)しておられる 222
見回(みまわ)す 118
みもと(御許) 86
見(み)よ 10
見(み)られる 18
見(み)るには見(み)るが 162
実(み)を結(むす)ばせる 176
実(み)を結(むす)ぶ 158
みんな(皆) 40
みんなで 51

む

昔(むかし)ながらの 102
麦(むぎ) 102
麦畑(むぎばたけ) 102
向(む)こう岸(ぎし) 182
無駄(むだ)だ 101
群(む)れ 197

め

芽(め) 176
命(めい)じられる 41, 124
命(めい)じる 83
芽(め)が出(で)る 158
巡(めぐ)り歩(ある)く 54
芽(め)を出(だ)す 158

も

〜も 210
申(もう)し上(あ)げる 223
持(も)ち物(もの) 212
もっと 99
もてなす 43
物言(ものい)う 50

もはや 68
もらったことはあり 85

や

焼(や)ける 158
雇人(やといにん) 31
宿(やど)る 180
破(やぶ)れ 99
病(やまい)をいやす(癒す) 48
病(やまい)を患(わずら)う 48
山々(やまやま) 33
遣(や)る 146

ゆ

夕暮(ゆうぐれ) 44
赦(ゆる)されず 143
赦(ゆる)される 143

よ

〜よ 37, 192, 224
用意(ようい)する 124
〜ようだ 174
〜ようとして 221
〜ようとする 202, 221
〜ように 126
夜(よ)が明(あ)ける 50
欲(よく) 170
よごれる 36
呼(よ)ばせる 146
呼(よ)ばわる 11
呼(よ)び寄(よ)せられる 128
呼(よ)び寄(よ)せる 134
夜昼(よるひる) 175, 190
喜(よろこ)んで 168

ら

らくだ[駱駝] 13

り

陸地(りくち) 156
律法(りっぽう)学者(がくしゃ) 75
略奪(りゃくだつ)する 143
漁師(りょうし) 25
両親(りょうしん) 229

れ

レギオン 193
レキオンを宿(やど)す 201

わ

分(わ)かれ争(あらそ)う 134
患(わずら)う 211
煩(わずら)わす 225
わたし 10
わたしども 184
渡(わた)られる 206

を

〜をもって 134

참고문헌 일람

다국어 성경(Holy-Bible) : http://www.holybible.or.kr/B_SAE/
대한성서공회(2001)『표준새번역 성경』대한성서공회.
http://www.basicchurch.or.kr/%EC%83%88%EB%B2%88%EC%97%AD-
　　%EC%84%B1%EA%B2%BD/
대한성서공회(2002)『한일대조 성경전서』(개역개정판/신공동역) 대한성서공회.
GOODTV 온라인성경 : http://goodtvbible.goodtv.co.kr/bible.asp
생명의말씀사 편집부(1982)『현대인의성경』생명의말씀사.
GODpia 성경 : http://bible.godpia.com/index.asp#popup

李成圭(1993~1996)『東京日本語1, 2, 3, 4, 5』時事日本語社.
＿＿＿等著(1995)『現代日本語研究1, 2』不二文化社.
＿＿＿等著(1996)『홍익나가누마 일본어1, 2, 3』홍익미디어.
＿＿＿等著(1996)『홍익나가누마 일본어1, 2, 3 해설서』홍익미디어.
＿＿＿等著(1997)『홍익일본어독해1, 2』홍익미디어.
＿＿＿(1998)『東京現場日本語1』不二文化社.
＿＿＿(1999)『일본어표현문법연구1』不二文化.
＿＿＿(2000)『東京現場日本語2』不二文化社.
＿＿＿(2003a)『도쿄 비즈니스 일본어1』不二文化.
＿＿＿(2003b)『日本語受動文の研究』不二文化.
＿＿＿(2003c)『日本語 語彙論 構築을 위하여 - 日本語 實用文法의 展開1 -』不二文化.
＿＿＿(2003d)『日本語 語彙Ⅰ- 日本語 實用文法의 展開 Ⅱ -』不二文化.
＿＿＿(2006a)「使役受動의 語形에 대한 일고찰」『日本學報』68輯 韓国日本学会. pp. 69-80.

____(2006b)「使役受動 語形의 移行에 대하여」『日本学報』69輯 韓国日本学会. pp. 67-82.

____(2007a)「日本語 依頼表現 研究의 課題」『日本学報』70輯 韓国日本学会. pp. 111-124.

____(2007b)「〈お/ご~くださる〉계열의 서열화 및 사용가능성에 대해」『日本学報』71輯 韓国日本学会. pp. 93-110.

____(2007c)『일본어 의뢰표현Ⅰ-肯定의 依頼表現의 諸相-』시간의물레. pp. 16-117.

____(2008a)「일본어 의뢰표현의 유형화 및 서열화에 대해 -〈てくれる〉계열・〈てもらえる〉계열을 대상으로 하여-」『日本学報』74輯 韓国日本学会. pp. 17-34.

____(2008b)「의뢰표현 〈てくださるか〉에 관한 재론」『日本学報』76輯 韓国日本学会. pp. 97-115.

____(2008c)「의뢰표현 〈てくださらないか〉에 관한 재론 - 시대물을 대상으로 하여 -」『日本学報』77輯 韓国日本学会. pp. 45-56.

____(2009)「의뢰표현 〈てくださらないか〉에 관한 재론 - 현대물을 대상으로 하여 -」『日本学報』79輯 韓国日本学会. pp. 87-100.

____(2010a)「「おっしゃる」와 「言われる」의 사용상의 기준 - 신약성서(신공동역)의 4복음서를 대상으로 하여 -」『日本学報』82輯 韓国日本学会. pp. 99-110.

____(2010b)「잉여적 선택성에 기초한 「なさる」와 「される」의 사용상의 기준 - 신약성서(신공동역)의 4복음서를 대상으로 하여 -」『日本学報』84輯 韓国日本学会. pp. 209-225.

____(2011a)「ナル형 경어와 レル형 경어의 사용상의 기준 - 복수의 존경어 형식이 혼용되고 있는 예를 중심으로 -」『日本学報』86輯 韓国日本学会. pp. 121-141.

____(2011b)「ナル형 경어와 レル형 경어의 사용실태 - 화체적 요인을 중심으로 하여 -」『日本学報』87輯 韓国日本学会. pp. 39-52.

____(2011c)「사용상의 기준과 복음서 간의 이동 - ナル형 경어와 レル형 경어의 사용실태를 대상으로 하여 -」『日本語教育』56輯 韓国日本語教育学会. pp. 175-203.

____(2012)「〈ないでもらえる〉계열의 의뢰표현 - 각 형식의 사용실태 및 표현가치(정중도)를 중심으로 하여 -」『日本学報』92輯 韓国日本学会. pp. 63-83.

____(2013a)「의뢰표현 〈ないでくださいますか〉의 표현가치」『외국학연구』23 중앙대학

교 외국학연구소. pp. 121-38.

_____(2013b)「〈ないでくださる?〉〈ないでくださらない?〉의 의뢰표현 – 사용실태 및 사용가능성, 그리고 표현가치 –」『日本学報』95輯 韓国日本学会. pp. 47-61.

_____(2014a)「의뢰표현 〈ないでくださいませんか〉의 운용 실태와 표현가치」『외국학연구』27 中央大学校 外国学研究所. pp. 237-257.

_____(2014b)「〈ないでくださるでしょうか〉의 의뢰표현 ― 사용 가능성 및 표현가치 ―」『日本学報』99 韓国日本学会. pp. 137-150.

_____(2014c)「〈ないでくださらないでしょうか〉의 사용 가능성 및 표현가치 – 남성 화자를 중심으로 하여 –」『일본연구』60 韓国外国語大学校 日本研究所. pp. 459-484.

_____(2014d)「〈ないでくださいます?〉의 사용 가능성 및 표현가치 – 여성 화자를 중심으로 하여 –」『日本語教育』68 韓国日本語教育学会. pp. 17-38.

_____(2014e)「〈ないでくださいません?〉의 사용 가능성 및 표현가치 – 화자 불명을 중심으로」『비교일본학』30 漢陽大学校 日本学国際比較研究所. pp. 263-290.

_____(2014f)「〈ないでくださいませんでしょうか〉의 사용 가능성 및 표현가치 – 남성 화자를 중심으로 하여 –」『일본연구』22, 高麗大学校 일본연구센터. pp. 227-262.

_____(2014g)「〈ないでくださいますでしょうか〉의 표현가치 – 여성 화자를 중심으로 하여 –」『외국학 연구』29 중앙대학교 외국학연구소. pp. 277-302.

_____(2016a)「〈ないでおくれ〉 사용 실태 및 표현가치」『일본언어문화』제34집, 한국일본언어문화학회. pp. 227-254.

_____(2016b)『일본어 의뢰표현 – 부정의 의뢰표현의 제상 – 』,시간의물레.

_____(2016c)「「お答えになる」・「答えられる」・「言われる」의 사용상의 기준에 있어서의 번역자의 표현의도 – 일본어 성서(新共同訳) 4복음서를 대상으로 하여 –」『일본언어문화』제36집, 한국일본언어문화학회. pp. 155-176.

_____(2017a)「日本語口語訳新約聖書における〈おる〉の使用実態」『日本言語文化』第38輯, 韓国日本言語文化学会. pp. 67-84

_____(2017b)「〈おる〉〈ておる〉の意味・用法 – リビングバイブル旧約聖書(1984)を対象として –」『日本言語文化』第40輯, 韓国日本言語文化学会. pp. 69-90

_____(2017c)『신판 생활일본어』시간의물레.

_____(2017d)『신판 비즈니스 일본어1』시간의물레.

_____(2017f)『신판 비즈니스 일본어2』시간의물레.

_____(2018a)「「なさる」에 의한 존경어 형식과 사역의 존경화 – 일본어 구어역 신약성서를 대상으로 하여 –」『日本研究』第48輯, 中央大学校 日本研究所. pp 7-29

_____(2018b)「発話動詞〈言う〉の尊敬語の使用実態 – 日本語口語訳新約聖書を対象として –」『日本言語文化』第43輯, 韓国日本言語文化学会. pp. 105-120

李成圭・権善和(2004a)『일본어 조동사 연구Ⅰ』不二文化.

_____(2004b)『일본어 조동사 연구Ⅱ』不二文化.

_____(2006a)『일본어 조동사 연구Ⅲ』不二文化.

_____(2006b)『현대일본어 문법연구Ⅰ』시간의물레.

_____(2006c)『현대일본어 문법연구Ⅱ』시간의물레.

_____(2006d)『현대일본어 문법연구Ⅲ』시간의물레.

_____(2006e)『현대일본어 문법연구Ⅳ』시간의물레.

李成圭・閔丙燦(1999)『現代日本語敬語の研究』不二文化社.

_____(2006)『일본어 경어의 제문제』不二文化.

荒木博之(1983)『敬語日本人論』PHP研究所.

岩岡登代子・岡本きはみ(1993)『外国人のための日本語例文・問題シリーズ3』荒竹出版. pp. 92-94

尾山令仁(2001)『現代訳聖書』現代訳聖書刊行会.
　　　　　　http://www.fbible.com/seisho/gendaiyaku.htm

オンライン聖書 回復訳編集部(2009)『オンライン聖書 回復訳』
　　　　　　http://www.recoveryversion.jp/

菊地康人(1996)『敬語再入門』丸善ライブラリー 丸善株式会社.

_____(1997)『敬語』講談社学術文庫 講談社.

北原保雄(2001)『明鏡国語辞典』明治書院.

金水 敏(1987)「イルとアル」『ケーススタディ 日本文法』

_____(寺村秀夫・鈴木泰・野田尚史・矢澤真人編) 桜楓社. pp. 24-27

_____(2006)『日本語存在表現の歴史』ひつじ書房.

窪田冨男(1990)『日本語教育指導参考書17 敬語教育の基本問題(上)』国立国語研究所.
＿＿＿＿＿(1992)『日本語教育指導参考書18 敬語教育の基本問題(下)』国立国語研究所.
坂田幸子・倉持保男(1980)『教師用日本語教育ハンドブック④ 文法(ぶんぽう) Ⅱ』国際交流基金 凡人社.
柴谷方良(1978)『日本語の分析』大修館書店. pp. 346-349
新改訳聖書刊行会(1970)『新改訳聖書』日本聖書刊行会
新約聖書翻訳委員会(1995)『岩波翻訳委員会訳』岩波書店.
聖書本文検索(口語訳) 日本聖書協会. http://www.bible.or.jp/read/vers_search.html
聖書本文検索(新共同訳) 日本聖書協会. http://www.bible.or.jp/read/vers_search.html
高橋照男・私家版(2003)『塚本虎二訳 新約聖書・電子版０３版』
http://www.ne.jp/asahi/ts/hp/index.html#Anchor94064
高橋照男編(2004)『BbB - BIBLE by Bible 聖書で聖書を読む』http://bbbible.com/
塚本虎二(1991)『新約聖書　福音書』岩波書店.
寺村秀夫(1982)『日本語のシンタクスと意味Ⅰ』くろしお出版. pp. 155-161
日本語聖書口語訳統合版(口語訳+文語訳)聖書 口語訳「聖書」(1954/1955年版)
http://bible.salterrae.net/
日本語版リビングバイブル改訂委員会(1993)『リビングバイブル』http://erkenntnis.icu.ac.jp/jap/LivBibleJIF.htm#Instructions
日本聖書協会(1954)『聖書』(口語訳). pp. (新)1-(新)409. 日本聖書協会.
日本聖書協会(1987)『聖書』(新共同訳). pp. (新)1-(新)480. 日本聖書協会.
庭三郎(2004)『現代日本語文法概説』(net版).
野村剛史(2007)「〔書評〕金水敏著『日本語存在表現の歴史』」『日本語の研究』第3巻3号 日本語学会.
藤井俊博(2001)「おる」『日本語文法辞典』(山口明穂・秋本守英編)に所収(pp. 111-113) 明治書院.
フランシスコ会聖書研究所(1984)『新約聖書』サンパウロ.
文化審議会(2007)『敬語の指針』(答申) 文化審議会. pp.14-26
文化庁(2007)『敬語の指針』文化庁.

堀口和吉(1982)「「ある」と「いる」」『日本語教育事典』(社団法人　日本語教育学会編)に所収(pp. 429-430) 大修館書店.

堀口和吉(1982)「「いる」と「おる」」『日本語教育事典』(社団法人　日本語教育学会編)に所収(p. 430) 大修館書店.

前田護郎(1983)『新約聖書』中央公論社.

松下大三朗(1930)『標準日本口語法』中文館書店. 復刊, (改正再版), 勉誠社. 1978.

三上 章(1953)『現代語法序説』刀江書院 pp. 109-111 ; 復刊1972 くろしお出版.

＿＿＿＿(1970)『文法小論集』くろしお出版. pp. 98-112

柳生直行(1985)『新約聖書』新教出版社.

Martin, Samuel. 1975. A Reference Grammar of Japanese. Yali Univ. Press.

□ 이 성 규(李成圭)

전공 : 일본어학(일본어문법 · 일본어경어 · 일본어교육)

忠北 淸州 出生

(현) 인하대학교 교수

(현) 한국일본학회 고문

(전) KBS 일본어 강좌「やさしい日本語」진행

(전) 한국일본학회 회장(2007.3.～2009.2.)

한국외국어대학교 일본어과 졸업

일본 쓰쿠바(筑波)대학 대학원 문예 · 언어연구과(일본어학) 수학

언어학박사(言語学博士)

□ **저서**

『도쿄일본어 1, 2, 3, 4, 5』, 시사일본어사. (1993～1997)

『現代日本語研究 1, 2』, 不二文化社. (1995)〈共著〉

『仁荷日本語 1, 2』, 不二文化社. (1996)〈共著〉

『홍익나가누마 일본어 1, 2, 3』, 홍익미디어. (1996)〈共著〉

『홍익일본어독해 1, 2』, 홍익미디어. (1997)〈共著〉

『도쿄겐바이일본어 1, 2』, 不二文化社. (1998～2000)

『現代日本語敬語の研究』, 不二文化社. (1999)〈共著〉

『日本語表現文法研究 1』, 不二文化. (2000)

『클릭 일본어 속으로』, 가산출판사. (2000)〈共著〉

『実用日本語 1』, 가산출판사. (2000)〈共著〉

『日本語 受動文 研究의 展開 1』, 不二文化. (2001)

『도쿄실용일본어』, 不二文化. (2001)〈共著〉

『도쿄 비즈니스 일본어 1』, 不二文化. (2003)

『日本語受動文の研究』, 不二文化. (2003)

『日本語 語彙論 구축을 위하여』, 不二文化. (2003)

『일본어 어휘I』, 不二文化. (2003)

『日本語受動文 用例研究1』, 不二文化. (2003) 〈共著〉

『日本語受動文 用例研究II』, 不二文化. (2003)

『일본어 조동사 연구I』, 不二文化. (2004) 〈共著〉

『일본어 조동사 연구II』, 不二文化. (2004) 〈共著〉

『일본어 문법연구 서설』, 不二文化. (2005)

『日本語受動文 用例研究III』, 不二文化. (2005) 〈共著〉

『일본어 조동사 연구III』, 不二文化. (2006) 〈共著〉

『현대일본어 경어의 제문제』, 不二文化. (2006) 〈共著〉

『현대일본어 문법연구I』, 시간의물레. (2006) 〈共著〉

『현대일본어 문법연구II』, 시간의물레. (2006) 〈共著〉

『현대일본어 문법연구III』, 시간의물레. (2006) 〈共著〉

『현대일본어 문법연구IV』, 시간의물레. (2006) 〈共著〉

『일본어 의뢰표현I - 肯定의 依賴表現의 諸相 - 』, 시간의물레. (2007)

『일본어 의뢰표현 - 부정의 의뢰표현의 제상 - 』, 시간의물레. (2016)

『신판 생활일본어』, 시간의물레. (2017)

『신판 비즈니스일본어1』, 시간의물레. (2017)

『신판 비즈니스일본어2』, 시간의물레. (2017)

외, 논문 다수 있음.

일본어 구어역 마가복음의 언어학적 분석 I
A Linguistic Anlaysis of the Colloquial Japanese Version of the Gospel of Mark I

초판인쇄 2018년 10월 15일
초판발행 2018년 10월 20일
저　　자 이 성 규
발 행 인 권 호 순
발 행 처 시간의물레
등　　록 2004년 6월 5일
등록번호 제1-3148호
주　　소 서울시 마포구 마포대로 4다길 3(1층)
전　　화 02-3273-3867
팩　　스 02-3273-3868
전자우편 timeofr@naver.com
블 로 그 http://blog.naver.com/mulretime
홈페이지 http://www.mulretime.com
정　　가 25,000원

ISBN : 978-89-6511-242-6 (93730)
ISBN : 978-89-6511-250-1 (세트번호)

*이 책의 저작권은 저자에게, 출판권은 시간의물레에 있습니다.
*잘못된 책은 바꿔드립니다.